远观译丛

陈夏红·主编

中国民法

多重视角下的中国民法：文化传统、现行规范与跨域比较

分卷主编·葛江虬　译者·余小伟　廖文卿　等

中国大百科全书出版社

图书在版编目（CIP 数据）

中国民法/陈夏红主编；葛江虬编 . -- 北京：中国大百科全书出版社，2018.8

（远观译丛）

ISBN 978 - 7 - 5000 - 9591 - 0

Ⅰ.①中…　Ⅱ.①陈…　②葛…　Ⅲ.①民法 - 研究 - 中国　Ⅳ.①D920.4

中国版本图书馆 CIP 数据核字（2015）第 161217 号

策　划　人	郭银星	
责任编辑	李海艳　程广媛	
责任印制	魏　婷	
封面设计	乔智炜	
出版发行	中国大百科全书出版社	
地　　址	北京阜成门北大街 17 号	邮政编码　100037
电　　话	010 - 88390093	
网　　址	http：//www. ecph. com. cn	
印　　刷	北京君升印刷有限公司	
开　　本	787 毫米 × 1092 毫米　　1/16	
印　　张	20.5	
字　　数	248 千字	
印　　次	2018 年 8 月第 1 版　　2018 年 8 月第 1 次印刷	
书　　号	ISBN 978 - 7 - 5000 - 9591 - 0	
定　　价	69.00 元	

本书如有印装质量问题，可与出版社联系调换。

总　序

大洋彼岸的回声

　　想编这样一套丛书的想法由来已久。自多年前到荷兰游学，出于研究需要，查阅了大量英文写成的有关中国法律的文献。阅读的过程，失望与希望并存。说失望，是发现，由于语言、文化等因素，有一些用英文写成的有关中国法律的文献，或流于浅层次的泛泛介绍，或充满西方式的傲慢与偏见，并不尽如我们在惯性思维里对西方学者的预期与推崇。而说希望，是发现，亦有为数不少的文献，选题新颖，论证严密，评析问题入木三分，既顾及中国的传统与现实，亦能够用最现代化的法治标准，去衡量中国法治发展的成败得失；既有理性的批评与建议，亦有客观的褒扬与赞许。尽管现在国人的英文水平较之以往有提高，文献检索能力也随之进步，数据库技术的发展消除了获取这些原文的障碍，但从传播效果最优化的角度，我觉得这些佳作，依然有翻译成中文并在国内出版的必要。

　　这个想法，首先得到中国大百科全书出版社社科学术分社社长郭银星女士的鼎力支持。2013 年初，我回国探亲，忙里偷闲与郭银星聚餐，聊及这个选题，双方一拍即合，并在各自的领域内，做了最大的努力。

　　我与郭银星相识已有十多年，在出版领域算是挚友，此前我们已有一些合作。比如在我的建议下，中国大百科全书出版社重版曹汝霖的回忆录《曹汝霖一生之回忆》；《高宗武回忆录》出版过程中，我亦参与校阅；我们更大规模的合作，便是辛亥革命 100 周年之际，由我与杨天石教授编辑的《辛亥革命实绩史料汇编》四卷本。这套丛书出版过程延宕甚久；出版之际，辛亥革命百年纪念已经落幕。但这套书出版后，依然获得一些好评，尤其是很荣幸地获得"2011 凤凰网年度十大好书"的称号。而这套远观译丛，则是我们最新的合作成果。

选择与中国大百科全书出版社合作，完全是基于该社在法学学术出版领域卓越的声誉和口碑。据我所知，中国大百科全书出版社在法学领域最早期的成果，是 20 世纪 80 年代初期的《中国大百科全书·法学》。百科全书作为国家学术思想的门户，其重要性毋庸赘言，尤其是中国经过多年"文革"浩劫，亟待重建知识体系的情况下。中国大百科全书出版社由此创建，而亦以此成名。《中国大百科全书·法学》编撰过程中，当时国内老中青三代法学家尽数参与其中，济济一堂；这本书出版后，一时洛阳纸贵，也成为当时法学院师生不可或缺的参考书。而 90 年代中后期，中国大百科全书出版社与福特基金会合作，由江平先生出任主编，隆重推出"外国法律文库"，将德沃金的《法律帝国》《认真对待权利》、伯尔曼的《法律与革命》、哈耶克的《法律、立法与自由》、贝卡利亚的《论犯罪与刑罚》、哈特的《法律的概念》、戴西与莫里斯的《论冲突法》、奥本海的《奥本海国际法》、凯尔森的《论法律与国家的一般理论》、拉德布鲁赫的《法学导论》等西方学界脍炙人口的法学名著，悉数译介到国内。这些书籍的出版，对于当时的法学界来说，其意义自不待言。如今随着法学出版格局的进化，译介甚至原版影印的作品越来越多，但中国大百科全书出版社在法学领域的这些贡献和创举，至今散发着绵延不绝的影响力。

远观译丛想法的产生，不能不提及一些同类作品。最为著名的当然是刘东主持编辑的海外汉学丛书。这套书从文史的角度，将海外学人研究中国的佳作"一网打尽"。而在法律领域，除了早年王健编辑的《西法东渐：外国人与中国法的近代变革》，尚有高道蕴、高鸿钧以及贺卫方等编辑的《美国学者论中国法律传统》。除了译作，后来也出现一些研究外国学者论中国法的作品，这里面最重要的一本当属徐爱国教授的《无害的偏见——西方学者论中国法律传统》。我之所以有想法编译这套远观译丛，无疑是受到以上作品的启迪，理当在这里表达敬意与谢意。

但是，上述译作大都局限在比较法或中国法律传统的框架内，重理论而轻实务，重理念而轻实践，文史气息浓郁，对具体的部门法则涉及不多。这或许是远观译丛与前述作品的最大区别。在我看来，中国法律传统固然值得盘点，但在中国大转型的节骨眼上，更为重要的则是对我们现行法制建设的成败得失作出理性的分析评判。正应了那句老话："兼听则明。"我们有必要将域外学者对中国法律制度的具体评述译介到国内，为法治的现代化更上一层楼，增加必要的参考资料。这些中国法治事业在大洋彼岸的回声，势必会给读者带来耳目一新的感觉。这么说，并不是说前述对中国法律传统的盘点不重要，而是希冀在这些工作的基础上更进一步。

说到中国法治的现代化，这无疑是一个更长久的历史过程。清末开启中国法治现代化进程，绵延至今已有一个多世纪。大约115年前，即1902年，刚从义和团运动及八国联军侵华之后回过神来的晚清政府，在与西方列强修订商约过程中，被迫启动修律新政，为挽救这个摇摇欲坠的王朝，不得不服下一剂废弃祖宗成法的猛药。此举一下子将畅行中华帝国千余年的传统律法体系几乎连根拔起，亦将中国带上了法律现代化的不归路。正所谓"开弓没有回头箭"，中国在法律现代化的道路上，因应国际政治形势的演变，先学欧美，再学苏联，复归欧美，一波三折，大方向却始终如一。在这个过程中，中国的法律体系可以说是一个"全盘西化"的过程。这个"西"既包括日本、德国、法国，也包括英国、美国，当然更不能漏掉苏联。周大伟先生尝言，中国现代化的过程便是三院诞生的过程。这里的三院便是医院、法院、法学院，此言颇得我心。现在是对持续近百年的法治"全盘西化"作一盘点的时候。在盘点之前，我们有必要听听域外学者对我们现有的法律成果作何评说。师夷长技以自强也好，师夷长技以制夷也罢，中国法治现代化的伟业，我们只能一步一个脚印，筚路蓝缕，群策群力，以愚公移山的精神艰苦奋斗下去。

在我心目中，这套书预期的读者，将不仅仅是法科学生，而更多的是各个部门法领域的专家、学者及研究人员，还有实务部门的实践者和决策者。我之所以这么说，完全是由这套丛书的格局与气象决定的。在阅读译稿的过程中，我常常惊讶于原文作者直面中国法律实践的学术敏感，以及他们发现问题、归纳问题、提出问题以及解决问题的能力。这里面给我冲击最大的，既有《中国知识产权法》中，从中国传统文化角度解读"山寨"现象的新观点，亦有《中国破产法》中，对1906年《大清破产律》的比较研究。我不敢说每部入选图书都是佳作，但这样的列举势必挂一漏万，因为这样的闪光点实在是比比皆是。

这套丛书能够以现在这个样子呈现在读者面前，不能不归功于一个优秀的翻译团队。这个团队年轻而富有朝气，大部分成员为"八〇后"，基本都在中国、日本、德国、荷兰、奥地利等国内外法学院，受过完备的法律教育及扎实的学术训练。这也是为什么我们首辑包括《中国民法》《中国刑法》《中国刑事司法》《中国公司法》《中国知识产权法》以及《中国破产法》中，能够收录包括日语、德语、英语在内的重要文献。这既保证我们能有国际化的视野，也保证我们可以尽最大的能力，使得这些优秀的作品能够以尽可能完美的方式，呈现在读者面前。

毫无疑问，对于我们这个年轻而朝气蓬勃的翻译团队来说，无论是在专业素养上，还是在人格养成方面，翻译并出版这套丛书，都是一个极为宝贵的锻炼机会。在这个协作的过程中，我们逐渐学会有效沟通、制定规则、执行规则、维护权利、履行义务、践行诺言、承受压力等。在这个组稿、翻译、定稿的过程中，我们既完整地展示出各自的能力，亦发现自身颇多值得完善的地方。对于每个参与者来说，这套丛书出版的意义，绝不仅是署有自己名字的译作出版，而更多的意义在出版物之外。我希望这套丛书的出版，对于所有参与者来说，不是我们这些参与者学术人格训练和养成的终结，而只是开始。

坦率地说，翻译本身不仅仅挑战译者的外语能力，更考验译者的中文水平。就翻译三目标"信、达、雅"而论，能够"信"而"达"已属不易，"雅"更是一个值得恒久努力的目标。什么是美好的汉语？这个问题仁者见仁、智者见智，但能够做到清楚、通顺已经很不容易。只有在翻译的过程中，我们才能真切地看到自身的汉语水平。这套丛书译稿不断更新的过程，也是我们对自己的母语水平不断审视并提高的过程。但即便如此，用一句俗套但绝非客套的话来说，恐怕翻译的讹误之处在所难免，还请读者们不吝赐教。

第一辑七本分册的出版，只是远观译丛的起步。这套丛书将保持开放性、持续性，会通过各种方式继续进行下去。下一步，我们除了继续围绕不同学科或者特定主题选译优秀论文外，亦将会引进合适的专著，目前这方面的工作已经起步。此外，我们诚挚地期待并邀请更多的同行加入这个团队，将更多的佳作介绍给国内的读者。

　　作为这套丛书的主编，在这里，请允许我诚挚地感谢中国大百科全书出版社尤其是社科学术分社社长郭银星女士；感谢本丛书所收论文的作者或原出版机构等版权持有方的慷慨授权；感谢本丛书各位分卷主编耐心细致的组织工作；感谢各位译者认真负责地翻译；当然，最后更要感谢并期待来自各位读者的意见和建议。

　　是为序。

陈夏红

2015 年于荷兰马斯特里赫特大学

2017 年定稿于京郊昌平慕风斋

序　言

　　本书为陈夏红先生主编远观译丛之民法卷。内容主要涉及外国学者对我国多个民法部门中立法、制度与规则的介绍，他们的理解，以及发表的一些评论。他们使用的研究方法，多为规范分析与描述性研究——而在描述性研究中，又以比较法最为常见。作者中既有学界权威，也有实务界精英，故问题意识的产生与论述的切入角度亦各不相同。而相同点则在于，每一篇文章都能为我们国内的研究者提供一个独到的视角，使我们对中华文明圈之外的法律学人如何看待我们的法律运行产生全新的认识。正所谓"他山之石，可以攻玉"，这些视角与观点对于我们增长知识、检讨自身、查遗补缺、寻求提高，都极有裨益。

　　我们在选择文本时，资源一方面来自于译者与原作者的学术往来，故得应允授予版权；另一方面来自于对网上多个数据库（其中主要是 Westlaw 和 Heinonline）的检索。在挑选文章时，我们主要的考量既包括"作者的知名度、期刊的质量"这些客观因素——毕竟这决定了文章的影响力，对质量也是一重保障——也涉及"在观点、方法论上是否有创新"这些实质性的标准。

　　从内容上看，本书一共包括十篇文章，其梗概与我们的推荐理由如下：

　　第一篇文章是西蒙娜·诺瓦雷蒂女士的《一般条款及其

实践：诚实信用原则于中国法院的适用》。该文对"诚实信用原则"的概念做了细致的分析，并探讨了中国法院使用该概念的基本路径。就对"诚实信用原则"的语义分析而言，作者深厚的中文功底得到了极好的体现，词源学的视角及其对法学概念内涵塑成的影响探讨，亦颇为新颖。

第二篇文章是玛丽娜·蒂莫泰奥教授的《中国合同法中的模糊概念：以"合理"为例》，该文以对模糊概念——"合理"——的分析为切入点，同样兼顾了传统文化对中国法律概念形成与发展的影响，以及当代中国司法实践对于此类模糊概念的应用。无论是我国博大精深的文化渊源，还是现今由立法到实践的大略与细节，该文均有涉及，且把握准确、理解深刻。

第三篇文章是纪尧姆·鲁吉耶-布里埃先生的《中国合同磋商与实践之特性》。作者以其丰富的实务经验，从旁观者的角度对中国的合同磋商与实践进行了精确而独到的描述——文章不仅介绍了《合同法》中有关磋商的规则，并将其与国际模范法、法国法进行了一番比较，而且还针对传统文化对合同订立过程的影响与其表现形式作了一番阐述。这不仅具有学术价值，对于我国实务界人士了解涉外合同中的相对方如何看待与我方订立合同，亦有借鉴。

第四篇文章是妮科尔·科尔内特女士的《中国缔约制度：有关合同自由、合同成立、格式之争以及标准合同的比较研究》。该文主要是以中国《合同法》相关规范为出发点，将之与一些国际模范法、欧盟指令，以及欧盟成员国国内法进行一番比较研究，就合同缔结过程中的若干问题，如合同自由原则、要约与承诺的认定、格式条款、格式之争等，展开了分析，并指出中国《合同法》在整体上具有进步性，但在一些细节上仍有待提高之处。其中对西方一些固有误解的澄清令人称道，对现行中国合同法的理解入木三分。

第五篇文章是叶玛莉女士的《修订后的〈合同法〉及其对中国消费者权益保护的影响》。西方学者往往认为合同非为消费者权益保护的实用工具，受此启发，该文仔细评核了修订后的中国《合同法》在消费者权益保护领域的角色。在详查修订后的《合同法》在中国消费者权益保护方面的细节之前，本文大致勾勒了该法的修订历程，并着重揭示了该法的显著特征。

第六篇文章是亚当·朱利亚诺先生的《中美货物销售中的货物不相符性：中国〈合同法〉、美国〈统一商法典〉与〈联合国国际货物销售合同公约〉》。该文作者从中美贸易的飞速发展切入，提供了一篇典型的比较分析报告。作者针对合同履行中的相符性问题，就相符性的判断、风险移转、当事人的补救、货物的检验、质量的判断与通知等多个相关问题，对《合同法》、《统一商法典》以及《联合国国际货物销售合同公约》做了细致考察。

第七篇文章是汉斯–乔治·博威格、诺曼·多考夫、尼尔斯·杨森三位先生的《中国的新侵权责任法》。该文由中国侵权法制订过程中的法政策背景、咨询建议情况与内容概览入手，对我国新侵权法作了一番精到描述，并基于德国法视角与观点做了若干评论，认为这部法律在许多关键点上表现出了先进性，并敏锐地发现其中仍存在不少冲突。

第八篇文章是苏里亚·德瓦先生的《〈侵权责任法〉：前进了一大步?》。该文同样批判性地审视了《侵权责任法》中一些重要条文。在进行一番细致分析后，作者认为，尽管这些条文使人们乐观地认为《侵权责任法》能够保护公民的权利，但由于一些客观原因，《侵权责任法》能起到的作用也是有限的。

第九篇文章是文森特·约翰逊教授的《法治与中国侵权法的实施》。在研究方法上，该文基于文化差异性视角的进路，以美国联邦最高法院判例所发展起来的有关法治的原则与标准为参照物，来评判中国的新《侵权责任法》，并考察其是否符合法治的要求。作者认为，侵权法虽然提供了一个充分的法教义学框架，但其实施仍面临许多有待克服的困难。

第十篇文章是埃伦·布勃利克教授的《实施中的侵权法：合理注意的预期》。该文作者首先阐释了中国侵权法与美国侵权法上诸多规则的异同，并对一项美国侵权法上核心原则的规则进行了评论，即构建侵权法体系的核心功能在于鼓励人们对他人安全给予合理注意。在文章最后，作者还对中国侵权法值得借鉴的内容做了介绍。

本书限于学识与语言能力上的不足，讹误难免。读者有任何意见与建议，都可以向我们提出，您的批评指正将是我们进步的最大动力。

葛江虬
2015 年 1 月 28 日于荷兰马斯特里赫特大学

目 录

总序　大洋彼岸的回声 ………………………………………… 1

序言 …………………………………………………………… 1

一般条款及其实践：诚实信用原则于中国法院的适用 …… 1

中国合同法中的模糊概念：以"合理"为例 …………… 38

中国合同磋商与实践之特性 ………………………… 55

中国缔约制度：有关合同自由、合同成立、格式之争

以及标准合同的比较研究 ……………………… 75

修订后的《合同法》及其对中国消费者权益保护的影响

……………………………………………………… 125

中美货物销售中的货物不相符性：中国《合同法》、

美国《统一商法典》与《联合国国际货物销售合

同公约》 ………………………………………… 147

中国的新侵权责任法 ………………………………… 181

《侵权责任法》：前进了一大步？ ………………… 213

法治与中国侵权法的实施 …………………………… 230

实施中的侵权法：合理注意的预期 ………………… 289

译后记 ………………………………………………… 310

一般条款及其实践：诚实信用原则于中国法院的适用[*]

西蒙娜·诺瓦雷蒂[**] 文

葛江虬[***] 译

简目

一、引言

二、中文语境下"诚实信用"的翻译

三、中国成文法中的诚实信用原则：由民国民法典第 219 条至当代合同法

（一）诚实信用概念的引进：《中华民国民法典》第 219 条

（二）当下的法律策略：《民法通则》与《合同法》中的诚实信用原则

（三）《合同法》中的诚实信用原则

四、判例中对于诚实信用原则的适用（1999—2006）

---

    * Simona Novaretti, "General Clauses and Practice: The Use of the Principle Of Good Faith in Decisions of Chinese Courts", *European Review of Private Law*, Vol. 18 (2010), Issue 5, pp. 953 – 981. 本文的翻译与出版已获得作者授权。
    ** 西蒙娜·诺瓦雷蒂，威尼斯斯卡弗斯卡利大学东方语言文学学士、都灵大学法学学士、米兰大学博士，现任都灵大学中国法助理教授。
    *** 葛江虬，荷兰马斯特里赫特大学法学博士，复旦大学法学院讲师。

（一）诚实信用原则在具体案件中的适用：缔约过失责任（《合同法》第 42 条）

（二）诚实信用原则在具体案件中的适用：《合同法》第 60 条与第 125 条

（三）诚实信用原则在具体案件中的适用：后合同义务（《合同法》第 92 条）

（四）诚实信用原则在具体案件中的适用：举证责任

五、结论

一、引言

诚实信用原则在中国立法已经确立的一般条款中占据了显著的位置。尽管在 1986 年《民法通则》① 第 4 条首次引入该概念时，诚实信用的适用范围非常狭窄——这是由于严格的实证主义风潮是改革开放头几年中的重要特征。然而在 1990 年以后，诚实信用在判例和学术著作中愈发风靡——该原则在中国学者中被称为"帝王条款"。②

如今，诚实信用原则在宣示意义上的重要性已被广泛接受——事实上几乎所有民商事相关的法律都会涉及所谓"诚

---

① 1986 年《中华人民共和国民法通则》，以下简称《民法通则》。

② 参见梁慧星：《民法》，四川人民出版社 1989 年版，第 323 页；江平编著：《中华人民共和国合同法精解（附法律条文）》，中国政法大学出版社 1999 年版，第 6 页；邓家诚、黄志平：《论诚信原则的适用》，《广西政法干部管理学院学报》2004 年第 1 期；夏汉明：《诚实信用原则浅析》，《武汉市经济管理干部学院学报》2003 年第 4 期；焦富民：《论诚实信用原则与我国现代合同法的重塑》，《河北法学》2002 年第 4 期；李茂军：《解读诚信原则：关于诚实信用原则的法律思考》，《河北法学》2002 年第 6 期。这个概念使用得非常普遍，在许多教科书中均可发现。See e. g., the bilingual manual by Zhu Yikun, *Zhongguo Minfa - China's Civil Law*, Beijing: Falü Chubanshe, 2003, p. 8.

实信用原则"。① 这和"诚实与信用"已经成为一句为中国领导人广泛援引的话语休戚相关，且同样是中国建立法治国家的先决前提之一。②

与此同时，诚实信用亦有若干内涵尚未为人所熟知。譬如，该原则在司法实践中便有着相当的不确定性。对于中国法官及其他以中文为母语的使用者来说，想要识别由中文概念"诚实信用"③ 引申出的价值观念亦非易事。

然而，若想要彻底理解中国法以及超越其表面形式之上的具体机能，进行一番深入探究必不可少。与此同时，此番探究就中国法官对诚实信用与其他模糊概念的广泛使用而言也显得正当其时。考察对模糊概念的使用，于国际上的相关人士以及中国的法学家而言都显得尤为重要——尽管可能视角不同。一般条款适用范围的不断扩张，可能会引起过于主观随意的司法意见以及产生法律的不确定性。

本文的目标，乃试图就一项仍在进行中的研究项目"中国法院如何适用诚实信用原则"作出中期结论。为此，我们将对若干具体案例展开分析——这些案例发生于 1999 年 10 月

① 比如说，除了我们将深入分析的《民法通则》第 4 条、1999 年《中华人民共和国合同法》（以下简称《合同法》）第 6、42、60、92、125 条之外，以下中国法律中也包括"诚实信用"的概念：1993 年《消费者权益保护法》第 4 条、1993 年《反不正当竞争法》第 2 条、1995 年《保险法》第 5 条、1997 年《价格法》第 7 条、1997 年《拍卖法》第 4 条、1996 年《担保法》第 3 条、2006 年《合伙企业法》第 5 条、2005 年《证券法》第 4 条，以及在 2008 年 1 月 1 日生效的《劳动合同法》第 3 条。2005 年以来，"诚信"一词亦可见于《中国国际经济贸易仲裁委员会仲裁规则》第 7 条。

② 参见温家宝 2004 年在全国人民代表大会上所作的讲话。Cited by D. Cao, *Chinese Law. A Language Perspective*, 2004, n. 52, 182. 进而言之，根据在网络上所能找到的报道，温家宝使用了"诚实守信"的表达，而非本研究所使用的"诚实信用"。"守信"是"守信用"的简略说法，意味着某人履行自己的承诺，故"诚实守信"与"诚实信用"几乎完全相同。关于诚实信用的语义，参见本文第二节。

③ 对于中文概念的标音，我们使用了汉语拼音系统；而对于日文概念，我们使用了赫伯恩（Hepburn）拼写法。另外，我们将采纳中文与日文的习惯，将姓置于名之前。

到 2006 年 10 月之间，① 它们都包含了"诚实信用"的语词，由基层法院和中级法院裁断。我们将重点关注由 1986 年《民法通则》第 4 条与 1999 年《合同法》第 42、60、125 条所明确的与诚实信用有关的规则。

根据奥斯丁（Austin）"一项语词从来无法——好吧，几乎无法——摆脱其词源与形成过程的影响，即便是它含义的全部变化、延伸和添补——即使这些内容事实上遍及与支配了这项语词，都将遵从其最初的意义"② 的论断，我们的讨论将肇始于对构成"诚实信用"之汉字的简略分析，以及对源自于传统儒家思想之有关原则的综合叙述。

二、中文语境下"诚实信用"的翻译

如前所述，对"objective good faith"这一概念的翻译源自于一组复合词：诚实与信用。事实上，类似这般的表达是近代才出现的。在 19 世纪末期，它以"标志着法律现代化与西方化"的高度，借 1931 年的《中华民国民法典》③ 进入中国法律整体架构。在着手对诚实信用原则及其司法实践分析之前，我们需要考虑到传统中国法并没有正视诚实信用的概念——至少没有像现在这样，把诚实信用原则置于如此重要的位置。

诚实信用——就像其他中国现代法律已经完全吸收的若干概念一样——在 19 世纪末 20 世纪初、法律现代化阶段被创造出来，并赋予了全新含义。诚实信用是为此类"旧词新意"中的典型代表，且其特征便在于该概念引进自西方法律传统。中国法律的改革者在当时选择的，是经由日本筛滤的德国模

---

① 来源于最高人民法院所主管的中国法院网，www. chinacourt. org。

② J. L. Austin, *Philosophical Papers*, Oxford：Clarendon Press, 1979, p. 201.

③ 参见 1931 年《中华民国民法典》第 129 条. In Foo Ping Sheung, *Introduction*, *Code Civil de la République de Chine*, *Livre I, II, III*, Shanghai, Paris：Kelly & Walsh, 1930. 见本文第三节第一部分。

式。考虑到当时语境涉及的翻译问题，作出这种选择的原因便显得尤为明显。

必须指出的是，无论在法语还是意大利语中，"good faith"在"取得财产"和"合同关系的确定"两个不同的场合，使用的是同一个词语。而加诸前者的"主观"或加诸后者的"客观"，此类用以区分的形容词前缀只有在尤其必要时才会被加上。在用语上不区分这两种概念的进路可追溯至《拿破仑法典》（Code Napoléon），后于《意大利民法典》中这一点则更为明显——观察《民法典》第1147条及第1366条便可得出这样的结论。

另一方面，德国的立法者遵从了萨维尼的教导，使用了两个全然不同的词语来描述这两种不同的情况。"subjective good faith"被译为"guter Glaube"，此乃字面意义上译自拉丁语"bona fides"。而"objective good faith"则被译为"Treu und Glauben"，其中"Treu"指向忠诚（loyalty）、信任（trust），而"Glauben"指向信赖（faith）、相信（belief）或忠实（loyalty），整个概念在英语中可被译为公平交易（fair dealing）。

日本的立法者在德国的影响下遵从了这种二元划分，并选择了字面上与之相同的译法。因此，相应汉字的含义便与其对应德文的意思相同——"subjective good faith"被翻译为"zen-i"（善義，需要说明的是，此即"good faith"的字面含义），而"shingi seijitsu no gensoku"（信義誠実の原則）则被用来描述"objective good faith"（字面含义为履行承诺并保持诚实的义务）。

必须指出的是，法国法与德国法、日本法所表现出的这种区分，并不仅仅具有语言学上的意义——前者的考虑，是在法律上将诚实信用原则作为一种具有二元内涵的概念，而后者则是采纳了两个在语词上完全不同的概念：善意与公平交易。

在这两种方案中，后者的构造更受中国学者的认同。他们引入日文所使用的概念，并作出了一些无足轻重的改变：他们提出了"善意"和"诚实信用的原则"的说法。在这种语境下，中国学者所用来描述"subjective good faith"的词语意味着"良善的意图"，而"objective good faith"则由具有"应当诚实"与"值得信赖"意涵的两个词语构成——这种表达与日文对应概念并无二致。

根据中文的语言特点，"诚实信用"是由原本用来表述不同概念的语词相拼接，从而成为全新的法律术语。还有其他一些西方读者所并不熟悉的法律原则亦是如此。即便采纳了前述后者所彰示的策略，诚实信用的每一个汉字所反映的固有价值亦没有被废除，而是以其他途径融合在这个被引进的新概念中。根据曹菡艾（Deborah Cao）的表述，"翻译是一项复杂的、关乎解码与重新编码的指号过程（semiosis）"，这一过程又是凭借着"源代码提供解码的核心信息、目标代码提供该重新编码信息的各类参数"而完成。由此我们可以推知，诚实信用在中文中的含义，应来源于组成它的每一个汉字。对此，我们将会在涉及实例分析时予以充分讨论。

就眼下而言，中国学者往往习惯于，在该概念的汉语传统含义和现代意义之间建立一种有机的联系。在相当一部分已经发表的中文文献（尤其是那些注重罗马法学者论著和诚实信用的"外国渊源"的论著）中，参考儒家、墨家和法家的论述中赞颂诚与信之美德的内容相当普遍。① 这使诚实信用在中国传统哲学与法学思想中的基石地位显得尤为突出。关于诚信（诚实信用的现代简略版本）的表述可追溯至古代：中国的法

---

① 参见张中秋等：《诚信与法的一般理论初探》，《江苏警官学院学报》2003 年第 3 期。夏汉明：《诚实信用原则浅析》；何旺翔：《对我国诚实信用原则研究现状的评析》，www.law-lib.com/lw/lw_ view.asp? no＝3382；方丽娟、郑涛：《中西诚信伦理的主要差异》，《天水行政学院学报》2004 年第 3 期。

学家们①往往会引用《商君书》中的一段名言，把诚信视为儒家誉为美德、却可引起国家贫弱的"六虱"之一。② 关于诚信的叙述我们也可在其他经典中发现，比如《礼记》③、《孟子》④ 或《荀子》⑤。

事实上，大多数情况下"诚"与"信"都被认为具有几近相同的含义：在汉朝，中国最早的、亦在历史上享有盛誉的字典《说文解字》，也是使用其中一个来说明另一个的意义。⑥ 这一点从词源学的角度也可得到证实。

"诚"，由"言"字旁和既有汉字"成"组成，前者意为话语，在简体字中已经简化为"讠"，而后者的含义为完成，并是"诚"的音旁。⑦ 两者组合意味着人格的是否完满，应当取决于他所说话语的完成度。⑧ 这个字往往在英文中被译为"sincerity, honesty"。⑨ "信"，同样由"言"字旁和左边的"人"组成，意味着一个人的话语，其含义在翻译中往往被表述为"truth, faith"，或者"letter, message"。

如果我们回顾"诚"的含义，我们可以进一步发现，这

----

① 参见徐国栋：《民法基本原则解释》，中国政法大学出版社2001年版，第77页。

② J. J. L. Duyvendak（ed.），*Il Libro del Signore di Shang*，Milano：Adelphi，1989，p. 166 and p. 254.

③ 《礼记·祭统》，英文译本参见 http：//chinese. dsturgeon. net/text. pl? node = 9479&if = en。

④ 《孟子·万章上》，英文译本参见 http：// chinese. dsturgeon. net/text. pl? node = 1602&if = en。

⑤ 《荀子·修身》《荀子·不苟》《荀子·王霸》《荀子·致士》《荀子·疆国》，英文译本参见 http：// chinese. dsturgeon. net/text. pl? node = 12245&if = en。

⑥ 这个结论可以由以下对于诸定义的比较中得出：信：诚也，从人从言，会意；诚：信也，从言成声。参见《说文解字》，http：// chinese. dsturgeon. net/text. pl? node = 26160&if = en&search = % E8% AF% 9A。

⑦ See *contra* A. C. Graham，*Disputers of the Tao. Philosophical Argument in Ancient China*，La Salle IL：Open Court，1989，pp. 133 – 134.

⑧ *Ibid.*，p. 133.

⑨ 参见吴光华主编：《汉英大词典》，上海交通大学出版社1995年版。（根据译者的查阅，似应为1993年版。——译者注）

是一个被名词化的动词：在"四书"中，"诚"主要是被用来描述人类诚实与正直的美德的。① 而在《中庸》（公元前3—前2世纪）中：②

> 诚者，天之道也；诚之者，人之道也。……诚之者，择善而固执之者也。③
>
> 诚者，自成也；而道，自道也。……诚者，非自成己而已也，所以成物也。成己，仁也；成物，知也。④

我们作出如上摘录，是为了说明"诚"（"humanity"）与"仁"（"benevolence"）两个概念之间的联系。这两个概念之间的相互联系对于我们的讨论至关重要。这是因为它可以让我们在哲学和法律两个不同的层面之间顺畅往来巡视。而在中华帝国的时代，道德原则在司法实践中往往起着至关重要的作用。

事实上，"仁"（以前的含义主要指共同体的领导者对个体负有的义务，等同于"养民"的规则）⑤ 并不仅仅是构成儒家所要求的、具有智慧之人须遵守的美德之一。⑥ 同样的概念在几个世纪后被《大清律例》中有关合同关系的若干个条文

① Graham, *Disputers of the Tao. Philosophical Argument in Ancient China*.

② *Ibid.* , pp. 178 – 184.

③ 《中庸》第二十一章。Translated by Graham, *ibid.* , 135. The original text is available online at http：// chinese. dsturgeon. net/text. pl？ node = 10262&if = gb. （事实上，本段内容似应为第二十章之八。——译者注）

④ 《中庸》第二十三章。Translated by Graham, *ibid.* , 136. The original text is available online at http：// chinese. dsturgeon. net/text. pl？ node = 10262&if = gb. （本段内容似应为第二十五章。——译者注）

⑤ M. Timoteo, *Il Contratto in Cina e Giappone nello specchio dei diritti occidental*, Padova：CEDAM, 2004 , p. 46, Chinese characters added.

⑥ 对于中国经典哲学著作中对"仁"的认识，see Graham, *Disputers of the Tao. Philosophical Argument in Ancient China*. 16 – 18 , 20 – 21 , 26 , 146 , 151 , 315 , 350。

所使用（比如借款合同），① 并进一步具体表现为指导帝国官员行动的若干原则之一。官员们使用该原则来调整平衡各合同当事人以及他们所持有的主张。

除了上述提及的例子，《大清律例》还通过另一条原则来规制"契约"② 关系中的各方当事人——遵守与履行承诺的义务。正如玛丽娜·蒂莫泰奥（Marina Timoteo）所说，这条原则也可以被认为是构成了西方合同法传统的基础规则之一。③

在这样的语境下，我们可以再次审视"信"字——其含义正是表达了履行承诺之义务。

> 意欲满足"信"这一美德的要求，则须由个体在履行自己作出的承诺时保持诚实并贯穿始终。将这样的美德与契约关系中的义务履行相联系的做法，可以一直追溯到汉朝——尊重当事人对契约所涉承诺的信赖，与尊重由一个人的社会地位所赋予的相关义务，这两者是一致的。④

---

① 关于"律"的完整译本，see Jing Juntian, "Legislation Related to Civil Economy in the Qing Dynasty", in *Civil Law in Qing and Republican China*, eds. K. Bernhardt & P. Huang, Stanford: Stanford University Press, 1994, pp. 72 – 73。

② "契约"是中国在 20 世纪 50 年代以前所用来翻译"contract"的概念，在此之后则被"合同"替代。其含义是对"contract"的一般性描述，而"contract"一词进入中国则是在中国与西方签订了第一波契约之后。在中华帝国的时代，"契约"是指形式上的且具有约束力的承诺——虽然这个词往往不具有操作层面的意义。考虑到避免解读过分局限或仅仅依赖于文化考量的需求，see H. T. Scogin JR, *Traditional Chinese Contracts and Related Documents from the Tian Collection* (1408 – 1969), vol. 3, Beijing: Zhonghua Book Company, 2001, XII – XIII；若要了解更加细节的、比较法对于评估中国司法实践之影响的分析，see by the same author, "Civil 'Law' in Traditional China: History and Theory", in *Civil Law in Qing and Republican China*, eds. K. Bernhardt & P. Huang, p. 32 ff. ；关于在不同文明与语言环境中法律概念的变化与发展，尤其是翻译自或翻译成中文的，see J. E. Ainsworth, "Categories and Cultures: On the 'Rectification of Names' in Comparative Law", *Cornell L. Rev.* 82 (1996 – 1997), p. 19, also www. lawschool. cornell. edu/research/cornell – law – review/upload/Ainsworth. pdfw。

③ Timoteo, *II Contratto in Cina e Giappone nello specchio dei diritti occidental*。

④ *Ibid.*, p. 45.

　　在通过词源对此进行考察时，"信"所意喻的道德价值与合同之间的紧密联系便可见一斑了。除了"忠诚"与"信赖"的含义外，"信"在现代汉语语境下同样可以用来表示"信件、公函、消息"，① 这两种用法都可以追溯到汉代。② 由《法言》中的内容来看，"信"被定义为中国古代的"符"或"收据"，含义为在当事人之间一份互相交换的、为证明之用的书面文件，③ 这在形式上便好似当时语境下的书面合同文件。④

　　在古代中国，"信"时常被用来表述合意或契约，于是，这个字便兼具其字面指征以及背后道德寓意的双重内涵。⑤ 在孔子所作《论语》中，有关"信"的表述便经常被人们引用：

　　　　有子曰：信近于义，言可复也。恭近于礼，远耻辱也。因不失其亲，亦可宗也。(《论语·学而》)⑥

　　在这样的语境下，作为表示正义之"义"的含义就更加

---

　　① See e. g., *sub vocem*: Zhao Xiuying & F. Gatti, *Dizionario compatto cinese – italiano italiano cinese e conversazioni*, Zanichelli, 1996；更为完整的叙述，参见吴光华主编：《汉英大词典》。

　　② See H. T. Scogin JR, "Between Heaven and Man: Contract and the State in Han Dynasty China", *Cal. R. Rev.* 63 (1989 – 1990), p. 1325, 1379. 对"信"作为儒家基本美德的叙述，see Graham, *Disputers of the Tao. Philosophical Argument in Ancient China*, p. 381. 众所周知的是，汉朝建立于公元前 206 年，并受命于天至公元 220 年。

　　③ Scogin, "Between Heaven and Man: Contract and the State in Han Dynasty China", p. 1325, 1379.

　　④ *Ibid.*

　　⑤ *Ibid.*

　　⑥ J. Legge, *The Chinese Classics*, *vol. I: Confucian Analects, the Great Learning, and the Doctrine of the Mean*, Oxford: Clarendon Press, 1893, pp. 139 – 140, my emphasis and characters, available online at www. gutenberg. org/dirs/etext03/cnfnl10u. txt. *Contra* see the translation by Tiziana Lippiello, who translated *xin* (信) as 'sincerity', in Confucius, *I Dialoghi*, Torino: Einaudi, 2003, p. 7.

有趣了。"义"的含义与"信"有诸多交集，而这种交集同样会延伸到法律的领域——帝国父母官们处理契约纠纷时，并不仅仅是评估当事人是否遵守了因他们的地位（或身份关系，如父子、君臣等儒家思想中的基本社会关系）而产生的互负承诺。相应地，一项须为履行的义务，即使它已为契约所约定，也可能因被评价为不符合道德的要求而无效。① 这样的要求被描述为"合理、合情、合法"。②

最后需要注意的是，若要完成对于"objective good faith"翻译的讨论，我们必须重点强调："信"作为统治者相对于臣民必须遵守的义务，在法家思想中占据着重要的地位。这一特点在各个角度上说都与其劲敌——儒家思想——有着异曲同工之妙。在我们先前所提及的法家经典《商君书》中，作者曾提到：

国之所以治者三：一曰法，二曰信，三曰权。③

直到 19 世纪末期以前，上文提及的这种价值体系是被逐渐腐蚀的——并为另一种西方思潮所挑战。而从 19 世纪末期开始，国民党的掌权和后续中华人民共和国的建立则带来了翻天覆地的变化。

这些引入的概念形成于一个完全不同的语境之下，并有着使儒家确立已久的基本价值体系与价值平衡趋于混乱的可能

---

① 关于此类情形在汉代的实践，see Scogin, "Between Heaven and Man: Contract and the State in Han Dynasty China", p. 1379。

② Translation by Marina Timoteo. 关于更加细致的分析，see Timoteo, *Il Contratto in Cina e Giappone nello specchio dei diritti occidental*, pp. 48 – 49。

③ See Duyvendak, *Il Libro del Signore di Shang*, p. 216. 关于诚实信用原则在中国公法上的地位，参见董长春：《诚信——中国传统公法文化中的观念》，《学习与探索》2003 年第 5 期。

性。而这个过程，肇始于对这些概念的翻译以及一般条款开始进入中国语境的现象。

在下文中，我们将重点介绍诚实信用原则被中国法律体系——尤其是合同法——所容纳的过程。

三、中国成文法中的诚实信用原则：由民国民法典第219条至当代合同法

（一）诚实信用概念的引进：《中华民国民法典》第219条

虽然诚实信用的概念具体是在哪一年进入中国境内的，我们不得而知，但是可以确定的是，在清末的民法典草案中，诚实信用还没有出现。从正式成为成文法的角度来说，诚实信用作为民法原则之一出现在法典里，还要追溯到《中华民国民法典》第219条。

该条文规定：

> 行使权利，履行义务，应依诚实及信用方法。①

显而易见的是，这则条文受到了《德国民法典》第242条的深远影响。我们对这个国民党的民法典中有关合同的条款只需稍加留意，就能觉察出其深厚的德国烙印。考虑到《德国民法典》是为当时最先进的法律文本，国民党的立法者把它作为立法的重要参考，这并不会使我们的读者感到惊奇。

与其先人不同的是，国民党的立法者并没有仅仅专注于法律的西方化：他们的终极目标，在于规范体系的全面现代化。

---

① Ho Tchung – Chan (trad.), *Code Civil de la République de Chine, Livre I, II, III*, Shanghai : Imprimerie de l'Orphelinat de T'ou – sé – Wè, Zi – ka – wei prés, 1930, Art. 219.

而这一点，亦需要通过一系列的法律，来妥善处理一种现代化与传统中国价值之间的平衡关系——这一点在三民主义中也有体现。

尽管我们在后文的判例研习中将对先前提到的这些主题进行更加深入的讨论，在这里先行谈及域外立法技术的引入和借鉴，同样十分重要。某种意义上说，它们与中国从古至今从未消亡的传统价值相契合，甚至能够为其所用。这种做法可以表现中国对引入外来事物的普遍态度，且其并非为民国民法典所首创——它仅仅是 19 世纪中叶以后在中国兴起的洋务运动中的核心观念的再度体现。"洋务运动"被认为是一群知识分子坚守"中学为体、西学为用"之信条，并意图以此解决国家问题，抵挡强大的外族入侵。

《德国民法典》所描述的诚实信用原则，恰好能够完美地嵌入我们先前所提及的语境：一方面，其中涉及的规则扎根于当时最负盛名的民法典之中；另一方面，这样的规则又与三民主义中的民权主义相一致。这确保了这个概念在被引入中国法律体系时，具有更大的灵活性，以及未来的一种可能性，即在适用时可以允许集体意志有时——虽然也许仅在理论上成立——优越于当事人的意志。①

对于后者的考量，有时在诚实信用原则的集体意志的检讨中显得尤为切题，特别是在其引入初期。由集体意志来看，我们可以明确一种合作原则，意为在当事人与社会之间构建一种平衡以实现公平价值，以及在当事人之间构建一种平衡并确定合意（或法律行为②）的内容。

在这之后，中国发生了一次意识形态上的大转变，尽管如

---

① 跟随着德国学术发展的步伐，相当一部分日本学者也在同年开始逐步采纳这样的立场。关于此问题，see B. Jaluzot, 50 ff.

② 参见 1986 年《民法通则》第 4 条。

此，反映上述考量的诚实信用原则仍然为现今的中国大陆学者所采纳。

（二）当下的法律策略：《民法通则》与《合同法》中的诚实信用原则

众所周知的是，合同领域的诚实信用原则在 1949 年退出了成文法。而它再次进入民法成文法，则是在近四十年后，伴随着《民法通则》的出台。《民法通则》第 4 条规定：

> 民事活动应当遵循自愿、公平、等价有偿、诚实信用的原则。[①]

从此，诚实信用原则成为了民法的基本原则之一。中国最杰出的学者之一佟柔先生曾经说道，[②] 这些原则是"民法规范之定义、解释、适用以及研究的基础及出发点"，[③] 而且"在《民法通则》中集中体现了我国的社会主义核心价值"。[④] 在同一篇文章中，作者进一步论证了诚实信用原则的重要地位：

> 诚实与信用意味着在民事活动中，民事权利的主体应当实事求是，不弄虚作假，不以次充好，不缺斤少两，不损害国家集体利益，不损害他人的合法权益，并且根据合同法的规范履行他们的民事义务。诚实信用原

---

① 《民法通则》第一章第 4 条。

② Tong Rou, *The General Principles of Civil Law of the PRC: Its Birth, Characteristics, and Roles*, trans., Jonathan K. Ocko in *Law and Contemporary Problems* 52, Spring 1989, p. 160.（本段对于佟柔先生观点的介绍主要来自于对英文文本的翻译——目的是忠实描述外国学者对佟柔先生观点的理解，同时也参考了佟柔先生在一些中文著作中所表达的观点，以求忠实原意。——译者注）

③ *Ibid.*

④ *Ibid.*

则还要求在进行民事活动时，当事人须尊重习惯、风俗与社会公共道德，不规避法律，不蓄意曲解合同，不滥用权利或不正当竞争。提倡诚实信用原则是我国在民事活动领域贯彻社会主义精神文明的具体体现和要求。①

因此，《民法通则》所规定的诚实信用原则，并不仅仅调整合同中当事人之间的法律关系，更进一步试图权衡该法律关系中的当事人利益与国家及社会利益。这样的界定可以让我们重新联想到我们先前提到的民国立法中的诚实信用原则——在20 世纪 90 年代初期，有关诚实信用原则的学术著作又多了起来。② 随着《民法通则》的生效，中国学者们开始关注这个概念，并且试图说明它的重要性以及体系地位——尽管他们因为意识形态的考量而往往完全忽视了一点，即这一原则已经在中国法的历史上存在过二十年了。就我们所提及的《民法通则》而言，在 1986 年以后，这项重要的民法制度仅仅是指向民法中总则部分提出的这一概念。

尽管在立法中强调了诚实信用原则，但是由于其模糊性，以至于隐藏于概念之下的内涵与法律规则往往难以被发现。在20 世纪 90 年代以前，实践中极少有明确证据证明这条原则得到了适用。根据一位学者的观点，③ 在《民法通则》与 1999 年《合同法》之间的 13 年，这一原则仅仅在 14 个案件中得到了体

---

① *Ibid.*, p. 162.

② 关于此问题，参见徐国栋：《民法基本原则解释》，中国政法大学出版社2001 年版，第 75—76 页；梁慧星：《诚实信用原则与漏洞补充》，《法学研究》1994 年第 2 期；夏汉明：《诚实信用原则浅析》，《武汉市经济管理干部学院学报》2003 年第 4 期；邓家诚、黄志平：《论诚信原则的适用》，《广西政法干部管理学院学报》2004 年第 1 期；see also H. Piquet, *La Chine au Carrefour des traditions juridiques*, Bruxelles：Bruylant, 2005, p. 239 ff。

③ 参见崔广平：《合同法诚实信用原则比较研究》，《重庆三峡学院学报》2002 年第 1 期。

现。具体来说，其中 4 个案件是在 1987 年 1 月 1 日与 1992 年 4 月之间作出的裁决，① 另外在 1998 年之前有 7 个案件适用了该原则，而剩下的 3 个案件则缺少相应的具体信息。②

在这些案件中，我们必须提及的是最高人民法院 1992 年 27 号批复，③ 它为后续诚实信用原则在《合同法》中的发展埋下了伏笔。④ 众所周知的是，在该批复中，最高人民法院第一次使用了诚实信用原则来填补立法漏洞，并在其与情势变更原则之间建立了联系。一些知名学者在日后就两条原则之间的这种关联做了进一步分析——他们认为，情势变更原则便是在司法实务中适用诚实信用原则的最佳例证。⑤ 这两个概念之间的联系在现今已经如此牢固，以至于连立法者都受到了影响。相当一部分评论认为，《合同法》中的诚实信用原则其影响之

---

① 来源于最高人民法院：《最高人民法院公报典型案例全集》（1985.1—1992.1），警官教育出版社 1999 年版，转引自崔广平：《合同法诚实信用原则比较研究》，第 87 页。（根据译者对崔广平先生原文的查阅，前 4 则案例的时间跨度应当是 1987 年至 1994 年 4 月而非 1992 年 4 月。——译者注）

② 来源于国家法规数据库，国家信息中心出版社 1999 年版，转引自崔广平：《合同法诚实信用原则比较研究》，第 87 页。

③ 这是一种向下级主体作出的、官方的、书面的回复。See sub vocem, *Hanyin Fazi Cidian – A New Chinese – English Law Dictionary*, Beijing: Falü chubanshe, 2000.（通过译者的查阅，法律出版社 2000 年出版的法律词典，只有《英汉汉英法律用语辨正词典》，而后文提及 1998 年法律出版社出版的法律词典，应为《新汉英法学词典》，此处出典似有错误。——译者注）

④ 涉案合同是煤气表组件的购销合同。在当事人双方进入合同关系时，作为生产煤气表的主要原材料的铝锭，其国家定价在每吨 4400 至 4600 元。在合同履行期间，由于市场自由化，铝锭价格上涨了近四倍，达到了每吨 16,000 元。这意味着煤气表的铝外壳的价格也相应从每套 23,085 元上升到 41,000 元。这是一个非常困难的案件，原因在于当时的中国法中并没有规制此类情形的法律条文。中国最高人民法院考虑到具体条文的缺位，考虑到了"情势变更"，即"不可避免、无法预见、且由第三方导致"的情形。基于此，最高人民法院认为如果要求供应方仍然需要按照最初的价格供应产品，将导致显失公平的结果，违反诚实信用原则。对于本案的分析，参见崔广平：《合同法诚实信用原则比较研究》，第 84 – 89 页。

⑤ 参见郑强：《合同法诚实信用原则比较研究》，《比较法研究》2000 年第 1 期；王利明主编：《合同法案例教程》，中国政法大学出版社 1999 年版，cited by Timoteo, *Il Contratto in Cina e Giappone nello specchio dei diritti occidental*, p. 352。

显著及深远，已经导致后续一些有关履行障碍的条文都变得多余了。①

接下来的论述将主要集中于合同法领域。需要说明的是，诚实信用原则在合同法中有如此充足的适用空间，其结果并不仅仅是司法实践引起的关注，或者说是上述判例中该原则的发展所带来的。

虽然新《合同法》的立法目的主要是统合原本支离破碎且错综复杂的合同立法，② 与此同时，它仍然必须协调那些野心勃勃却又相互矛盾的法律要求。尤其是，根据起草者的意图，这部法律：

> 试图反映当下市场经济环境中的客观制度，以及他们所具有的共同原则，也包括国际条约与国际协议……对于当事人的意思自治给予充分关注……从而适应社会主义市场经济的要求，并完成由计划经济到市场经济的过渡……关注经济效率和公共福祉以及交易便利与交易安全。③

立法者们将法律条文中所包括的诚实信用原则作为典型，寻求一种正确的平衡状态，以满足考虑合同正义时加入道德价值考量的各类要求——这是因为这些要求有时并不相互协调。

---

① 1998 年草案中的第 77 条原本是规定该事项的条文，并未被《合同法》最终版本所采纳。关于这个主题，see Timoteo, *Il Contratto in Cina e Giappone nello specchio dei diritti occidental*, p. 338。

② See M. Timoteo, "Note sul processo di riforma del diritto contrattuale in Cina", *Mondo cinese* no. 98, 1998, p. 12.

③ 《中华人民共和国合同法立法方案》，1995，cited by P. B. Potter, *The Chinese Legal System: Globalisation and Local Legal Culture*, London & New York: Routledge Studies on China in Transition, 2001, p. 40。

根据先前的考量，我们便不难发现，为什么诚实信用原则会在《合同法》中占据着如此重要的地位，并且被称为"帝王条款"了。

（三）《合同法》中的诚实信用原则

众所周知的是，《合同法》的生效标志着诚实信用原则的语词在中国法语境下使用的一次重大转折，与此同时也增加了国外学者对于中国法院将如何适用该原则的疑虑。[1] 事实上，这种疑虑有些令人费解——毕竟诚实信用原则已经在中国民法中作为基本原则存在超过 10 年了，并且持续不断地被各个民事立法所引用。[2]

而且，十分明显的是，没有任何其他一部中华人民共和国的法律，将诚实信用原则搁置于如此重要的位置上。合同法把诚实信用原则写进了五个条文，而在另外两个条文中我们可以发现被用来表示"subjective good faith"[3] 的概念："善意"——与此相对的"恶意"则可以在另外三个条文中找到。[4]

事实上，在《合同法》的起草过程中，两派学者就一般条款相关的问题就产生过分歧。[5] 第一派学者认为，应当将《民法通则》作为后续立法的样板，即将基本原则进行列举和定义，并规定在一条或若干条文中。第二派学者则主张一种从立法中反映出基本原则的路径，以便将一定程度的具体性注入

---

[1] See e. g., R. Peerenboom, "A Missed Opportunity? China's New Contract Law Fails to Address Foreign Technology Providers' Concerns", *China Law & Practice* 13, no. 4. 同样的观点可参见 Potter, *ibid.*, p. 43。

[2] 比如《中华人民共和国技术合同法》第 4、14 条。

[3] 第 47 条和第 48 条。这些条文超出了本文的关注范畴。

[4] 第 42 条第 1 款、第 52 条第 2 款以及第 59 条。这个问题本文亦不作涉及。

[5] The data are reported in *An Insider's Guide to the PRC Contract Law*, Hong Kong: Asia Law and Practice, 1999.

这些原则。就我们所提到的诚实信用原则而言，第二种路径更可取。

然而，有一种做法深远地影响了中国的立法者，其来自于《国际统一私法协会国际商事合同通则》以下简称《商事合同通则》（The International Institute for the Unification of Private Law Principles of International Commercial Contracts）。① 这种影响至少存在两大优点：一是协调中国合同法与国际商事习惯的可能性，二是为被认为是基本原则的条款提供了充分的空间，以便实现合同关系中的公平与正义。②

因此，《合同法》中与诚实信用有关的条文，事实上与《民法通则》中的条文具有相当高的相似性——至少在条文背后精神而非其真实表述的范畴内是如此。③ 为与《国际商事合同通则》的做法一致，立法者在《合同法》总则部分中的各个章节几乎都加入了与诚实及信用有关联的内容，尤其是：

> 第一章"一般规定"中的第 6 条（我们在之前已经提到过）；④
>
> 第二章"合同的订立"中的第 42 条第 3 项；⑤

---

① 关于《国际商事合同通则》对中国《合同法》起草的影响，see Zhang Yuqing & Huang Danhan, "The New Contract Law in the People's Republic of China and the UNIDROIT Principles of International Commercial Contracts: A Brief Comparison", *Uniform Law Review*, 2000, p. 429, www. unidroit. org/english/publications/review/contents/2000. htm。

② 王利明：《统一合同法制定中的若干疑难问题的探讨》（上），《政法论坛》1996 年第 4 期。

③ See Zhang & Huang, "The New Contract Law in the People's Republic of China and the UNIDROIT Principles of International Commercial Contracts: A Brief Comparison", p. 429 ff.

④ "当事人行使权利、履行义务应当遵循诚实信用原则。"

⑤ "当事人在订立合同过程中有下列情形之一，给对方造成损失的，应当承担损害赔偿责任：（一）假借订立合同，恶意进行磋商；（二）故意隐瞒与订立合同有关的重要事实或者提供虚假情况；（三）有其他违背诚实信用原则的行为。"

第四章"合同的履行"中的第 60 条第 2 款;①
第六章"合同的权利义务终止"中的第 92 条;②
第八章"其他规定"中的第 125 条第 1 款。③

由此,《合同法》确保了诚实信用原则能够在合同活动的各个阶段——从订立到终止、由履行到解释——得到适用。

随着《合同法》的生效,这些条文并非仅仅因为他们提及诚实信用原则而进入了新的领域,而是试图探寻一种途径,来规制之前中国立法所未曾涉及的部分。譬如说,之前的合同立法从未提供有关缔约过失责任的概念。④ 同理,中华人民共和国也从未见证对于合同解释的规制。这些条款的订入对于中国《合同法》而言,可谓是一个"巨大的飞跃"。⑤ 通过《合同法》,诚实信用原则不再仅仅是一种便利的手段,用以在不可预见或是不公平的场合来调整或解除合同,而是解读和阐释整个合同法体系的关键。

诚实信用原则因此而被中国学者表述为"帝王条款"。接下来,我们将进入下一环节:通过分析若干具有典型意义的中国法院判例,来观察该原则在具体实践中的含义。

---

① "当事人应当按照约定全面履行自己的义务。当事人应当遵循诚实信用原则,根据合同的性质、目的和交易习惯履行通知、协助、保密等义务。"

② "合同的权利义务终止后,当事人应当遵循诚实信用原则,根据交易习惯履行通知、协助、保密等义务。"

③ "当事人对合同条款的理解有争议的,应当按照合同所使用的词句、合同的有关条款、合同的目的、交易习惯以及诚实信用原则,确定该条款的真实意思。合同文本采用两种以上文字订立并约定具有同等效力的,对各文本使用的词句推定具有相同含义。各文本使用的词句不一致的,应当根据合同的目的予以解释。"

④ See Zhang & Huang, "The New Contract Law in the People's Republic of China and the UNIDROIT Principles of International Commercial Contracts: A Brief Comparison", p. 429 ff。

⑤ 关于这一问题, see *ibid.*, p. 429 ff。

四、判例中对于诚实信用原则的适用（1999—2006）

在20世纪90年代，诚实信用原则经历了渐进式的发展过程——随着其逐步被学者及立法者所关注，在实践中适用诚实信用原则的数量也有了相当大的提升。

在该发展过程的初期，往往与更高专业素养联系在一起的城市法院开始渐渐关注诚实信用原则所提供的适用可能性。而时至今日，对于诚实信用原则的适用已然普遍化，经常出现于任何一级法院的案件裁判中，且并不拘泥于合同法领域。

本文的分析将主要着眼于中国最高人民法院在中国法院网案例库中所公布的并涉及诚实信用原则的案例。①

事实上，基于这样的研究策略，我们所能获得的素材从形式到实质都可说是相当多样：截至2006年，以诚实信用为标题的案件在案例库中总计有350件，它们涉及并涵盖了许许多多的问题。在接下来的考察中，我们将主要讨论涉及合同法的那些案件。

我们将首先分析一部分涉及缔约过失责任的案例，这是因为适用诚实信用原则在此类案例中相当普遍——在合同法领域，几乎有一半的案件是与此相关的。

（一）诚实信用原则在具体案件中的适用：缔约过失责任（《合同法》第42条）

众所周知，将诚实信用原则的适用外延延伸至先合同场合的法律体系往往会赋予该原则一种效力，使其能够在一方对合

---

① www.chinacourt.org．在这个网站上，我们可以找到一些通过其他渠道难以获得的信息，比如最高人民法院最新公布的文件或者中国法院对于一些典型案件所作出的判决。除此之外，网站内容还包括最高人民法院法官们的观点、法院的相关信息以及司法解释。英文版可参见 http：//en．chinacourt.org，不过英文版显然不如中文版内容完整，更新速度也不够迅速。

同的订立已经具有合法期待而另一方却退出磋商的场合予以适用。① 为了判断在一个具体案件中是否有适用《合同法》第42条的余地，② 中国的法官们往往会使用一种相似的判断路径——正如我们将在后文案例中所看到的。③

一家企业已经决定开设一间药房，他们签署了一份意向书，内容为聘请刘先生作为他们的员工，而他在药房的工作内容和需要完成的目标都已经在其中得到了明确。然而后者没能够在合同中明确他的工资和起始工作日期等具体细节，这些细节将在后续的正式合同中得到明确。

随着这份意向书的签署，这家企业确定了这家药店的经营场所，取得了必要的经营资质，与此同时刘先生也如他们所约定的那样，开始试图获得他的药剂师资格。然而，在多次尝试斡旋调停未果的情况下，双方没能在上述意向书中所述的未尽事宜上达成共识，尤其是关于报酬与工作时长的部分。最终，刘先生声称出于该企业的恶意，他决定退出磋商，并且要求该企业再去寻找其他的药剂师，因此拖延了该药店的开业。该企业起诉刘先生，主张偿还他们业已发生的支出（包括刘先生的培训费用、药剂师资格费用以及药品的支出），除此之外，还包括因迟延开业而造成的损害。

江苏省南通市中级人民法院驳回了原告的请求。该法院认为，意向书并不是一份有效的雇佣合同，因此并不产生合同上的义务。这是因为在该意向书中，有一些对于合同来说重要的

---

① See P. Van Ommeslage, "I. La bonne foi dans le relation entre particuliers – A. – dans la formation du contrat – Rapport general", *Travaux de l'Association Henri Capitant des amis de la culture juridique française* (*Journées louisianaises*), vol. 43, Paris: Libraire de la Cour de Cassation, 1992, p. 33.

② 详细情形参见前文第三节第三部分。

③ 参见《从本案谈违反诚信原则的司法判断》，来源于中国法院网，www.chinacourt.org/ajdq，访问日期：2007年4月5日。

元素仍然缺失，比如报酬以及雇佣期限。被告仅仅是实践了其享有的是否订立合同的自由，提出了一些"合理"的要求，并最终因合同订立失败而退出磋商。被告的行为并没有被发现有违反诚实信用原则的情况，因此也不需要承担违反先合同义务所带来的责任。

如果我们顺着法院的推理思路，将会发现非常有趣的一点，即它揭示了一条与我们先前所提到的相当近似的进路。事实上，在意大利，根据《意大利民法典》第 1337 条，退出磋商在如下情形时是不合法的：①存在对于原告来说具有合理期待合同将会订立的事由；以及②对于被告来说，合理地正当化自己的行为是不可能的。①

中国的法官采取了一种相似的判断标准，并额外增加了一条：在衡量原被告双方请求的合理化程度时，并不仅仅需要考量双方当事人的利益衡平，也需要笼统地判断其对于社会大众的潜在影响。

正如我们先前所强调的，② 中国学者认为诚实信用原则是一种妥善处置个体利益与社会利益的义务。本案法官即使用了这样一种定义来评价刘先生的行为，并推出了如下结论：刘先生被允许退出磋商，其实质在于他只是在践行自己自由选择职业和取得报酬的权利。企业在这个过程中所受到的损失，可以被认为是一种正常的商业风险。而要求刘先生一定要满足相对方的期待，将不仅会构成对被告权利的侵害，同时也不会"损害社会的利益"。因此，法院驳回了原告的请求。

告知义务是另一项典型的、发生于磋商阶段、与诚实信用

① R. Sacco, "I. La bonne foi dans le relation entre particuliers - A, - dans la formation du contrat - Rapport italien", *Travaux de l'Association Henri Capitant des amis de la culture juridique française* (*Journées louisianaises*), 43, 1992, p. 137.

② 参见崔广平：《合同法诚实信用原则比较研究》。

原则紧密相关的义务。根据《合同法》第42条，磋商中的当事人不能故意隐瞒与合同的订立有关的重要信息，或是故意提供虚假信息。后一种情况构成中国法上另一种非常典型的适用诚实信用原则的情形。而这种情形往往发生在消费者合同的场合。

总的来说，在卖家向信息不对称的买家提供不实陈述或是隐瞒重要信息的场合，合同极难有效。通行的救济手段是标的物与买家支付价金的相互返还。[1] 然而，中国法院有时会在此基础上更进一步，即不仅需要赔偿受害人"消极利益"，包括为磋商所支付的费用，以及因磋商而产生的损害，[2] 还需要考虑"积极利益"的赔偿，即受害人在假定合同被判定有效的场合所会享有的利益。

就此而言，我们可以考察湖北省宜昌市西陵区人民法院所作出的一份判决。文书号为宜昌市西陵区人民法院（2004）西民初字第497号民事判决。[3]

2001年11月23日，王克年与宜昌泰康人寿公司签订了一份保险合同，为其丈夫屈海清投保了一份生命险，受益人为其子屈宝华。[4] 合同签订当天，王克年便支付了约定的保费1480.20元，宜昌泰康人寿在11月29日签发了保险单。在2002年10月4日，丈夫屈海清去世，王克年在10月29日向保险公司主张3万元保险金。11月20日，保险公司回复称保险合同并不能被认定为有效，原因在于保单并未由被保险人签字，保单所有人是王克年。

---

① G. Ajani, A. Seraf Ino & M. Timoteo, *Diritto dell' Asia Orientale*, Torino：UTET, 2007, p. 344.

② 关于意大利法中的适用，see Sacco, "I. La bonne foi dans le relation entre particuliers – A, – dans la formation du contrat – Rapport italien", p. 139。

③ 参见《此人身保险合同是否有效》，来源于中国法院网，www. china-court. org/ajdq/，访问日期：2007年4月5日。

④ 关于受益人，原文为"Qu Yuhua"，但根据译者的查阅，应为屈宝华。——译者注

王克年和屈宝华随后起诉了保险公司，主张对于保险合同的这项要求并没有在磋商中被承保人所强调，而且无论如何保险公司也接受了约定的保费。因此，原告向保险公司主张基于缔约过失责任的损害赔偿请求权。

在湖北省宜昌市西陵区人民法院审理该案之前，保险公司曾表达了返还保费的意图。一审法院查明，涉案保险合同曾明确被保险人和保单所有人均必须在保单上签字，如果违反这项要求，则将导致合同无效。因此，法院认为保险公司已经完全尽到了它的告知义务，因此原告的请求被驳回了。

受理上诉的宜昌市中级人民法院则采纳了一种完全不同的视角。法院发现，保险公司从一开始就非常了解该合同的无效性。事实上，保单中的内容均为保险人[①]代为填写，而保险人不可能不知道被保险人不签名所导致的法律后果。因此，本案被发回一审法院重审。

在重审中，一审法院认为保险公司也应当对合同的无效性承担责任。尽管保险公司的一名业务员见证了合同签订的整个过程，该公司却仍未能尽到告知义务，这是因为，它未能明确指出因被保险人未亲自签名所带来的后果。根据《民法通则》第61条第1款和《合同法》第42条第2项的规定，法院采纳了人寿保险合同中约定的在被保险人死亡时发生的保险金数额，即损害赔偿额为3万元。

这份判断可谓相当杰出——即便从西方视角来看也是一样，而且在中国占据了极其重要的地位。在中国法院网所提供的裁判评论中，法院明确指出隐含在这份判决之下的基本考量是"社会一般的公平观念"，同时也符合规范和制止保险公司此类行为的需求。在当时，保险公司的这种做法在实践中是相当常

---

① 根据译者的查阅，此处应指保险人的业务员卢玉萍。——译者注

见的。

然而，将诚实信用原则融汇于告知义务的适用，并不总是能推导出如此清晰明确的结果。一种以"合理"——一项并没有订入一般条款之领域但始终是为中国传统之重要一环的模糊概念①——为考量的标准，将是调整受害者因受到误导而提出过分请求的有益工具。

根据《广州日报》报道的一则案件，② 周女士为了开展经营活动而打算购买一处房产，因此向某银行黄埔支行申请了一笔贷款。为了这个目的，1998 年 12 月，周女士与该银行签订了为期 10 年的抵押合同，贷款数额为 45.4 万元，并承允采用按月分期等额归还贷款本息的方法。2003 年，周女士在阅读报纸时发现，事实上还存在另外一种可调节利率的还款方式，称为"递减还款法"。根据她的计算，采用这种还款方式可以为她节省 1 万元。

由于在签订合同时，银行出于恶意未向周女士说明另一种还款选择，周女士启动了诉讼程序。原告主张根据第二种还款方式对其抵押进行重新计算，并且返还到 2003 年 8 月的累计利息，约 7000 元人民币。

由于事实和法律基础上的不充分，审理法院驳回了原告的请求。上诉法院则认为银行受到诚实信用与合理告知的合同附随义务的约束，且考虑到银行在相对于其客户的优越地位，其应当提供有关其他选项的信息。然而，周女士的诉讼请求仍然被认为是不合理的，原因是她只考虑了等额法中更高的利息，却忽略了等额法在前期的还款额比递减法要少的

① See M. Timoteo, "Vague Notions in Chinese Contract Law: The Case of Heli", in this same issue of the ERPL.

② 参见《银行隐瞒按揭还款方式成被告——法院判银行有过失》，来源于中国法院网，www.chinacourt.org/html/ajk，访问日期：2008 年 6 月 4 日。

事实。

此案并没有最终审结，周女士已经向广州市人民检察院申诉，要求启动再审程序，重新审理她的案件。[①]

（二）诚实信用原则在具体案件中的适用：《合同法》第60条与第125条

在众多对"诚实信用"的定义中，最常用的无疑是"忠实"的概念。在中文的语境中，这显然是基于人们将之翻译为的汉字：信——正如我们所看到的——意义在于履行一项承诺的义务。[②] 也许这能够解释为什么中国的法官总是在合同履行的场合，适用诚实信用原则——在这类场合，往往存在当事人中的一方未能遵守其合同义务。

发生于信文国与宿广金之间的案件颇具代表性。[③] 信文国与宿广金是一对旧友。2004年5月20日，被告宿广金因未偿还欠款6000元被内蒙古宁城县人民法院拘留。当时，宿广金不知能与谁联络，便告诉其家人向信文国求助。信文国经多方筹措借到6000元，并将款项交到宁城法院。解除拘留后的宿广金给信文国写欠条[④]一枚，承诺一个月内保证还清。此后宿广金却再也没有露过面。

法院认为，借款合同以及未予还款的事实确实存在，宿广金的行为违背了诚实信用原则，违反了《合同法》第60条，故判决被告宿广金返还原告借款6000元。本案适用的《合同法》第60条第1款所提供的解决方案并非新鲜物什。而该条

① 《中华人民共和国民事诉讼法》，第177条以下。

② 关于"信"的概念，参见本文第二章。

③ 参见"危急时刻得帮助，获得自由不认账"，来源于中国法院网，www.chinacourt.org/html/ajk，访问日期：2008年6月4日。

④ 这是一种通过签字确认以说明债务存在的文件。See sub vocem, *Xin Hanying Fazi Zidian – A New Chinese – English Dictionary*, Beijing: Falü chubanshe, 1998, reprinted in 2000.（此处出典似与前文引用词典一致，那么正确出典应为1998年出版的《新汉英法学词典》。——译者注）

文第 2 款——正如我们先前讨论过的①——确定了当事人间互利互惠义务的标准，因此允许了"附随义务"的发生，为新的解释途径铺平了道路。②

这则条文的适用在如今已经更加频繁，且往往被用于规制当事人间仅仅履行合同字面所约定义务的行为。

以下两则案例适当地反映了上述考量：

沈先生③与一家知名装修公司签订合同，以包工包料的方式委托其装修沈先生新购买的房子。装修进行到一半时，沈先生又定购了一拖五的中央空调，并由生产厂家进行安装。由于空调公司与装修方未做好沟通，致使空调的冷凝水管装在了新房的地板下，并且未与房内的水管系统相连。2006 年夏天，天气十分酷热，空调处于持续使用中，因此空调水管无力容纳如此大量的冷凝水，最终冷凝水漫出了沈先生的房子。装修公司认为，装修合同中并未明确约定空调系统，因此不应承担赔偿责任。青浦区法院经过审理认为，依据诚实信用原则，被告不但要履行合同约定的条款，而且要履行附随义务。本案中，装修公司在装修过程中应当与空调公司安装空调的工作相协调，将冷凝管与浴室管道相连。法院判令装修公司承担 50% 的责任，赔偿原告沈先生 1 万元。

依诚实信用履行合同的义务，同时意味着合同当事人不得向第三方透露因履行合同而获得的相对人的商业秘密。近年来，企业及前员工间涉及泄露商业机密而引起的案件增长迅速。其中最近发生的一起案件④被公布出来，并与其他九起案件⑤一

---

① See sub vocem, *Xin Hanying Fazi Zidian – A New Chinese – English Dictionary*, Beijing：Falü chubanshe, 1998, reprinted in 2000.
② 在 1999 年《合同法》以前，双方当事人是否仅受合同明确列明的义务拘束尚不明确。
③ 参见《新房地板喷水，装修公司违反附随义务赔偿》，来源于中国法院网，www.chinacourt.org/html/ajk，访问日期：2008 年 6 月 4 日。
④ 参见《员工"跳槽"侵犯商业秘密，被列入广东十大知识产权案件》，来源于中国法院网，www.chinacourt.org/html/ajk，访问日期：2008 年 6 月 4 日。
⑤ 这十起案件公布于 2006 年 4 月 24 日。

起被归入了"广东十大知识产权案件"。

2000 年 4 月 14 日，路先生被华深达实公司录用，担任销售经理。在路先生被雇佣时，他签订了一份《保密协议》，承诺在其任职期间不在其他生产同类产品或提供同类服务的公司任职，或自己生产、经营同类产品与业务。2003 年 12 月 26 日，路先生离职。同年 6 月，路先生设立了一家名为赛飞的公司，并与另一家名为鸿富锦的公司建立了业务关系，为其提供原先由华深达实公司提供的服务。而此事发生于同年 7 月，当时路先生还是华深达实的员工。因此，华深达实公司起诉赛飞公司，请求判令立即停止商业秘密侵权、赔偿损失、赔礼道歉。

审理法院支持了原告的主张，而这样的观点也为二审法院所采纳。公布这些案件的广东省知识产权局法规处处长刘在东认为，本案涉及公司的利益和个人择业自由之衡平问题。路先生在华深达实公司工作期间，成立赛飞公司，因此违反了保密协议，也违反了《反不正当竞争法》第 10 条规定。刘在东还认为，"个人在职场中，要遵守诚实信用原则，正确对待公司利益与个人利益，在法律允许的范围内行使择业自由权，做到利己不损人"。

（三）诚实信用原则在具体案件中的适用：后合同义务（《合同法》第 92 条）

正如我们在前一节提到的，根据《合同法》第 92 条，诚实信用原则在合同关系结束后仍然约束着当事人，要求当事人"根据交易习惯履行通知、协助、保密等义务"。[①]

在涉及此类问题的案件中，中国法官适用这则条文的倾向性并不明显——在我们使用的搜索网站中，只有一个有关后合

---

① 《合同法》第 92 条。

同义务的案件适用了诚实信用原则。此外，这则案件记载于一篇文章中，而这篇文章是由一名最高人民法院政治部的作者所撰写，内容为向中国法官解释后合同义务的含义。① 这名作者使用如下语句解释了明确此类问题的必要性："由于'后合同义务'在我国原合同法律以及《民法通则》中均未加以提及，民法学界对其理论研究较为不足，审判实践中对如何理解后合同义务理论并正确地加以运用也认识不一。"为此，作者通过如下案例来说明后合同义务：

2000 年 1 月，刘先生受聘担任鹿港市新亚服装进出口公司东南亚业务部经理，聘期三年，其掌握服装进出口公司在东南亚市场的销售渠道、客户名单等重要商业信息。三年后，刘先生利用在新亚服装进出口公司任职期间所掌握的东南亚服装销售渠道以及客户名单等信息，于当地成立辰星儿童制衣厂。2003 年 5 月，新亚服装进出口公司向法院起诉刘先生，要求其赔偿损失，而刘先生则提出，其与新亚服装进出口公司的劳动合同已经终止，不再负有任何合同义务。

这篇文章并不仅仅关注了理论问题，比如后合同义务的特征以及他们的内容。相较之下，其更富教益的地方在于它的实践意义：它列明了法官在判断后合同义务是否存在时所需要予以考虑的必要元素，并提供了量化损失的指导。关于文中涉及的案件，法官支持了原告的主张，认为刘先生显然违反了保密义务，而这项义务即便在合同关系终止后也依然存在。

（四）诚实信用原则在具体案件中的适用：举证责任

诚实信用原则在内容上的模糊性，使其在实践中得以非常

---

① 参见《由一起典型案例论后合同义务理论》，来源于中国法院网，www.chinacourt. org/html/ajk，访问日期：2008 年 6 月 4 日。

灵活地适用。它的含义往往根据不同的事实要求以及需要填补的立法漏洞而被确定下来。

这同样是中国法官总是在某一问题上未有明确表述时，选择诚实信用原则来解释立法者意图的原因。一个具有代表性的例子，就是通过诚实信用原则的适用，从而在未有明确之场合决定举证责任的分配。而学者的意见也赞同这样一种思路。中国人民大学的张俊岩在其2002年的一篇文章①中就举证责任的衡量提出了以下观点：

> 法律有明文规定的，依法律；法律虽无明文规定但有经验法则可依循的，依经验法则；既无法律规定又无经验法则可依的，则根据公平和诚实信用原则进行合理的分配。这就避免了在无法律规定情形下可能出现的不公平状况。②

最高人民法院2003年11月9日③发布的《关于民事诉讼证据的若干规定》（以下简称《证据规定》）第7条明确规定了一名法官根据诚实信用原则倒置举证责任的可能性。

该条文规定如下：

> 在法律没有具体规定，依本规定及其他司法解释无法确定举证责任承担时，人民法院可以根据公平原则和诚实信用原则，综合当事人举证能力等因素确定举证责任的承担。

---

① 张俊岩：《诚实信用原则与举证责任》，《电子科技大学学报》（社科版）2001年第1期。
② 同上。
③ 应为2001年12月21日。——译者注

彭州市人民法院在一起涉及两家企业——四川彭州市恒达
实业有限公司与四川省盐业总公司彭州支公司的案件中适用了
该条文。① 原告是一家盐渍产品生产企业，与被告存在固定的
买卖关系以购买食盐并制成盐渍产品。2001 年 11 月，原告在
被告处购买 224.6 吨普盐。然而，其中有 135 吨盐是积压碘
盐，被告称其碘已挥发。原告使用该盐进行泡菜加工生产后，
发现泡菜变黑、发软，承受了巨大的经济损失。原告向法院提
起诉讼，要求被告赔偿原告的经济损失。被告辩称，原告使用
加碘盐与原告受到的损害结果之间没有直接的因果关系。庭审
中，双方当事人都未能说明使用碘盐是否会导致泡菜发黑、变
软，因此便涉及举证责任分配的问题。

由于具体条文的缺失，彭州市人民法院的法官适用了
《证据规定》第 7 条以及诚实信用原则，认为原告公司应当对
该事实负举证责任。由于原告恒达公司未能提供足够的证据以
说明支撑其主张的事实，故法院援引《证据规定》第 2 条②驳
回了原告的诉讼请求。

若对此进行更进一步的考量，本案法官的做法并非完全
合理，可能引起的疑问在于：在当前语境下，法官为何会认
为有必要通过援引诚实信用与公平原则，来强化《证据规
定》第 2 条（类似于《意大利民法典》第 2697 条）？法官
对此的解释可以在对该案的评论中发现：对相关原则的援
引，其合理性来自于影响中国法的诸多缺陷——尤其是民法
典的缺位。

诚实信用原则在分配举证责任中的重要性，以及中国法官

---

① 参见《穷尽证明手段后案件事实仍然真伪不明时举证责任由谁承担》，来
源于中国法院网，www.chinacourt.org/html/ajdq，访问日期：2007 年 5 月 4 日。
② 该条规定："当事人对自己提出的诉讼请求所依据的事实或者反驳对方诉
讼请求所依据的事实有责任提供证据加以证明。"

所采取的不同解决方案还可通过下述案件予以进一步说明。①

在对案件的评价中，法官认为："消费者权益纠纷案件中，对商品品质（包含质量、折旧程度等）的证明责任在法无明文规定的情况下，究竟应当由何方承担举证责任成为本案三次审理的焦点。本案对于该类案件应如何分配举证责任具有一定的借鉴意义。"

2004 年 1 月 1 日，张志强在苏宁公司以 1600 元的价格购买一台冰箱。后该冰箱出现质量问题，苏宁公司两次上门进行维修仍未修复，遂于 2004 年 7 月 24 日为张志强更换冰箱。承担运输工作的公司工作人员将冰箱送至张志强公寓，尽管当时张志强并不在家中。冰箱在送达时已经拆除了原始包装，且未留下说明书、三包凭证等资料。张志强回到家中后，发现冰箱上有污渍、霉斑等，认定该冰箱已经被使用过，遂与苏宁公司进行交涉，双方协商未果。2004 年 9 月 16 日，张志强起诉苏宁，请求损害赔偿共 3320 元（其中冰箱费用 1600 元，双倍赔偿额 1600 元，其他费用 120 元）。

江苏徐州泉山法院立刻发现，双方均在"提供冰箱是否为新机的证据"问题上有一定困难。法院认为，苏宁的证明能力要更强一些，这是由于苏宁电器为专门经营家用电器的商家，应具备足够的能力来说明第二台冰箱是否是新机。因此，举证责任被分配给苏宁一方，这也是考虑到了诚实信用原则与公平原则在消费者权益保护案件中的应用。

上诉过程中，徐州市中级人民法院同样把重点放在了举证责任的分配上。不过，本案情形并不完全符合《证据规定》第 4 条所明确的八种举证责任倒置的情形，因此二审法

---

① 参见《一波三折究竟何人承担商品品质的举证责任》，来源于中国法院网，www.chinacourt.org/html/ajdq，访问日期：2007 年 4 月 5 日。

院把举证责任分配给了被上诉人，即原审原告，认为泉山法院对于相互返还的内容成立，但是原告无法获得任何额外损害赔偿。

张志强此后申请了再审，认为二审法院没有正确分配举证责任——事实上，根据诚实信用原则以及《证据规定》第 7 条，[①] 举证责任应当由厂商而非消费者承担。

徐州市中级人民法院认为二审并没有正确分配举证责任，且最终推翻了二审的结论。因此，这起案件是另一个适用诚实信用原则以保证当事人间的平衡关系、防止合同一方利用其优越地位对弱势相对人造成损害的例子。倚重于这样的一条原则也极好地反映出社会主义者对于"团结"的认识，且令人想起了人权与正义的原则。[②]

评论的作者说明——甚至强调得有些过分，这种处理"不仅符合普通人群对公正的理解，在审理技巧上也更趋稳健与成熟，体现了法律效果和社会效果的高度统一"。

从我们的目的来说，以下内容亦颇为相关：至少就我们所提及的法律领域而言，我们距法律确定性的实现还有相当一段距离。

五、结论

根据目前的研究进度，我们还无法提供具体的数据，说明诚实信用原则在中国司法实践中的地位。不过，我们在上述讨论中所分析的案件，可以帮助我们抽离出进一步考察所需要的主题。

首先，这些案件允许我们重新思考相当一部分常见于西方

---

① 参见本节前文。
② 参见本文第二节。

文献中、与中国立法中的模糊概念有关的陈词滥调。我们还讨论了，作为外国的旁观者，如何看待中国法官带着怀疑对一般条款的运用——他们担心对此概念适用范围的扩张，会引起不公正的判决和法律的不确定性。

根据我们所分析的判例，这样的考虑也被证明是十分重要的。一方面，可预见性和稳定性的缺失，可能的确会引起某些对于诚实信用原则的担忧，一如我们曾在讨论举证责任时见证的情形。① 然而，对此概念的应用并未表现出给司法的不公平留下了大量空间，抑或促使了不合理判决的产生。相较之下，在许许多多司法意见中，中文概念"合理"往往与"诚实信用"一并使用。

此外，即便是对诚实信用的社会主义解读也未抛弃其原来的法律含义。在过去，一些杰出的意大利学者对南斯拉夫或者其他社会主义法律体系下的法官对于一般条款进行适用的情况也做过一些研究。本文上述观点与他们的研究所得出的结论完全一致。②

从对中国法院网所提供案件的详细解读中，其反映出的对诚实信用原则的适用，完全与学术界与最高法院的推荐做法相协调。法官们被建议只有在法律规定缺位，或是经验法则在案件情形中占明显主导地位，以及必须与上级法院的司法解释一致时，才能够适用诚实信用原则。在这一点上，我们应当指出，中国法院网是由最高人民法院所主办的网站，显然其毫无理由推出与正确适用诚实信用原则相悖的方法——尤其是考虑到这些年通过公开司法判决为判例带来的有利地位的话，更是

---

① 参见本文第四节第四部分。

② See in particular, G. Crespi Reghizzi & R. Sacco, "L'abuso del diritto nel sistema civilistico jugoslavo", in *Est - Ovest*, 1977, fascicolo 2, 55 ff. ; G. Ajani, *Le fonti non scritte del diritto dei Paesi Socialisti*, Milano: Giuffrè, 1985, 155 ff.

如此。

与此同时，我们还可以发现一种趋势，即将诚实信用原则作为一种衡量尺度的倾向性。虽然这项概念生根于西方法律传统，但是它与传统中国所提供的标准，比如"合理"或"公平"完全符合。

如果我们考虑中国学者和立法者的观点，我们可以发现，对于诚实信用的使用，应当经由"诚实商人的道德标准"以及在个人与社会间的"利益平衡"，将道德加入对民法关系的考量中去。如果我们超越这种观点就可以发现，在实践中这个概念更经常被用于在特殊个案中实现正义的结果——这与当年中华帝国的地方治安官们基于儒家的伦理原则提供解决方案或作出裁断如出一辙。事实上，中国学者——至少是在词源学的层面上——在诚实信用的语词与儒家传统之间建立起了一种联系。

正如我们所看到的，如此结论几乎在转瞬之间形成，且往往马上就承接以这个概念的罗马法源头以及在西方法律系统中的发展。在论述过程中，我们强调了这项原则在"立法上的成功"及其被订入《合同法》是由于中国立法者受到了西方法律模式的影响。① 司法实践层面对此概念的适用则与若干属于西方法律传统的国家完全一致。

我们同样可以作出如下判断，在若干案件中，对这些引自罗马——日耳曼法律文化的规则适用，几乎与中国法律文化中发展出的解决方案一模一样。我们讨论了几个合同法领域的例子，比如合同中条款内容的确立（诚实信用要求以"信"履行合同），又比如为了保护弱势当事人的利益、基于诚实信用而对于合同的调整。而在与消费者有关的案件中的适用，也使

---

① 参见本文第三节第三部分。

我们联想到了作为儒家准则的"仁"。最后，终局的解决方案必须是公平且合理的。

这些讨论也令我们回想起洋务运动中的一句古老格言——中学为体、西学为用。这个视角也许并不需要更多强调，当然也值得更进一步的关注。

中国合同法中的模糊概念：
以"合理"为例[*]

玛丽娜·蒂莫泰奥[**] 文

葛江虬[***] 译

简目

一、模糊概念与法律研究

二、"合理"是法律移植的产物吗？

三、"合理"语义一瞥

四、在法律与人情之间：当代中国法律实践中对"合理"的应用

五、作为平衡标准的"合理"

六、最高人民法院指导意见中的"合理"

七、结论

一、模糊概念与法律研究

本文是对一项并不精确但广为中国合同法领域的立法者所

---

* Marina Timoteo，"Vague Notions in Chinese Contract Law: The Case of Heli"，*European Review of Private Law*，Vol. 18 (2010)，Issue 5，pp. 939 – 952. 本文的翻译与出版已获得作者授权。

** 玛丽娜·蒂莫泰奥，意大利博洛尼亚大学教授、孔子学院外方院长。

*** 葛江虬，荷兰马斯特里赫特大学法学博士，复旦大学法学院讲师。

使用的概念，其含义与适用①的初步研究。在中文中，这项概念被称为"合理"，而其字面意义往往被翻译为"according to reason"，或者更直白一些的"reasonable"。

众所周知，模糊概念即意义含混的语词，且在法律论述中带来了诸多不确定性。如果某一项针对此类语词的研究，其目标在于明确它们的含义，则它绝不仅仅是一项纯粹的学术研究。相较之下，这项工作应更加侧重于规则的操作层面，即法律的贯彻与执行——如今，对模糊概念的使用，已经成为了法律移植与法律协调化过程中十分明显的特征，②故这项工作便显得更为重要。即便在欧洲，那些共同法中所使用的抽象概念，也由于不同法域间的差异性而拥有了许多种不同的含义。③

时至今日，在多语种的语境下，我们应当更加关注且在意法律中的概念体系，以及地方法官在赋予那些统一的抽象概念

---

① 我将主要探讨司法实践中对其适用——即使中国法官的这种做法受到了一些批评。较好的归纳，see Lubman, "Looking for Law in China", *Columbia Journal of Asian Law* 20, 2006, p. 28. "在过去的几年中，我们见证了法院正在扮演一种越来越重要的角色：在司法判决的说理部分正缓慢却进步着的语境下，法院越来越多地通过参考过往司法意见中对于法律展开解读的趋势，来解释模糊概念与标准，从而构建具有可操作性的规则。" See Mo Zhang, *Chinese Contract Law: Theory and Practice*, Leiden, Boston, 2006, p. XIII。

② 正如学者所分析的，see Ajani, "The Transplant of Vague Notions", in Liber Amicorum Z. Peteri, ed., *S. Istvan*, Budapest: Tarsulat, 2005, p. 17.

③ 这一点不仅对于模糊概念适用，对于其他一些比较抽象的概念同样适用，比如"合同"（contract）、"损害"（damage）以及"销售"（sales）。学者甘巴罗（Gambaro）已对此进行了清晰的论述。他分析了欧洲私法对于各国国内法的影响，认为对这些抽象概念以及一般性的法律用语的使用，在国内决策者在将这些共同法适用到不同领域以及子领域的时候，会导致碎片化而非一体化的结果。See Gambaro, "A proposito del plurilinguismo legislativo europeo", *Rivista trimestrale di diritto e procedura civile*, 2004, 297; Pozzo, "Harmonisation of European Contract Law and the Need of Creating a Common Terminology", *European Review of Private Law*, 2003, p. 754 ff.; see also G. A. Benacchio & B. Pasa, *A Common Law for Europe*, Budapest, 2005, p. 82.

以中心含义时所作出的说理过程。① 这一点在讨论诸如"合理"这样的概念时便显得更加帖切。如果我们对此概念追根溯源,我们将发现法律规则的尽头是其文化渊源。

二、"合理"是法律移植的产物吗?

"合理"是当代中国法中广泛使用的若干模糊概念之一。② 英语国家的读者往往将其翻译为"reasonable"。

对一项法律术语来说,英语词"reasonable"及其衍生出的"reasonableness"具有鲜明的英美法系法律文化③的特点。在近几十年来,这些词经由一些主导合同法相关问题的国际立法文本——比如《联合国国际货物销售合同公约》(Convention on International Sale of Goods, 即 CISG)、《国际统一私法协会国际商事合同通则》[The International Institute for the Unification of Private Law (UNIDROIT) Principles of International Commercial Contracts]——而在全球范围内广为传播。④ 这些

---

① 意大利的比较法学者(不仅仅是他们)对理解这一问题作出了大量贡献。See Ajani el al. eds., *The Multilanguage Complexity of European Law*, Firenze, 2007; Sacco, "Language and Law", in *Ordinary Language and Legal Language*, ed. Pozzo, Milan, 2005, p. 19; Grossfeld, "Comparatists and Languages", in *Comparative Legal Studies: Traditions and Transitions*, eds. Legrand & Munday, Cambridge, 2003, p. 154; Schrot, "Language and Law", *American Journal of Comparative Law* 46, 1998, p. 17, Suppl.

② 在中国立法的语境下,使用模糊概念可谓原因多多,首先是从历史上受到大陆法系的影响和实用主义的考量,继而是在复杂且深远的社会与经济变革的语境下,需要留存足够的空间以保证法律在适用中的灵活机动。这两点被认为是语义模糊与往往具有一般性的主要原因。See Peereemboom, *China's Long March toward Rule of Law*, Cambridge, 2002, p. 251.

③ 欲初窥门径,see Maccormick, "On Reasonableness", in *Les notions à contenu variable en droit*, eds. Perelman, Vander & Elst, Bruxelles, 1984, 131 ff. Fletcher, "The Right and the Reasonable", *Harvard Law Review* 98, 1985, p. 949。

④ Weiszberg, "Le 'Raisonnable' en Droit du Commerce International" (On "Reasonableness" in International Commercial Law), Th. Paris II, 2003, Pace Database, n. 201, www. cisg. law. pace. edu.

概念同样属于那些模糊概念的集合，它们充斥于受跨国法影响的法律体系，以及被用来作为协调国际合同法的工具。① 中国的立法者同样深受这项语词之流传的影响。在 1999 年新《合同法》中，涉及"合理"的不同短语出现了至少 36 次。这些条文涉及"合理"的内容包括"合理期限"②、"要求不合理的"③、"合理的价格"④、"合理费用"⑤。

事实上，这些条文为中国《合同法》引入了国际统一法中那些语言学的要素。不过，我们也有必要指出，它们所包含的短语和概念对于中国人，以及通过长时段（*longue durée*）历史视角考察中国法的学者来说也并不陌生。⑥ "合理"对于中国法来说并不是一个新鲜的词汇，它并不像有些词那样是源自于国外、经由法律移植而进入中国法律词典中的。"合理"在中华帝国时期便是法律著述中的关键词汇。⑦

首先，我们将通过语义学层面的重述，以及基于传统法律论述⑧中的语言学用途，来帮助我们理解此项概念的含义，并且揣摩那些司法上通过对"合理"的解读而建构的法律规则。

---

① 关于此过程，see Ajani, "The Transplant of Vague Notions"; Ferreri, "The Drafting of Statutes: A Difficult Task, Especially across Borders", in *Ordinary Language and Legal Language*, ed. Pozzo, 109。

② 在《合同法》总则中，此类条文包括第 23、69、94、95、110、118 条。而在涉及各类合同的分则中，包含"合理期限"的条文则有第 182、206、221、227、230、248、281、282、286、290 和 393 条。

③ 第 257、289 条。

④ 第 74 条。

⑤ 第 119 条。

⑥ 对于这种历史视角以及与之相联系的研究方法，see Braudel, *critssur l'histoire*, Paris, 1985。

⑦ 无论是流行用语还是哲学的话语语境。参见后文详细论述。

⑧ 由语言学或沟通之视角研究中国法，see Cao, *Chinese Law: A Language Perspective*, Aldershot, 2004。

三、"合理"语义一瞥

"合理"一词包含两个中文汉字:"合"意味着"适合"(suit)、"赞同"(agree)、"加入"(join),而"理"则指向"道理"(reason)、"原则"(principle)。一旦我们将这个词翻译成英语,它包含着"与正确、理性一致"(in accord with what is right,rational)①,或"合乎情理、合乎理性、合乎逻辑"(reasonable rational logic)② 的含义。

众所周知的是,无论是英语词"reason"、"rational"、"reasonable",还是它们的拉丁词根"*ratio*"、"*rationalis*"、"*rationabilis*",③ 就常识而言,都指向一重非常宽泛的语义学范畴④——从有关于思维领域的抽象含义,到有关于实践领域的实用意义都包括在内。在中古拉丁文中,添加后缀"*abilis*"给原始单词"*ratio*"的抽象含义增加了经验主义的内涵。在英语中,"reasonableness"同样包含了一重实用主义的含义,即"通过共同的标准来评判某一个体的行为"。⑤

中文概念"合理"同样具有语义上的多义性。这一复合词的主要部分——"理",与西方语言中的"reason"以及它对应的其他词一样,不仅在日常生活语言中得以应用,也同样在哲学讨论中、在法律语言中均得以应用。正如同"reason"、"*ratio*","理"是哲学思考中的核心概念,它曾被作为合法性的要素出现在法律论述中。从这个角度来说,它经常与"义"

---

① See Mathews, *Chinese - English Dictionary*, Cambridge, MA, reprint, 1972.

② 参见《现代汉英词典》2002 年版。

③ 皆发源于拉丁词 *reor*(思考、计算)。

④ 这是法律用语中"合理性"(reasonableness)一词语义之不确定性的起源。See Weiszberg, no. 624:"on ne peut qu' être effaré par la multiplicité d'interprétations de la notion, qui n'a pas d'unité international plus que nationale".

⑤ Fletcher, "The Language of Law: Common and Civil", in *Ordinary Language and Legal Language*, ed. Pozzo, p. 95.

被放在一起使用，而"义"则往往被译为"正义"（justice）、"正当"（righteousness）。① "理与义对说，则理是体，义是用。"②

中国古代曾使用"理"来表示审判，"理"与正义的深刻联系也可以从中看出。从北齐（公元 6 世纪）开始，帝国审判机关便被称为"大理寺"，而在清朝末期的 1906 年被更名为"大理院"。

对于"理"字的词根分析也可以帮助我们加深对这个概念的认识。"理"是一个形声字，其左半部分是形旁，意为"玉"，而右半部分为声旁，是为"里"，其含义为一种表示路程的量词。"理"字的语义根源在于质感、纹理，比如石、玉、木的纹理。"纹理"这个词背后的概念在其最原始的意义中指东西上的图案，而玉则是一种珍贵的石头，倘若雕刻师能够找到其中的自然脉络，便能够轻易地对其进行加工。当作为一个动词时，"理"的含义则是"遵从事物天然的纹理和区分来加工他们"。③ 因此，从更宽泛的意义来说，审判即意味着寻找脉络、观察并遵从事物的自然样态。

若要找出上述"寻找脉络"的指导方针，其他一些语词也应当予以考虑。在法律论述中，汉字"情"——被译为"human feelings"或者"circumstances"——经常与"理"连用。这两个似乎遥不可及的概念被置于一处，是由于对人类情感的认定往往倚重于其语境，比如在法律中便是产生争议的当

① 法文翻译，see Tsien Tche - Hao, "La voie, la raison et la rationalité dans le droit chinois traditionnel", in *Hommage a René Dekkers*, Bruxelles, 1982, 595。

② 引自《北溪字义》，see Needham, "Science and Civilization in China", vol. 2, *History of Scientific Thought*, Cambridge, 1956, p. 566。下文内容为：理是在物当然之则，义是所以处此理者。故程子曰：在物为理，处物为义。（原文作者错拼为 Bei Qi Zi Yi，经译者查实后应为南宋理学家陈淳的讲学整理稿《北溪字义》。——译者注）

③ Needham, "Science and Civilization in China", p. 472.

事人与他们的法律关系、案件周遭的相关情形等。① 我们在法官手册中可以经常看到这两个字——判案的标准被称为"斟情酌理"②。而将这两个字组成一个词"情理"时，则意味着一种作出法律裁断的方法，即考虑到每个案件的特殊性以及它们的具体情况。③

"合理"一词在解决争议的语境下曾经是——且现在仍旧是——与一种评估具体案件情形而进行平衡处理的观念联系在一起。一条涉及对这项标准进行综合运用的法谚，在中国被称作"合情合理合法"，字面上被译为"合乎人情或相关情境、合乎道理、合乎法律"。这则法谚直到今天都非常流行，它提及了审判过程中的三个重要要素：关联关系（relationship）、天理正义（rightness）、法律（law），而法官在审理案件时必须将之融入考量。因此，正如这则法谚的位置安排所暗示的，"合理"也就是一种平衡的技术，而其实现是通过恰当地结合权威预设（法）与相关人情（情）两方面，其中后者则包括案件主体间的与客观的情境两部分。

四、在法律与人情之间：当代中国法律实践中对"合理"的应用

根据20世纪80年代成露茜（Lucie Cheng）与阿瑟·罗塞塔（Arthur Rosett）对上海一些法官的访谈，在法院判案中重

---

① See Thireau & Wang Hansheng (eds.), "Introduction", in *Disputes au village chinois, formes du juste et recompositions locales des espaces normatifs*, Paris, 2001, p. 25.

② 这里我遵从了下述论著中的翻译：Paderni, " Recenti studi sull'amministrazione della giustizia e sul diritto nella Cina del XVIII e XIX secolo", *Mondo cinese* 97, 1998, p. 10。

③ See Bourgon, "Uncivil Dialogue: Law and Custom Did Not Merge into Civil Law under the Qing", *Law Imperial China* 23, 2002, p. 60. 对于"情理"的分析，参见汪世荣：《中国古代判例研究》，中国政法大学出版社1997年版，第185页。

新使用"合理"一词，是在改革开放中法律改革的第一个十年。当时对"合理"一词并无详尽说明，但是它确实已经展示了，在官方法律文本不完整或者碎片化的语境下，协调法律与人情的巨大潜力。[1]

在过去几年，这种法律方案得到了进一步明确："合理"成为了一种法律决定中的元素，经由中国法官的努力，来正当化灵活适用法律文本的行为，以及那些在法律与经济结构已经产生了飞速发展与深刻变化的情况下，允许当事人不继续恪守死板的合同约定。

基于对两个案例数据库[2]的使用，我的研究发现，法官第一次将"合理"作为平衡之标准并予以说明的，是在两起合同履行期间发生情势变更的案件中。第一个案件的争议点经常发生于农村承包合同中，即单方任意解除合同的问题。[3] 其案件事实大致为：在被告青龙村七组单方面强行终止了果园承包合同、并把果园发包给他人后，果农王周存向陕西省扶风县人民法院提起诉讼。合同解除的原因在于 20 世纪 80 年代中期水果价格自由化，原告因承包果园而获得了越来越多的利润。法院认为，水果价格的变动与利润的提升可能带来的后果是合同的变更，但是不应作为解除合同的依据。法院进一步认定，原告要求被告继续履行合同、支付违约金和赔偿损失的要求是"合理"的。

---

① 成露茜与阿瑟·罗塞塔在 1985 年至 1986 年间对上海的中国经济法庭的法官们进行了多个系列的访谈。See Cheng & Rosett, "Contract with a Chinese Face: Socially Embedded Factors in the Transformation from Hierarchy to Market, 1978 – 1989", *Journal of Chinese Law* 5, 1991, p. 143.

② 这两个数据库分别是北京大学推出的北大法宝，以及由全国人大、国务院、最高人民法院与最高人民检察院推出的国家法规数据库。

③ "王周存、任桂侠诉青龙村七组果园承包合同纠纷案"，扶风县人民法院（北大法宝）。这个案件可谓是北大法宝最早收录的案件之一，其公布时并不包含案件审结日期的信息——这在改革开放前几年公布的案件中非常常见。

此处，"合理"为"情势变更"（*Rebus Sic Stantibus*）规则的适用提供了根据。后者的含义，是倘若合同的签订是基于某种情境之上，而在合同订立之后，此种情境发生了不可预见的改变，则允许解除或变更合同。

这项规则亦可在另外一件著名案件中发现，即重庆检测仪表厂与武汉煤气公司之间的合同纠纷。[①] 本案是关于铝制煤气表的购买合同。合同订立几个月后，每吨铝由 4400 元至 4600 元的国家定价上涨至 16,000 元，被告在请求变更或撤销合同未果后停止了供应煤气表，原告便将其诉至法院，主张其违约。本案审理过程中，武汉市中级人民法院一审作出了不利于被告的判决。而在上诉阶段，湖北省高级人民法院认为，铝的价格上涨是不可预见且非同寻常的，这种情况将导致制造煤气表的成本显著上升，如果仍然按照原定的价格供给煤气表，则对被告而言显失公平，也违背《民法通则》第 4 条所规定的诚实信用原则。情势变更原则在此处便意味着"公平"以及"合理"。最高人民法院在 1992 年 3 月作出的批复中，肯定了湖北省高院的做法，认为合同履行期间如果情势发生的重大变化是不可预见且无法避免的，要求继续履行之前约定的合同则显失公平。必须指出的是，尽管最高人民法院作出了如上表述，情势变更原则依然在 1999 年出台《合同法》时受到广泛批评，且最终也没有能够被《合同法》所采纳。不过，有些观点仍然认为，情势变更的学说仍然能够通过大家更为熟知的诚实信用原则加以适用。[②] 实际上，北京市高级人民法院在

----

① "武汉市煤气公司诉重庆检测仪表厂煤气表装配线技术转让合同、购销煤气表散件合同纠纷案"，武汉市中级人民法院、湖北省高级人民法院（北大法宝）。本案同样缺失审结日期。

② 关于诚实信用原则及其主要适用途径，参见张式华、谢耿亮：《诚实信用原则在新〈合同法〉中的地位及其适用的述评》，载《民商法论丛》第 14 卷，法律出版社 2000 年版，第 123 页。

2002 年审理的一起情势变更的案件①中，便适用《合同法》第 6 条诚实信用原则。

在另一件近期发生的保险合同案件中，法官同样通过使用"合理"一词避免了对立法和合同条文的机械适用。② 原告桦甸市红石镇月亮楼大酒店与被告中保财产保险公司桦甸市支公司签订有一份保险合同，确认了合同的存续期间、分期支付保费的付款方式，以及第一笔保费的数额。原被告双方口头约定了保费总额，但是没有约定后续保费的支付时间。被保险人仅支付了一次保费，其后饭店发生火灾，便要求被告赔偿其损失。保险公司根据原告仅支付了部分保费的事实，在被起诉后仍然拒绝付款，辩称合同由于并不完整而没有订立。吉林市中级人民法院认为，即使合同内容并不完整，该合同仍然具有保险合同的性质，以及应当认为它已经根据《经济合同法》第 9 条"当事人双方依法就经济合同的主要条款，经过协商一致，经济合同就成立"的规定有效订立。除此之外，法院认为由于在被保险人仅仅支付了一次保费便未曾支付剩余部分时，保险公司并没有要求被保险人履行合同义务，也没有解除合同，故被保险人有理由信任合同的存续。因此，法院认定合同存在，且根据"合理原则"具有其法律效果。

在法院的说理过程中，我们发现上述认定乃基于两项已经有所阐释的元素：一是保护有理由相信合同存在之当事人的必要性——本案中为被保险人；二是保险的体系和规则对于中国

---

① 这件案件曾被公布且评论过，Zhang, *Chinese Contract Law: Theory and Practice*, p. 77。

② "桦甸市红石镇月亮楼大酒店诉中保财产保险公司桦甸支公司保险合同纠纷案"，吉林市中级人民法院（北大法宝）。［然而，译者找到的判决书中并不包括有关"合理原则"的内容。参见"桦甸市红石镇月亮楼大酒店诉中保财产保险公司桦甸支公司保险合同纠纷案"，吉林省吉林市中级人民法院（1998）吉经初字第 304 号民事判决书。——译者注］

来说属于新鲜事物，无论普通百姓还是保险公司员工对其都还不太熟悉。这种将权威规则与相关情境予以适当综合考量的方法体现了中国法院决策路径中一种"加密形式"（crypto type)① 的全部特征——一项发源于中国法律底层的含混的规则，虽然并没有被官方所解读，却在法律实施的过程中扮演了至关重要的角色。②

五、作为平衡标准的"合理"

另外一项由对审判实践的解读中显示出的、与"合理"有关的标准，关乎在合同关系中平衡当事人的权利与义务。从这个角度说，在不少判决中，"合理"往往与另一个词"公平"连用。这个词由"公"、"平"两个汉字构成，"公"指"公开"（public）、"公有"（common）、"平等"（equitable)，而"平"指"公平"（fair）、"平等"（equal)。在英语中，"公平"则经常被翻译为"fairness"、"fair"、"equitable"、"impartial"，且总是指向一种在当事人之间平等分配的观念。③

就这种方案而言，法院使用"合理"一词作为比较的标准，来平衡当事人之间的利益、权利以及义务。我们分析的上一个案件便可以作为第一个例子：法院认可了合同关系的存

---

① 关于"crypto type"的概念与工作机制，see Sacco, "Legal Formants: A Dynamic Approach to Comparative Law", *American Journal of Comparative Law* 39, pt. 2, 1991, p. 384。

② "合情合理合法"在合同法领域的重新应用，在改革初期的数年间便开始了。See Cheng & Rosett, "Contract with a Chinese Face: Socially Embedded Factors in the Transformation from Hierarchy to Market, 1978–1989", p. 224.

③ 我们可以在1999年《合同法》第3条中发现"公平"的表述："合同当事人的法律地位平等，一方不得将自己的意志强加给另一方。"关于对"公平"一词与"合理"的连用以及在纠纷解决中对其的解读，see Thireau & Wang, "Introduction", p. 25。[事实上，《合同法》第3条中并无"公平"一词，提及"公平"的是第5条。这里作者提到第3条，很可能是因为将"平等"（equal）也理解为了"公平"的一种，却没有能发现其中内涵的细微差异和《合同法》的区分使用。——译者注]

在，并且根据被保险人所支付的保费相对于全额保费的比例，而决定了保险公司的理赔数额。而这种对于合同义务的调整是基于诚实信用原则，以及一项更加一般性的原则——《民法通则》第 4 条所规定的公平原则。

除了这种传统的适用"合理"的方式，我们也可以看到在另外一些案件中，法院开始受到考虑经济效益的影响，将"合理"作为一种平衡的标准，决定违约的一方在没有必要的情况下便不承担责任。在近期的一起案件中，一家汽车修理公司对一辆在其保养范围内的汽车发生的事故负有责任。[①] 在判断责任形式与损害赔偿的范围时，法院认为应当评估汽车修理公司修理汽车的能力，而非支付的修理费用。不仅如此，法院还认为，考虑所需支付损害赔偿的数额时，将租一辆替代用车的费用包括在内将是合理的。根据法院的说理，这意味着租另外一辆车的费用应在适当的范围内，即车型与车的价格均应与受损汽车保持一致。这种观点是直接适用 1999 年《合同法》第 119 条，要求非违约方应采取适当措施防止损害进一步扩大。[②] 最高人民法院判例研究中心的法官对此评论认为，本案判决关注了合理与公平之间的紧密联系，同时使用这两条原则导致了减少过分赔偿的结果，也保障了受到损害的一方就其损失获得赔偿的权利。[③]

---

① "青龙山药业有限公司诉宏达达汽车修理公司案"，南京市秦淮区人民法院（国家法规数据库）。（非常遗憾的是，译者未能在网上找到本案相关的介绍信息，当事人名称亦来自于对英文原文的音译，请读者朋友谅解。——译者注）

② "在中国，减损义务被认为是一种与过错有关的义务。如果受损的一方没有能够采取合理措施避免损害的进一步扩大而其原本能够避免，那么他将被认为具有过错。" Zhang, *Chinese Contract Law*: *Theory and Practice*, p. 312.

③ 字面上是"公平原则上的合理……问题"。[本案由于译者未能在网络上找到相关信息进行核对，可能一些事实与术语难免存在疏漏，如"最高人民法院判例研究中心"（the Centre for the Researches on Case Law of the Supreme Court），希望读者朋友谅解。——译者注]

在 1999 年《合同法》之前，也有一起与本案类似的案件，极有可能受到了国际合同统一法，如《联合国国际货物销售合同公约》① 的影响。在这起案件②上诉过程中，上海市高级人民法院认可了日本日欧集装箱运输公司的合同责任，并使用"合理"标准对损害赔偿数额的计算进行了评定。日本公司对于其未能如约将货物按时送至中国负有责任，这导致了货物抵达时间的迟延，以及中国进口公司在先前与他人签订的同批货物之销售合同中的违约行为。中国进口公司起诉日欧公司并主张损害赔偿，赔偿范围包括到港后的保管费用。上海市高级人民法院一定程度上推翻了上海海事法院作出的判决，认为保管费用的主张是不合理的——违反合同约定并不必然引起保管货物的费用③，因为进口公司完全可以选择在一个比港口设施更加便宜的地方保管货物。

而一种新的旨在通过适用"合理公平"之解释途径，平衡当事人之间权利与义务的判例法，出现于格式合同之场合。第一个案件是关于一家律师事务所所拥有的一台车，及与车相关的保险格式合同。④ 在这台车被偷走后，保险公司希望能够根据这辆车的实际价格支付保险赔偿，但是先前律师事务所为该车支付的保险费用确实是根据高于这台车的实际价格来计算的。根据法院的判断，保险合同中关于保费、理赔的内容均有利于保险公司，而根据《合同法》第 39 条，应提示被保险人注意。由于保险人未能履行该提请注意义务，赋予合同效力的判断将是不合理的，根据公平原则，保险人应当根据支付的保

---

① 第 77 条。
② "福建省宁德地区经济技术协作公司诉日本国日欧集装箱运输公司预借提单侵权损害赔偿纠纷案"，上海海事法院、上海市高级人民法院（北大法宝）。
③ 根据译者查实，此处是为租箱费用。——译者注
④ "云南一诚律师事务所诉中保财产保险有限公司云南省分公司国内营业部案"，昆明市中级人民法院（北大法宝）。

费来进行理赔。

六、最高人民法院指导意见中的"合理"

相对于受到国际统一法的影响，在成文法中将"合理"引入具体条文的做法，中国法官们还发展出一套他们自己的解释路径，即将"合理"作为一种在具体情形下调节适用成文法的标准，从而妥善公正地平衡利益、权利以及义务。

上述解释路径中，有一些被最高人民法院采纳，最高人民法院在其最近公布的针对处理合同纠纷的审判指导意见中，对此作出了详细说明。在经历了8年的辛苦工作后，最高人民法院公布了《关于适用〈中华人民共和国合同法〉若干问题的解释（二）》（以下简称《合同法司法解释（二）》）以及《关于当前形势下审理民商事合同纠纷案件若干问题的指导意见》（以下简称《指导意见》）。这两个法律文件均旨在回应下述需求，即自《合同法》1999年颁布以来，产生了一系列亟待澄清的争议问题。由于近几年合同争议数量迅速攀升，对这种回应的期待便显得更加迫切。

第一项由《合同法司法解释（二）》与《指导意见》达成的重要成就，即确立了1999年《合同法》所没能正式采纳的情势变更原则。根据《合同法司法解释（二）》的规定，如果合同成立以后，客观情况发生了当事人在订立合同时无法预见的、非不可抗力造成的不属于商业风险的重大变化，继续履行合同对于一方当事人明显不公平或者不能实现合同目的，当事人请求人民法院变更或者解除合同的，人民法院应当根据公平原则，并结合案件的实际情况确定是否变更或者解除。[①] 而《指导意见》在两条对适用情势变更原则的意见中，采用了合

---

① 第26条。

理的标准。第 1 条的内容有关于对情势变更与商业风险的区分，《指导意见》要求人民法院在判断时，应当注意衡量风险类型是否属于社会一般观念上的事先无法预见、风险程度是否远远超出正常人的合理预期、风险是否可以防范和控制。① 而第 2 条的内容则是最高人民法院要求，在处理实质上确实受情势变更影响的案件时，要"合理地调整双方利益关系"。在说明"合理调整"的含义时，最高人民法院指出，适用情势变更原则并非简单地豁免债务人的义务，而是要充分注意利益均衡，公平合理地调整双方利益关系。法院要积极引导当事人重新协商，改订合同；重新协商不成的，争取调解解决。② 一项更加严格的审核程序则通过一份最高人民法院发布的通知下达给各法院，以适用于需要评估上述复杂情况的案件——其中"公平"与"合理"同样是首先需要遵守的标准。③

　　另外一项《指导意见》中与"合理"相关的平衡标准——同样与公平原则连用——则是有关于违约金数额的调整。根据《合同法》与《合同法司法解释（二）》，如果约定的违约金过分高于造成的损失，法院可以根据当事人的要求进行"合理地调节"。④ 为了作出这种合理调节，根据《指导意见》，法院应当根据案件的具体情形，以违约造成的损失为基准，综合衡量合同履行程度、当事人的过错、预期利益、当事人缔约地位强弱、是否适用格式合同或条款等多项因素。⑤ 关于举证责任，最高人民法院指出违约方要对违约金约定过高承担举证责任，而非违约方则应对违约金约定合理提供相应的证据。①

第三次引用"合理"的场合，则是在违约时计算可得利益损失的场合。此处最高人民法院要求人民法院通过以下标准"合理"分配举证责任：违约方应当承担非违约方没有采取合理减损措施，以及非违约方亦有过失的举证责任；非违约方应承担其遭受的损失的举证责任。②

最后，"合理"也可应用于判断"表见代理"之行为。最高人民法院尤其要求，表见代理的构成不仅要考虑表见代理人是否具有代理权的外观，也要结合订立合同过程中的各种因素综合判断合同相对人是否尽到了合理的注意义务。③

七、结 论

无须赘言，若要完成一项完整的、对于"合理"的多种用法的研究，需要付出远远多于本文的努力。本文只是一种尝试，只是一项工作——对一个高度含混的法律概念重新解码的开端。而这个法律概念，是中国最为关键的法律概念之一。

"合理"一词，自法律改革开始，便在中国合同法领域扮演了重要角色。其原因则在于以下数个因素的相互作用：法律模式的传播所带来的影响——尤其是国际统一模范法的影响；中国法律语境下法官造法之不断增长的重要性；法律的解释者在适用法律规范的过程中所试图传达的潜在意图。

事实上，"合理"一词在当代中国司法审判中的重新出现，似乎也是第一次传达语言学或文化意义上的某种模式，而该模式根植于并构成了中国人的思维方式——无论是对于一般

---

① 《指导意见》第 2 部分第 8 条。
② 《指导意见》第 3 部分第 11 条。
③ 《指导意见》第 4 部分第 14 条。

人还是法律从业人员来说皆是如此。在此之后，"合理"同时作为法律移植的"reasonable"或者"reasonableness"的对应概念，其使用也打开了一条通路——法律变革中一些重要因素的影响得以实现，如借用（borrowings）、污染（contaminations）、改编（adaptations）与其他一些潜在的模式。①

"合理"概念的模糊性，导致其成为了一个可塑性极强的接收装置，以及不同观点与法律规则的传达装置。因此，以往在权威规范与相关情境之间寻找合适结合点的努力，导致了对合同的司法纠正干预，其合法性根基在于迅速且深远的中国法律环境以及社会经济变革。与此同时，将"合理"作为平衡尺度的做法，同样合乎分配正义。不过，它同样也已经开始受到经济效率的考量以及对于民事法律规则的经济效果的影响。② 最近，最高人民法院出台的《指导意见》将"合理"概念确认为一项平衡标准，与此同时，也更加依赖于那些被关联至外国法或统一模范法之概念的适用（如合理注意、合理预期）。这也暗示着，在评价个体行为时应考虑社会一般标准。

综上所述，作为一项先期探索工作，本文勾勒了一副复杂的图景，以描绘"合理"概念在合同法法律实施过程中的表述，并且再次确认了，在法律全球化的过程中，对这些模糊概念我们应当予以更高程度的关注。而这些概念并不是完全中性的，这是因为它们——至少部分——鲜活地存在于各自的法律土壤与当地的法律过程中。③

---

① 关于法律变革的因素及它们之间可能产生的互动，see Sacco, "Legal Formants: A Dynamic Approach to Comparative Law"。

② 对"经济合理原则"的分析，参见王利明、崔建远：《合同法新论》，中国政法大学出版社 1999 年版，第 319 页。

③ 我们可以再一次借引欧洲的经验：各法域之间的差异性导致了他们在抽象概念以及影响法律协调化进程的类型排序中注入了不同的内涵。See Ajani, 'Legal Taxonomy and European Private Law', in *Gemeinsame Prinzipien des Europäischen Privatrechts*, ed. , Ajani & Schulze, Baden Baden, 2003, p. 350; Gambaro, "A proposito del plurilinguismo legislativo europeo".

中国合同磋商与实践之特性[*]

纪尧姆·鲁吉耶－布里埃[**]　文

葛江虬[***]　译

简目

一、引言

（一）历史

（二）文化的深远影响

二、中国语境下的合同磋商

（一）如何进行成功的合同磋商

（二）签订预约的明智性

（三）磋商中的先合同义务

三、中国语境下的合同起草与成立

（一）合同的成立

（二）合同的形式要求

四、结论

---

[*]　Guillaume Rougier – Brierre，"The Particularities of Contractual Neogotiation and Practice in China"，*International Business Law Journal*，Vol. 2007，Issue 2，pp. 151 – 170. 本文的翻译与出版已获得作者授权。另需说明，本文发表时是英文与法文的对照版本，本文的翻译是根据英文版完成的。

[**]　纪尧姆·鲁吉耶－布里埃，巴黎第二大学法学硕士、法国基德律师事务所合伙人。

[***]　葛江虬，荷兰马斯特里赫特大学法学博士，复旦大学法学院讲师。

一、引言

如果不对中国近代的法律发展史，以及文化对其的影响进行一番粗略的观察，那么我们就不可能描述与解释中国的合同磋商与合同实践。

（一）历史

尽管"签订合同"的行为在中国已经具有悠久的历史，在 20 世纪它仍然经历了一次具有标志性意义的重构，即开始由民间发展出的习惯法进入成文法的范畴。

20 世纪初，清朝末年，帝国统治者一项非常重要的意愿便是改革帝国的法律体系。1907 年，一个立法委员会得以成立，其目的便在于完成上述目标。然而直到清朝被推翻，委员会也仅仅有时间完成一份民法典草案。在 1912 年中华民国宣告成立后，清朝就民法典的起草准备所做的工作得以继续。立法委员会在 1925 年完成了民法典第二草案。1928 年，立法机关设立民法典委员会，被授权完成民法典的起草。而《中华民国民法典》最终的完成与公布则在 1930 年。这部民法典中的基本原则，在很大程度上都是取自欧洲法律体系，而大部分内容中所使用的术语，则来自于日本。

1949 年 10 月 1 日，中华人民共和国成立，其政府几乎完全扬弃了过去的立法残留。《中华民国民法典》就像其他在中华人民共和国成立前被通过的法律一样，遭到了中华人民共和国政府的废止。

1950 年 9 月，当时的政务院经济委员会颁布了《机关国营企业、合作社签订合同契约暂行办法》。然而，这部有关行政合同以及不久后颁布的关于商业合同的法令，都没能在实践中派上用场，这是由于国家的指令性计划被赋予了更高的优先级，以及"大跃进"政策在农村地区的施行。而在 1961 年，

56

中共中央着手起草《国营工业企业工作条例》。这项立法要求企业只能在相关营业范围内进入合同关系，并确认了此类合同的约束力。然而，这项立法又一次被束之高阁——而这次则是"文化大革命"的影响。后者使得立法与规则系统完全混乱，而国家也进入了真正的法律真空期。

十一届三中全会以后，邓小平主导的经济体制改革开始启动，而合同法的起草又被提上了立法日程。中国共产党再次赋予企业一项义务，要求他们在工业或农业的领域内进入合同关系。与此同时，合同法的成文化进程终于出产成果——《经济合同法》在1981年12月正式生效。这也是合同第一次在中华人民共和国法律体系中得到明确规制。接下来的则是1985年《涉外经济合同法》、1987年《技术合同法》，辅助着1986年《民法通则》，通过大量的法律手段，来规制在那个年代的中国所出现的大量经济、技术与金融发展中遇到的问题。不过，由于立法的不断增多、调整与缺乏明确性，合同实践呈现出复杂险峻的样貌。终于，在1999年3月15日，《中华人民共和国合同法》颁布，试图回应法学研究与实务界提出的批评与抱怨。

这部在1999年10月1日生效的法律，废止了前三部合同法领域的法律，巩固了规制国内与国际合同的规则，并且建立了处理一般性与各种有名合同的现代化合同法制度。基于一种实用主义的考量，中国立法者参考了许多国家的立法经验——当然主要是大陆法系国家——包括法国、德国和日本，以及《联合国国际货物销售合同公约》（CISG）和《国际统一私法协会国际商事合同通则》（PICC）。《合同法》同时确立了几项合同法领域的基本原则，包括合同自由、诚实信用与当事人地位平等原则。这些原则构成了《合同法》的骨架。时至今日，它们已经成为了成文法坚实的组成部分，而合同实践的发展也均围绕着这些基本原则而展开。

（二）文化的深远影响

无论如何，除了法律之外，中国的合同实践还受到其传统文化的若干思想流派的影响——包括儒家、道家、佛教、法家以及共产主义思想。

1. 儒家思想对中国合同法的影响

根据孔子和其弟子的观点，法治只有当人们在社会分配的角色之外行事时方才适用。儒家对于社会的理解，其关键在于社会角色带来的有序性，每个个人的社会角色是由他人的社会角色定义的。人类彼此之间的关系是社会的根基。每个个人、家庭、社会组织的角色由上天注定，法律和权利无处插足。合同是次要的。"关系"以及尊卑才是各类协议或承诺中的重要方面。合同实践，尤其是发生于磋商阶段的合同实践，则反映了这种社会本位的视角，同时也表现了社会的等级性和其全部组织形态。

当进入合同关系时，中国人总是试图采取一种长期的、全局化的视角来观察与合同关系有关的各个方面。他们总是知道如何从容不迫地进行磋商。而磋商往往要比建立合同关系更重要，这是因为中国人总是需要与其他合同当事人建立一种真正的"关系"。它的重要性毫无疑问要超过合同文本本身。这种观念同时也可以从合同的实际履行中发现。中国人与西方人的观念颇为不同——他们并不会如此在意流逝的时间，而是自愿地把更多的时间投入到保持和相对人的"关系"上，而西方人则会天然地选择根据分配的时间安排去专注于履行合同，并且解决因合同条款所带来的那些争议。

2. 道家

道家是与儒家几乎同时代的一项哲学及宗教派别，他们往往被认为更加关注社会的和谐与稳定。不过，与儒家不同的是，道家并不赞同儒家的等级观念，也不鼓励个人去寻找他们个人的道路，或者通过抵制自己恶的驱使或爱好来实现人格的完满。根据老子的说法，法律只有在人们丧失了他们的美德且混乱支配了社会时才能发挥作用。因此合同也被看作一种最后的手段，只有在人们需要重建已经崩塌的自然秩序时才得以适用。

3. 佛教

中国哲学的发展在很大程度上受到了佛教的影响。其中最重要的部分是佛教的时间概念（concept of time）。"时间"被认为是循环往复，而非线性的——每一个活着的生命都在等待着轮回转世。合同根据它们的性质被认识为在不断进化着。这便意味着，在履行阶段双方需要在诚实信用的前提下频繁地进行再度磋商。

4. 法家

法家的特点在于崇尚权威，并且主张一个社会只能通过对人的行为予以奖惩，来指导人的行为本身。这种思想或许可以解释在合同法中往往会求助于第三方，比如一些权威人士或权威机构，允许让他们俯瞰整个合同关系，并且在争议中扮演仲裁者的角色。

5. 共产主义思想

共产主义数十年来对中国的影响不可小觑。根据时代与领导人的不同，共产主义思想有时被用来强化铸成中国人思想观念的文化组成部分，也有时被用来打压和消弭那些文化。社会与集体优先于个人是其中的主要特征。毫无疑问，社会是一个整体。在阶级明确的语境下，决策仅仅通过共识与个人组成的组织间合作来完成。

依靠上述对历史与文化层面的观察，虽然仅仅是一般性的描述，却仍颇具教益。我们接下来将描述在中国如何进行合同磋商、如何订立合同，以及可能的结束合同关系的方式。

二、中国语境下的合同磋商

（一）如何进行成功的合同磋商

正如我们上文中提及的，在宗教、哲学思想与意识形态的影响下，"磋商"反映了社会作为团体集合的概念。而这些团体集合又受到非常严格的道德、等级规则与上述描写的全部思维模式的支配。

1. 团体精神

团体精神毫无疑问是中国最重要的社会特征之一。个体仅仅就他们所在团体中所扮演的角色而被赋予意义。团体是所有"关系"的渊源，无论这种关系的本质或者终极目的是什么。商业关系也不例外。在与中国人或中国企业进行商业往来前，应当首先试图成为与他们同一团体的一员。换言之，可能造成你我属于同一团体的印象，应在商业磋商开始之前就被建立起来。中国人笃信，磋商是否成功将取决于谈判双方的合作与和谐程度。决定只有在通过面对面会谈达成共识的情况下才可能被作出，而在此过程中，他们会作出万全的努力，以保证没有任何一方会在磋商中丢失颜面。在作出某种参与的决定前，中国人必须感受到他们对此具有信心。当一个人越是表现得对他的谈判伙伴具有信心，则越是可能建立前文所述的那种联系。比如，透露一些有关个人隐私的信息则被认为是具有信心的表现——例如谈论有关自己的年龄、工作、收入、配偶与子女的话题。对这种细节的兴趣应当是相互的。询问谈判伙伴同样的问题会被认为具有积极的态度。赢得信心的过程也许会节省一部分时间，但这一过程对于后续进程是如此重要，以至于无论如何都不能被缩减。

只有通过与大量的联系人，而不是仅仅与未来的合同相对人建立并保持"关系"，才可能取得第一手的信息或者对要约的真诚程度作出判断。

2. 非常严苛的道德与等级制度

在中国社会中，每个人都有其被决定的社会地位与社会角色。因此，要判断谁才是最后具有决定权的人物有时比较困难。这位具有决定权的人物在磋商过程中往往并不会出场。这在合同相对方是国有企业的时候尤其明显。外方如果轻易相信他们能与相对人签订合同，其后果往往就是被突如其来的巨大转折所吓到。事实上，这一般是由于真正的决策者否决了提议而导致不会有真正订立的合同。因此找到对方磋商中的领导者便显得非常关键了。如果磋商顺利并最终成功，那么从习惯上说则应由最高级别的执行官参与签字仪式。

最后，磋商的全过程必须保证没有任何一位丢失脸面或者受到了冒犯。换言之，达成一种妥协至关重要，即允许当事人双方都服务于己方利益，并且留下已经从对方处获得足够利益的印象。这样的平衡只能通过双方当事人之间不断地起草提案与反对提案来实现。在谈判中表现出烦扰可能会带来不利后果，原因在于宣泄出自己情感的一方会感到"丢脸"，而这种情形则会牵连最终磋商的结果。在磋商中表现得毫不让步也同样是危险的，这也是由于会使谈判伙伴感到丢脸。还有一点非常重要，就是绝对不要质疑谈判伙伴的诚意，也不要强迫他承认他不了解、不清楚，或者无力控制要约中的哪怕任何一个方面。

求助于第三方是一种经典的可以克服这种困扰、让双方都"不感到丢脸"或"觉得让他人不感到丢脸"的方式。调解是一项在中国极其普遍的程序。如果邀请除了翻译者之外的第三方出席与外方缔约的场合，可以致使谈判平心静气，也可以使谈判过程更加顺利，而这往往是两方的直接接触所无法实现的。

3. 一种整体观念

如前所述，在中国，将社会优先于个体是大势所趋。从全球范围来看，中国人往往也是这样思考的，在合同领域也是如此。但在西方，尤其是那些英语国家中，他们却认为个体的重要性要胜过整体。不管怎么说，请注意，中国的合同起草过程，也会根据合同关系的国际化而发生改变。在进入合同关系之前，中国人往往会先采取一种全局性的视角，而不是根据合同的每一章、每一节、每一条进行细致的磋商。有关合同的许多方面以及具体条文的、大量以及重复的问题往往会充盈合同磋商的每一个阶段。从这个角度说，磋商也许会是一个漫长的过程。也只有他们关于合同的所有方面的好奇都已经被满足之后，他们才会完成全局性的宏观把握，并且最终决定是否进入合同。参与磋商者应当预见到这些问题，并且准备好回答这些问题。没能回答问题将等同于对谈判伙伴丧失信心。

（二）签订预约的明智性

在中国的语境下，也许人们会质疑，为什么签订预约或者框架性协议以保障某些磋商中非常重要的方面是明智的。在中国，合同的缔约过程往往比较漫长，如果能在一份书面的文件中将磋商中已经认可的要点记录下来，将会对提高效率颇有益处。就像在其他地方一样，在中国，合同当事人可以签署具有合同效力的意向性协议，当事人可以在其中承诺，尽最大可能、作最大努力以实现合同的成立。然而，在中国法的框架下，根据相关条文的用词，此类意向性的协议并不能就进入最终的合同关系产生真正的义务。它们往往只是要求双方当事人就磋商事项保守秘密，或者一般制订一份双方皆予赞同、关乎签署本约合同的时间表。当然它们也可以包括更高级别的磋商阶段承诺，在发生违反先合同义务的场合发挥作用。

在中国，由于口头允诺往往不像是书面文件被赋予了同等的地位，意向书往往具有更加重要的作用。故而，磋商过程之中遇到的困难，也许可以通过签署框架性协议或意向书来避免，当然，这也必须考虑到合同当事人拒绝受到部分磋商结果之约束的风险。

（三）磋商中的先合同义务

规制当事人之间权利与义务的一般性规则在一开始被规定在《民法通则》中。《民法通则》第4条规定："民事活动应当遵循自愿、公平、等价有偿、诚实信用的原则。"而《合同法》同样忠诚于上述原则——这显然是受到了儒家思想的深刻影响（至少公平原则一定是如此）——把它们规定在了第4、5、6条。从理论上说，这些原则应当适用于合同的任意阶段，包括合同的磋商。

《合同法》第4条的规定赋予了当事人自由进入合同关系的权利，且"任何单位和个人不得非法干预"。不少中国学者认为，这一条文事实上在确认合同自由这一问题上做得并不完美，这是因为它仍然允许了第三方对合同订立的合法干预，尤其是国家主体。

《合同法》第5条则要求合同当事人在分配权利义务时都要受到公平原则的约束。这里值得指出的是，这项要求事实上与合同自由——另一项中国现代《合同法》上的基本原则——存在矛盾。因此，公平原则一般并不是罗马日耳曼法律体系中的一条基本训诫，不过这样的规则出现在像中国这样的社会主义国家中并不奇怪，这是由其国家干预的体制结构决定的。

在某些方面，这种手段与普通法系国家的一些做法有异曲同工之妙。普通法系国家的法院，其传统角色便在于在当事人的义务之间重建平衡，以期实现一种公平合理的解决方案。不过，和中国体系不同的是，当事人仍然有保持订立不良合同的权利。事实上，普通法法院极少查证合同中是否真的包含了"对价"，以及当事人是否在互动中践行了公平的价值。在实践中，法院真正修正合同内容的情况非常少见。相反，中国法则是真正把公平价值作为了切实可适用的法源，并且赋予了法院无效化或调整不公平合同的权力，也不需要增加一个类似于"对价"的调节器。在中国法的语境下，公平原则在构成整个合同法基本观念时，其经济意义要大于法律意义。中华人民共和国的历史，尤其是共产主义的影响，决定了现今立法中确立的价值基石，也解释了合同正义原则的真实存在的原因。

《合同法》第 54 条允许当事人在合同显失公平的情况下撤销合同，这便是对公平原则最好的说明。有趣的是，当事人在磋商阶段任何违反公平原则的行为都会根据这则条文受到惩罚，这对于中国法来说也是独一无二的。

对这则条文的一般性适用也给予了法院调整合同内容的权力，而这样的情形在法国法中是不存在的。除非存在极端的不公平，或者条款与合同的主旨完全相悖，法国法院并无权力强加给合同一项当事人根本就不想订入合同的义务。

最高人民法院曾对第 54 条第 2 项适用的场合作出过解释，即合同的变更或撤销应当以在合同的缔结阶段，一方当事人滥用其支配地位或利用对方的无经验从而获利为前提，这种情况下缔结的合同构成显失公平。例如，合同一方当事人利用其了解或知晓而对方所不了解、不知晓的事实，从而获利并造成对方损害，便可以被认为是显失公平。无论如何，似乎此处的法律根据可以被解释为合意中的瑕疵。采取的理由则是将引起不公平的各种情形纳入考量，比如谎言、欺骗或不实陈述，这是为了在合意中存在瑕疵、一方因另一方之行为而受有损害的情形适用该法律规则。事实上，第 54 条是唯一一条涉及合意上的瑕疵之概念（the concept of a defect in consent）的中国合同法条文。① 有些法律体系同样采取了对当事人真实意思的测试，以决定一个合同是否确实显失公平。人民法院审理的案件，则会通过明确当事人在订立合同时的真实意思，来判断到底合同应当被撤销还是变更。如果当事人主张变更或撤销合同，则必须证明合同与他们的真实意思相悖。因此，中国法院便被授权根据公平原则介入合同关系。

根据《合同法》第 6 条："当事人行使权利、履行义务应当遵循诚实信用原则。"与其他基本原则不同的是，这条基本原则同样可以在对合同磋商阶段的规制等《合同法》的各个部分中发现。须予注意的是，在中国法的语境下，对先合同义务的规制是构成《合同法》整体必不可少的一部分。而在法国法中，这种义务则产生于《法国民法典》第 1382 条定义的一般侵权责任。法国法院则根据《法国民法典》第 1134 条发展出了一种"延伸的诚实信用原则"，即法院对于"不公平"这一概念的适用——往往具有一定程度的灵活性——经常是在实践自由与对个人行为科以道德标准两者之间寻求平衡的一种手段。

在中国法的语境下，当一方当事人打算因不当地中止磋商而起诉另一方时，有一种特殊方案可供选择——而在法国法中则是不可行的。根据《合同法》第 122 条，论者与法院都认为原告在先合同争议中，可以选择主张合同责任抑或侵权责

---

① 此处似乎是作者基于对《合同法》的外文翻译作出了这种论述，与真实情况有所出入。——译者注

任。这与《德国民法典》所采纳的方案颇为相似。法院对于诚实信用原则的延伸解释在近期被订入了法典。类似于中国法，先合同义务在《德国民法典》中也被归入了合同法的名下。因此，在侵权行为中的受害人如果其损害因先合同关系而起，那么他就可以被授予在侵权责任与合同责任之间的选择权。在德国法的语境下，先合同义务的范畴非常宽泛。它不仅包括在磋商中违反诚实信用原则的情形，也包括在公共场所违反交往安全义务的情形。

尽管《合同法》所采取的这种立法策略与德国法颇为相近，但是随着时间的流逝，它的适用范围开始渐渐限缩到只有在恶意中止磋商的场合才能够适用。不管怎么说，《合同法》对于先合同义务的规定仍然相当新颖。因此迄今为止也没有判例能为其提供非常清晰的解读。

根据王利明与许传玺的观点，诚实信用原则体现在四种具体的义务中：订立合同中的公平义务、诚实的义务、信守承诺的义务与保守秘密的义务。任何一种违反诚实信用原则的行为都会受到《合同法》第42条的非难——第42条授权中国法院可要求当事人负担损害赔偿。

第42条不仅适用于不正当地中止合同磋商，即合同还没有真正成立的场合，也同样适用于合同已经因不公平磋商而成立，但合意中存有瑕疵的场合。在这部分的分析中，我们仅讨论不正当地中止合同磋商的情形，而不考虑因磋商中的不当行为而引起合意瑕疵的情况。虽然这两组概念听上去有相似性，招致的法律制裁却发生于不同的阶段。考虑我们目前讨论的主题，我们的分析都将基于合同从未真正成立这一基本假设。

《合同法》第42条明确规定了三种不同情形：

第一种情形是，一方如果是基于恶意或者假借托辞，为了除订立合同之外的目的而进入磋商，并且对磋商中的相对人造成了损害，便应当对该受到损害的相对人负有责任。这种行径的典型事例是，一方当事人没有订立合同的目的，却进入磋商阶段，其真实目的在于转移相对人的注意力，或者由无辜相对人发生的费用而获益。

第二种所指向的情形，则是一方当事人故意隐瞒与订立合同有关的重要事实，或者提供虚假或误导性信息。在实践中，这一项往往在事实上合同已经成立的情形中适用，但这不是我们这一部分要讨论的主题。不管怎么说，这一项提供了对磋商中另一项重要义务的介绍：说明义务。第 42 条并没有明确表示其包含说明义务。而对于"重要"一词法律定义的缺失，在此处也将导致一项令人沮丧的后果，即任何试图建立说明义务边界与范畴的努力终将无功而返。如果我们不明确到底什么是被禁止的，则无从知晓什么是被允许的。然而，判例把说明义务的对象限制在"如果一方知晓该事实则会阻止其进入合同"的范畴。除此之外，还有一些特别规定规制与消费者有关的场合的那些专业人士。《消费者权益保护法》第 18 条便要求经营者就其商品或服务中任何潜在的危险周知于消费者。并且，实践中往往科以承担者以寻找相关信息的义务——尽管这一内容也没有被《合同法》所明确。

第三种由《合同法》所规定的情形，则涉及合同当事人任何其他违背诚实信用原则的行为。王利明与许传玺认为，这会显得诚实信用原则要求在先合同关系中负有诚实之义务。不过，就像任何合同关系中的当事人一样——对于商业主体来说尤其如此，一定程度的"虚张声势"总是被允许的。比如，在法国法中，为了广告目的而作出的一定程度的夸大，会被认为是正常的商业行为，而不会被认为构成欺诈。根据法国法，一定程度的夸大行为并不会构成一种恶意的表述，从而也被认为是可以接受的。中国法的立场似乎与此相似。除了虚假与误导广告以及消费者保护法适用的领域，判断夸大程度的标准及其能否被接受是为理性人之抽象标准。

当磋商阶段结束后，合同当事人将开始合同起草与订立阶段。

三、中国语境下的合同起草与成立

根据《合同法》第2条，"合同是平等主体的自然人、法人、其他组织之间设立、变更、终止民事权利义务关系的协议"。而根据《民法通则》第54条，合同是一种中国《民法通则》中规定的民事法律行为。此外，也有一些特别条文约束一些有名合同，比如买卖合同、借款合同、赠与合同等等。这些特别条文的位阶也要高于一般条文。

在现今中国法中，公法上的合同并不具有特殊性。《政府采购法》仅仅在合同内容包括转让国有资产的范围内适用。国有企业与私法上的其他主体也未有不同——除非他们是作为国家的代理人而采取行动时——他们也将受到《合同法》的规制而无法享受任何特殊对待。

从传统角度来说，合同在其成立和效力两个阶段受到强制性规范的干预：

（一）合同的成立

一个合同乃经由当事人间要约与承诺的一致性而成立。

1. 要约

要约是一方当事人希望与另外一方当事人订立合同的意思表示。它的内容必须具体且确定，并且表明经受要约人承诺后即受合同拘束的意思。与法国法不同的是，中国法并不要求合同在根本要素上的合意，比如标的与价款。不过，这些信息一般都会出现在合同——尤其是要约中，包括"当事人的姓名和地址、标的、数量、质量、价款等等"，尽管法律并不强制要求提供这些信息。

同时也有一些清晰的条文是关于在合同成立后分配当事人权利义务的。比如，如果合同对履行地点约定不明确，那么如果是给付货币，则在接受货币一方所在地履行，如果是交付不动产，则在不动产所在地进行履行。这些规定允许法院在合同未有明确约定的情况下，就合同和义务的类型来作出解释。

拍卖公告、广告、宣传册、价目表与类似物品并不能被认为是要约，而是邀请对方进入磋商的要约邀请。当然，如果商业广告的内容被认为已经满足了作为要约的条件，那么它就可以被视为要约。

一份要约只有在其到达受要约人时始具效力。并且，要约可以在其到达之前随时撤回。撤回要约的通知应当在要约到达受要约人之前，或者与要约同时到达受要约人。与此同时，要约还可以在受要约人发出承诺通知前予以撤销，但是法律对于要约不得撤销的情形也有规定：要约人确定了承诺期限或者以其他形式明示要约不可撤销，或者受要约人有理由认为要约是不可撤销的，并已经为履行合同作了准备工作。

法国法同样认为要约如果约定了承诺期限，那么要约就是不可撤销的。不过，无期限的要约其存续期间仅仅由审理法院斟酌决定，且必须满足"合理"的标准。中国法上对于要约的存续期间并没有使用"合理期限"的表述，但是正如我们将在后文中看到的，"合理性"是判断承诺期限的重要标准。

为履行合同而进行准备在法国法上会被视为默示的承诺。不过与中国法不同的是，法国法上的默示承诺要求其必须通过某种方式传达给要约人。在中国法的语境下，为合同进行准备工作并不被认为是一种承诺，它仅仅会导致要约的不可撤销。在实践中，这种区分可能并不具有太多的意义，因为在要约人无法撤销要约的情况下，当事人若开始准备履行合同，则有极大可能性作出承诺，合同也将随之成立。不过，从法律上说，在这种情况下合同还没有真正成立。或许这一点将会非常重要，比如在计算损害的时候便是如此。最后值得关注的是，这样的做法和《联合国国际货物销售公约》（CISG，以下简称《公约》）第16条以及《国际商事合同通则》（PICC，以下简称《通则》）第2.1.4条是一致的，而这两部模范法也被认为是《合同法》的渊源。

2. 承诺

承诺是受要约人同意要约中的内容并且因此而受合同拘束的意思表示。承诺必须在要约仍然有效时，即在失效或被撤回、撤销之前发出。

首先，承诺的形式受到要约条款的限制。《合同法》认可了默示的承诺，即开始履行合同便意味着接受了要约并且导致了合同的成立。不管怎么说，这种承诺形式只有在要约明确作出了这种要求，或者既往的商业实践可以建立这种承诺的根据时才具有可能。如果不是这样的话，当事人必须作出承诺通知。

与法国法不同的是，中国法语境下的承诺受到要约到达而非其发出的影响。如果承诺是以通知的方式作出的，那么它的生效时间则是被要约人所收到的那一刻。此外，如果承诺在通常状态下能到达要约人，但是因其他原因承诺到达要约人时超过承诺期限，除非要约人及时通知受要约人因承诺超过期限不接受该承诺的以外，该承诺有效。

正如我们上文提到的，无承诺期限的要约并不需要经过"合理性"的评价，但是《合同法》第23条第2款规定，要约以非对话方式作出的，承诺应当在合理期限内到达。如果因超过承诺期限，或者初始要约因被撤回而导致其已经无效之后，承诺方才到达，那么除非要约人及时通知受要约人承诺依然有效的以外，该承诺为新的要约。这则条文颇为令人吃惊，因为它允许要约人复活其要约。《公约》中也有类似条款，但是法国法中则没有与之相类似的条文。如果撤回承诺的通知在承诺通知到达要约人之前或者与承诺通知同时到达要约人，那么承诺也可以撤回。

关于新要约的规定，中国《合同法》与《公约》以及《通则》又有相近之处。法国法要求承诺的内容直截了当，除非要约本身是可分割的——但这在实践中非常少见。在中国法中，其规则是一种并不完美的"镜像规则"（mirror – image）：承诺的一方可以在不引起要约被废除的情况下作出有效的变更或者增补。当承诺包含非实质性的改变时，合同则根据原要约中的内容而成立。① 不过，如果要约人立刻对此作出了拒绝，或者要约明确不允许变更或增补的，那合同便没有成立，该承诺只能被作为一份新的要约。

根据《合同法》第 30 条，当变更或增补是与标的、价款、数量、质量、履行期、履行地点及方式、违约责任与争议解决方式有关时，将会被认为是一种实质性变更，合同并不会成立。

（二）合同的形式要求

《合同法》允许当事人订立书面、口头或其他形式的合同。"书面"是指合同书、信件和数据电文等可以有形地表现所载内容的形式。

第 10 条对于其他形式的规定，则是在书面或口头之外，为默示的合同留下了空间。这种合意的形式为商业交往提供了

---

① 事实上，根据我国《合同法》第 31 条，在承诺人作出非实质性改变而合同顺利成立的场合，成立的合同应以承诺的内容为准。——译者注

相当大的灵活性，并制止了当事人中的任意一方仅仅因为形式无法固定而脱离合同关系的情形。在绝大部分的案件中，它也鼓励当事人起草简明扼要的合同书，这些距非常细化的文本有很大差距的合同在英语国家倒颇受欢迎。不管怎么说，这也许会引起一种结果，即在合同成立的时候，那些缺乏经验的当事人甚至可能都还没有意识到已经受拘束了。这在下述情形中尤其明显：已经被建立的商业实践、要约载明合同即刻成立；要约载明对方仅履行契约中的一项内容时即告得到承诺。这种情形也应与《合同法》第 37 条规定的情形相区分——采用合同书形式订立合同，在签字或者盖章之前，当事人一方已经履行了主要义务。在这种情况下，合同只有在另一方接受了该主要义务履行的情况下方告成立。

无论如何，为了保护合同关系中缺乏经验的一方，以及简化合同的订立过程，中国政府正展示出一种趋势，即由取得合意的路径转向为大家提供最常使用的合同范本。这些合同范本须与格式合同加以区别。中国法也有对格式合同与格式条款的特殊规制。"格式条款是当事人为了重复使用而预先拟定，并在订立合同时未与对方协商的条款。"格式条款的订立与生效必须满足《合同法》第 39 至 41 条的规定，尤其是有关限制责任的部分。第 39 条规定："采用格式条款订立合同的，提供格式条款的一方应当遵循公平原则确定当事人之间的权利和义务，并采取合理的方式提请对方注意免除或者限制其责任的条款，按照对方的要求，对该条款予以说明。"而第 40 条则明确规定，免除要约人责任、加重受要约人责任、排除受要约人主要权利的格式条款是无效条款。这两个条文之间显然相互矛盾。根据完全效力理论（full effect theory），我们应该也只能够认为第 39 条的规定具有正当性，并且认为第 40 条中可能存在一些立法漏洞。如果我们采纳这样的立场，那么这些条款就是可以共存的，但是它们必须受到第 39 条的规制。

最后，中国的合意模式也受到行政管控的调整，此类合同的订立往往需要更高的权威机关予以肯定。比如企业合同便会受到中华人民共和国商务部的许可内容以及中国国家工商行政管理总局的登记内容等多方面的制约。

四、结论

对于我们的讨论来说，我们还保留了一个经常被律师与商人问及的问题，即一份合同在中国的真实价值：中国人真的尊重它们所许下的承诺吗？在中国订立合同真的值得吗？

基于直觉，或是基于那些似乎有些偏见的标准与苦涩的经验而得出的一种回答是：这种情形太普遍了——合同，有时甚至是中国法本身，都没有得到足够的尊重。

不得不说，这个问题并不好回答，这是因为它汇聚了法律、社会与文化等多个层面的问题。与此同时，它也因为中国社会是发展得如此迅速而变得更加复杂。变化正以一种疯狂的速度发生着，它也要求中国人与他们的外国合同伙伴不停地调整他们的做法，因为合同并不总是指望得上的。

从原则上来说，毫无疑问，在中国与在其他地方一样，依法成立的合同在当事人之间就意味着法律（*pacta sunt servanda*）。换言之，当一方当事人违反了他的合同义务，受到损害的另一方当事人可以启动司法程序，主张基于合同法的责任，要求宣告合同无效或者寻求损害赔偿。《合同法》第 94 条同时规定，如果一方当事人明确表示不履行主要债务、迟延履行主要债务且于催告后在合理期限内仍未履行、迟延履行债务或其他违约行为致使合同目的无法实现，另一方当事人可以终止合同关系。

而且，《合同法》并没有提及不可预见的情况，这可能会导致允许双方当事人挑战一个已经有效成立的合同。《合同法》的起草者事实上原先有此打算，在不可预见的情况发生时赋予当事人变更合同的权利——正如在《民法通则》以及其他一些德国法传统法律体系（比如瑞士法）中所规定的那样。进言之，适用情形即在合同的签订以及当事人无法控制的状态下，发生了法律或经济上的实质性变化，而这种变化在合同成立时当事人无法合理预见到。中国法律界曾有一种担心，这种变更合同的权利可能会使合同当事人丧失法律上的安全保障。

不管怎么说，尽管《合同法》并没有这种规定不可预见的法律情势之条文，但是在中国的合同实践中往往当事人会自主决定，以及根据诚实信用是否要在重要情境发生变更时进行重新磋商。我们无法否认，可能确实有一种既存的程序在不可预见的情势变更发生时，来调整合同内容。但是，不可预见的情势变更更多是在漏洞填补中得到应用，而非实质性地改变原有的合同条款。我们不会作出一般性的叙述，即认为确实有这样的概念存在。在实践中，中国人并不会热衷于合同的重新磋商。他们倒是可能在最大限度地遵从诚实信用的前提下，寻求调整合同履行条件的可能性——尤其是在经济环境持续发展的语境下。从传统上说，这也总是与寻求当事人间的真正和谐联系在一起。

如果在中国有一种不确定性，那么这种不确定性往往并非来自于法律或者合同，而是来自于行政规定的不确定性。这些行政规定有时具有一定投机性，又极易改变——政府基于干涉主义的需求，以及即便已经发展至市场经济时代，他们仍然渴望主导经济体决定了这一点。

中国缔约制度：有关合同自由、合同成立、格式之争以及标准合同的比较研究[*]

妮科尔·科尔内特^{**}　文

廖文卿^{***}　译

简目

一、引言

二、中国合同法的法源

三、合同法与合同实务

四、中国法上的合同自由

（一）简介

（二）平等原则、自愿原则以及有约必守原则

（三）合同自由的限制

（四）小结

---

  * Nicole Kornet, "Contracting in China: Comparative Observations on Freedom of Contract, Contract Formation, Battle of Forms and Standard Form Contracts", *Electronic Journal of Comparative Law* Vol. 14 (2010), Issue 1, pp. 1–31. 本文的翻译与出版已获得出版机构授权。

  ** 妮科尔·科尔内特，奥塔哥大学法学学士、艺术学学士，马斯特里赫特大学法学硕士、法学博士，现为荷兰马斯特里赫特大学法学院商法学副教授。

  *** 廖文卿，荷兰马斯特里赫特大学法学博士。

五、合同成立

（一）简介

（二）要约

（三）要约的效力和有效期限

（四）要约的撤销

（五）承诺

六、格式之争

（一）简介

（二）关于解决格式之争的三种路径

（三）中国合同法上的格式之争

七、格式条款

（一）简介

（二）告知

（三）公平原则

八、结论

一、引言

在过去的几年里，欧盟与中国的贸易往来急骤增多。目前，中国成为了欧洲的第二大贸易伙伴以及第一大资源输出国家。欧盟也是中国重要的贸易伙伴。欧洲商人与中国客户间的贸易往来成为跨国交易中的支柱。尽管欧洲与中国的贸易往来如此重要，而且中国在国际市场的影响力也日益增加，但欧洲商人以及其律师在与中国客户进行贸易往来时，对于如何适用中国法律及法律制度仍然存在诸多疑惑。

与大部分的欧盟国家一样，中国也是《联合国国际货物销售合同公约》（United Nations Convention on Contracts for the International Sale of Goods）的缔约国，该公约规定了一套适用于国际货物买卖合同的统一规则①。在某些问题上，公约的存在一定程度上减少了欧盟国家学习中国合同法的必要性；然而，对于欧盟国家而言，学习中国法也不是完全没有必要的。有四个理由可以对此进行解释。其一，《联合国国际货物销售合同公约》仅仅适用于有关国际货物贸易的特定合同；它并不适用于所有的跨国商事交易，比如说服务合同、租赁合同以及金融合同等。其二，《联合国国际货物销售合同公约》并未规定买卖合同中的可能出现的所有问题。比如说，《联合国国际货物销售合同公约》第 4 条规定该公约不适用于有关合同以及合同条款的有效性问题。其三，《联合国国际货物销售合同公约》第 6 条允许当事人通过自由选择特定某一国家的法律作为准据法来排除此公约的适用。其四，根据中国法，中国法律在某些特定情形下具有强制适用性（例如，中国《合同法》第 126 条规定中外合资经营企业合同或者中国合作经营企业合同必须适用中华人民共和国法律）。因此，掌握一些中国法的基本知识对于欧洲国家来说还是很有必要的。

鉴于中欧之间日益频繁的贸易往来以及学习中国法的重要性，本文将从欧洲法角度出发，对中国合同法某些问题进行比较研究。在国际商事合同中，特别是在国际买卖合同中，当事人可以任意选择所适用的标准合同（standard form contracts）。由此引发了关于合同成立以及当事人对合同条款如何选择的问题。本文将对以下几个问题进行研究：文章第四节将探讨合同自由原则在何种程度上被中国合同法所接受；第五节涉及合同成立的问题；第六节则是对于格式之争

---

① 欧盟国家中的非缔约国有英国、葡萄牙和马耳他。另外，作为非缔约国的条约方，中国基于《联合国国际货物销售合同公约》（以下简称《公约》）第 1 条第 1 款 b 项，对《公约》的适用性作出了保留。

（battle of forms） 的讨论；而有关如何规范格式条款将在第七部分予以讨论。

在对这些问题进行解释之前，本文第二部分会对中国合同法的法律渊源进行基本阐述。本文主要围绕 1999 年生效的中国《合同法》① 进行展开。1999 年《合同法》构建了关于合同成立、履行以及合同执行的基本法律框架。然而，这一法律框架仅仅为我们了解合同以及中国合同法在实践中如何运作提供了一个视角。法律的执行以及合同的地位与功能也取决于其社会环境、文化与法律的沿袭以及其所依赖的政治经济环境。本文并不会对这些问题展开讨论，但是在第三部分也会作出一些相关的分析。②

---

① 有关 1999 年中国《合同法》，see Bing Ling, *Contract Law in China*, Hong Kong: Sweet & Maxwell Asia, 2002; Zhang Mo, *Chinese Contract Law: Theory and Practice*, Leiden: Martinus Nijhoff Publishers, 2006; Wang Liming, "An Inquiry into Several Difficult Problems in Enacting China's Uniform Contract Law" (Translated by Keith Hand), 8 *Pacific Rim Law & Policy Journal* 2 (1999), pp. 351 – 392; Wang Liming and Xu Chuanxi, "Fundamental Principles of China's Contract Law", 13 *Columbia Journal of Asian Law* 1 (1999), pp. 1 – 34; James C. Hitchingham, "Stepping up to the Needs of the International Marketplace: An Analysis of the 1999 'Uniform' Contract Law of the People's Republic of China", 8 *Asian – Pacific Law & Policy Journal* 1 (2000), pp. 1 – 29; Feng Chen, "The New Era of Chinese Contract Law: History, Development and a Comparative Analysis", 27 *Brooklyn Journal of International Law* 1 (2001), pp. 153 – 191; John S. Mo, "The Code of Contract Law of the People's Republic of China and the Vienna Sales Convention", 15 *American University International Law Review* 1 (1999), pp. 209 – 270; C. Stephen Hsu, "Contract Law of the People's Republic of China", 16 *Minnesota Journal of International Law* (2007), pp. 115 – 162; Jacques H. Herbots, *Contracteren in China*, Gent: Larcier, 2008.

② See e.g. Philip J. McConnaughay, "Rethinking the Role of Law and Contracts in East – West Commercial Relationships", 41 *Virginia Journal of International Law* (2001), pp. 427 – 480; Patricia Pattison and Daniel Herron, "The Mountains are High and the Emperor is Far Away: Sanctity of Contract in China", 40 *American Business Law Journal* (2003), p. 460 [also available at http://www.cisg.law.pace.edu/cisg/biblio/pattison – herron. html (last visited 13.01.2010)]; John H. Matheson, "Convergence, Culture and Contract Law in China", 15 *Minnesota Journal of International Law* (2006), pp. 326 – 382.

二、中国合同法的法律渊源

在 1999 年《合同法》生效以前，中国合同法主要由三部单行法构成，每部法调整一种特定的合同。这三部单行合同法分别是：调整在中国境内的经济合同关系的 1981 年《经济合同法》，调整中国与外国当事人之间经济合同关系的 1985 年《涉外经济合同法》，以及 1987 年的《技术合同法》。三大单行法并存的状态导致中国合同法呈现出分散的状态，而且这三部法律在结构上并不完善，其互相之间也经常发生冲突。①

1999 年《合同法》的生效宣告了《经济合同法》、《涉外经济合同法》和《技术合同法》的废止。《合同法》的第 1 条规定了新合同法的立法目的："为了保护合同当事人的合法权益，维护社会经济秩序，促进社会主义现代化建设，制定本法。"新《合同法》的出台适应了中国由集中计划经济向社会主义市场经济过渡的需要，并且有助于促进中国经济的增长。同时，新《合同法》吸收了许多与国际惯例一致的规则，进而有利于促进国际经济、贸易以及技术方面的合作。由此可见，中国的法律改革"在最近几年里，逐渐地转型为一个立足于国际惯例与国际条约的模式"。② 新《合同法》中，许多条款都明显地受到了一些国际法律文件的影响，例如《联合国国际货物销售合同公约》以及《国际商事合同通则》（UNIDROIT Principles of International Commercial Contracts）。此外，《合同法》的另一目的是赋予合同当事人更多的保护，并

---

① See e. g. , Ling, *Contract Law in China*, p. 15; Hitchingham, "Stepping up to the Needs of the International Marketplace: An Analysis of the 1999 'Uniform' Contract Law of the Peoples' Republic of China", pp. 3 – 4; Jainfu Chen, *Chinese Law: Context and Transformation*, Leiden: Martinus Nijhoff Publishers, 2008, p. 443.

② Chen, *Chinese Law: Context and Transformation*, p. 73.

促使他们自由、灵活地决定相互间的协议关系;[1] 同时，通过为政府管理合同提供法律手段和法律依据，进而来维护国家以及公共利益。[2]

《合同法》包括两部分：总则和分则。总则适用于所有的合同，其涵盖了例如合同法的一般规则、合同成立、合同效力、合同履行、合同的修改与转让、合同权利义务的解除、违约责任、《合同法》与其他法律之间的关系、合同解释以及准据法的选择等问题。而分则则主要规范一些特殊的合同形式，比如说买卖合同，供用电、水、气、热力合同，赠与合同，借款合同，租赁合同，融资租赁合同，承揽合同，建设工程合同，运输合同，技术合同，保管合同，仓储合同，委托合同，行纪合同，居间合同。当某一合同隶属于分则中所规定的某种有名合同时，分则中调整这类合同的相关条款将会被适用。而对于那些不能被归类的无名合同，则由《合同法》总则中的条款进行调整。根据《合同法》第 124 条，对于分则中没有规定的无名合同，也可以参照分则中最类似的有名合同的相关规定。

《合同法》并非中国合同法的唯一法律渊源。比如，1986年的《民法通则》也规定了适用于合同的一些规则。《民法通则》包括了适用于所有民事法律行为的一般规则，同样也包括适用于合同的规则。《民法通则》规定了基本原则条款、自然人、法人、民事法律行为和代理、民事权利、民事责任、涉外民事关系的法律适用以及附则。除此之外，规范某些特定合同问题的其他法律也属于合同法的范畴，比如《广告法》《农业法》《建筑法》《消费者权益保护法》《保险法》《著作权

[1] Hitchingham, "Stepping up to the Needs of the International Marketplace: An Analysis of the 1999 'Uniform' Contract Law of the People's Republic of China", pp. 2–3.

[2] Ling, *Contract Law in China*, p. 15.

法》《反不正当竞争法》以及《海商法》等等。此外，说到中国合同法法律渊源，我们不能忘了有关的行政法规、① 部门规章、② 地方法规以及人民代表大会常务委员会和最高人民法院所颁布的法律解释。

在 1999 年，最高人民法院颁布了关于合同法适用过程中若干问题的司法解释（一），紧接着在 2009 年最高人民法院又出台了司法解释（二）。③这些司法解释有助于人们理解《合同法》中大量相对简洁和抽象的条文，消除法律条文中的疑义，促进法律的适用与解释。④除此之外，由于《合同法》在中国相对来说是一部新法，而它的起草也受到了国际条约以及外国法律的影响，最高人民法院的司法解释能帮助基层法院减少其由于欠缺法律背景知识而作出的有悖于立法目的的错误解释。

多种法律渊源在中国的存在导致了法律规则之间的潜在冲突。基于此，《合同法》中也包括了一条调整《合同法》与其他法律渊源关系的法律条文。第 123 条规定："其他法律对合同另有规定的，依照其规定。"这也意味着该条文并不适用于之前的《民法通则》，否则新《合同法》在实践中的效力将受影响。⑤《民法通则》中包含了更多调整合同的一般性条款，假如《合同法》就某一特定事宜未予规范，而《民法通则》中的一般性条款与《合同法》并不冲突，那么《民法通则》

---

① 某些重要的合同完全或者主要由行政法规予以调整，比如说土地使用权出让或者转让合同、国有企业的经营合同、期货合同以及技术引进合同。

② 这些部门条款往往规定了与合同相关的某些特别性事务，比如说执照、注册、履行、转让、纠纷解决以及合同责任。

③ 最高人民法院《关于适用〈中华人民共和国合同法〉若干问题的解释（一）》于 1999 年 12 月 19 日出台；最高人民法院《关于正确适用〈中华人民共和国合同法〉若干问题的解释（二）》于 2009 年 5 月 13 日出台。

④ Chen, *Chinese Law: Context and Transformation*, p. 198.

⑤ See Ling, *Contract Law in China*, p. 28.

中国民法

中该一般性条款就可以被适用。因此,《民法通则》具有漏洞
填补的功能。实质上,《合同法》第 123 条只适用于规范那些
特别领域的法律, 比如说有关广告、农业、建筑业、消费者保
护、保险、版权、不正当竞争以及海上运输等事宜的法律。这
些特别法优先于《合同法》, 并往往规定了《合同法》未加以
调整的事宜。①

三、合同法与合同实务

当事人之间的合同以及《合同法》为交易双方提供了法
律框架。这一法律框架仅仅为我们理解合同以及合同法如何运
作提供了一个视角。法律的执行以及合同的功能与作用也取决
于它所依赖的社会环境, 所沿袭的文化与法律传统以及其政治
经济背景。因此, 我们应当去区分纸面上的法律和执行中的法
律以及合同法与合同实务。

我们可以发现《合同法》在许多领域都采用了欧洲法中
的概念, 不过, 我们应当牢记其中很多概念都与中国几千年以
来的传统观念相违背。② 值得注意的是, 在中国不管是贸易往
来、人际交往、官场运作抑或商事活动, 其中的核心概念是
"关系"。关系意味着人和人之间的关联、联系以及网络, 它
包括了"共同的义务、互助互惠、商业信誉以及个人情感"。③

---

① See Ling, *Contract Law in China*, pp. 27 – 28; Hitchingham, "Stepping up to
the Needs of the International Marketplace: An Analysis of the 1999 'Uniform' Contract
Law of the People's Republic of China", p. 28.

② Matheson, "Convergence, Culture and Contract Law in China", p. 371.

③ Pattison and Herron, "The Mountains are High and the Emperor is Far Away:
Sanctity of Contract in China", p. 484; Matheson, "Convergence, Culture and Contract
Law in China", p. 374; see also Axel Hagedorn, "Western and Chinese Contract Law, A
Comparative Cultural Perspective", in Heidi Dahles and Harry Wels (eds.), *Culture,
Organization and Management in East Asia*, *Doing Business in China*, New York: Nova
Science Publishers, 2002, p. 30.

关系是中国商业社会的核心。西方人经常认为"关系不过是由贿赂与贪污所滋生的任人唯亲"，但事实上这是对于关系这一概念的错误理解，关系所强调的是信任、荣誉以及经验共享。[①] 人际关系、互利互惠以及相互尊重的文化深刻地影响着中国合同法实务、合同与合同法的地位以及其执行机制。[②]

另一值得注意的是，"订立书面合同"在中国与西方社会里蕴含着不同的意义。在欧洲，合同的签订意味着商业交易的达成。当事人应当遵守他们的义务，并且在纠纷发生时法院也应该根据当事人所达成的协议来执行合同。相对而言，在中国语境下，签订合同意味着商业关系的开始；合同的订立将导致当事人之间展开一段合作关系，而并不能最终确定交易的内容。[③] 虽说合同的具体条款在中国并非毫无意义，但对于交易而言，合同条款本身并不是那么重要。对于当事人如何应对交易中的各种意外情形，合同的明示条款并不具有决定性的作用。这些合同条款都可以由当事人根据关联的、周边的具体情势来予以取缔或变更。合同当事人应当根据具体情形对合同条款进行调整和修改。"当商业环境的基本结构由道德规范与共同责任所架构时"，合同本身"被认为是不重要的，甚至在某些时候被认为带有攻击性"。[④] 中国人常认为合同书只是一

---

① Pattison and Herron, "The Mountains are High and the Emperor is Far Away: Sanctity of Contract in China", p. 484.

② Chunlin Leonhard, "Beyond the Four Corners of a Written Contract: A Global Challenge to U. S. Contract Law", 21 *Pace International Law Review* (2009), p. 15.

③ Pattison and Herron, "The Mountains are High and the Emperor is Far Away: Sanctity of Contract in China", p. 491; McConnaughay, "Rethinking the Role of Law and Contracts in East - West Commercial Relationships", p. 446.

④ Pattison and Herron, "The Mountains are High and the Emperor is Far Away: Sanctity of Contract in China", pp. 487 - 488.

个形式，进而也经常忽视这些形式。①

鉴于合同关系往往建立于信任与名誉之上，中国人在长期传统中并不信赖法律的执行力。② 他们倾向于消极地看待法律，并往往持有厌诉的态度，这意味着他们不愿意将合同纠纷诉至法院③。在这个社会里，集体利益至高无上，而诉诸合同执行机制以及法院裁判则被认为是"过分地强调个人利益"。④

不同于欧洲的是，在中国，纠纷解决的重心在于和平地解决冲突，实现当事人之间的和解，进而来维系当事人之间的关系。与当事人的社会地位、案件所处的社会背景、惠利的分配以及社会关系的维持相比，案件的实际情况显得并非那么重要。这些因素都将影响到案情并且被纳入裁判者的考虑范围。⑤ 由此，纠纷解决的核心是维持合同关系，而并非执行合同的条款。可见，中欧文化的差异也在合同的执行中体现出来。⑥

进一步而言，即使某件纠纷被诉至法院，诉讼当事人也将面临着法院的裁判难以被执行的大难题，因为在中国还存在着各种制度缺陷。⑦ 就像陈建福教授所说的，"有法律是一回事，适当地执行法律是另一回事"。⑧ 法院缺少专业的技能，并受

---

① Leonhard, "Beyond the Four Corners of a Written Contract: A Global Challenge to U. S. Contract Law", p. 16.

② *Ibid.*, p. 15

③ *Ibid.*, p. 16; McConnaughay, "Rethinking the Role of Law and Contracts in East – West Commercial Relationships", p. 450.

④ McConnaughay, "Rethinking the Role of Law and Contracts in East – West Commercial Relationships", p. 450.

⑤ *Ibid.*, pp. 447 –448.

⑥ Pattison and Herron, "The Mountains are High and the Emperor is Far Away: Sanctity of Contract in China", p. 460.

⑦ Chen, *Chinese Law: Context and Transformation*, p. 661 ff. 有关中国法律实务中的各种难题，see Randall Peerenboom, "Judicial Independence in China: Common Myths and Unfounded Assumptions" (September 1, 2008), *La Trobe Law School Legal Studies Research Paper* No. 2008/1. Available at SSRN: http://ssrn.com/abstract = 1283179 (last visited 13 January 2010).

⑧ Chen, *Chinese Law: Context and Transformation*, p. 653.

制于行政干预。① 中国也缺少高素质的、得到良好法学培训的
法官。在司法裁判和判决执行过程中，法院还面临着地方保护
主义问题，特别是由于地方法官往往由地方政府任命并发付薪
水，因而地方政府总是能左右那些涉及地方利益的案件的审
理。然而在经济水平相对发达的城市，地方保护主义相对而言
没有那么严重。② 司法腐败也被认为是"在中国社会实现法治
的严重障碍"。③ 另外，中国司法实践中，法院因为合同欠缺
形式要件而判定合同无效，进而使得"当事人目的落空"④ 的
例子并不少见。基于上述制度上的缺陷，由非独立的第三方对
国家权力的执行欠缺公信力。⑤ 因此，在缺少一个能够得到一
贯执行的法律框架的情形下，关系起着非常重要的作用。⑥

四、中国法上的合同自由

（一）简介

在欧洲，合同自由是现代合同法的奠基石。每个人都有权
自由决定自己的行为、决定与谁缔约、决定合同的条款，这一

---

① Matheson, "Convergence, Culture and Contract Law in China", p. 377; Chen, *Chinese Law: Context and Transformation*, p. 653; Michael Trebilcock and Jing Leng, "The Role of Formal Contract Law and Enforcement in Economic Development", *Virginia Law Review* 92 (2006), p. 1554.

② See Fu Yulin and Randall Peerenboom, "A New Analytic Framework for Understanding and Promoting Judicial Independence in China" (1 February 2009), in *Judicial Independence in China: Lessons for Global Rule of Law Promotion*, Randall Peerenboom (ed.), New York: Cambridge University Press, 2009. Available at SSRN: http://ssrn.com/abstract=1336069 (last visited 13 January 2010).

③ Trebilcock and Leng, "The Role of Formal Contract Law and Enforcement in Economic Development", p. 1554.

④ *Ibid.*, p. 1562.

⑤ *Ibid.*, p. 1554.

⑥ Pattison and Herron, "The Mountains are High and the Emperor is Far Away: Sanctity of Contract in China", p. 484. 作者指出拥有良好社会关系的人往往能得到任何他想要的东西，即便这样做是违法的。

点得到了普遍的认可。① 合同自由在一个开放的市场经济中尤为重要，因为它能确保商人自由决定将自己的货物或者服务提供给何人，决定从何人手中购买货物或者服务，以及自由地约定调整其交易关系的合同条款。通过竞争与有效地资源分配，这一自愿交易过程能够促进经济的增长。那么，一个重要的问题就是：中国的合同法是否也承认了合同自由原则？

在 1999 年《合同法》之前，中国法律并没有明确地承认合同自由原则是合同法的基本原则。这一点并不奇怪，因为在计划经济时代，国家计划处于核心地位，合同自由原则根本无立足之地。企业或个人都无法自由出入市场，因为中央政府的预先计划控制了各个部门以及整个市场。经济合同构成了贯彻国家计划的工具，违反了国家要求以及国家强制计划的合同没有效力。② 国家行政部门有权对经济合同进行监管，包括其对经济合同的签订、履行、纠纷的仲裁、非法合同的调查与取缔以及各种证书的颁发等事项有权予以监督和管理。因此，我们根本无法想象个人能够自由地与他人缔结合同。③ 由于合同被看作贯彻国家计划的工具并受制于严格的行政监控，合同自由原则在当时完全被抹杀，而政府对商事活动有权进行干预。然而，随着中国向市场经济的过渡，国家强制性计划逐渐失去其核心的地位。这一点在《合同法》中得到了反映。1999 年之前的合同法频繁地引用"国家计划"这个术语，而新《合同法》并没有明确提及该术语。仅仅是《合同法》第 38 条提及国家有可能会根据需要下达指令性任务或者订购任务。

---

① 参见《欧洲合同法原则》（Principles of European Contract Law）第 1：102 条、《国际商事合同通则》第 1.1 条，这两个条文都对合同自由原则作出了一般性的规定。

② 参见《经济合同法》第 4、7、11 条以及《民法通则》第 58 条。

③ Zhang, *Chinese Contract Law: Theory and Practice*, p. 52; Wang, "An Inquiry into Several Difficult Problems in Enacting China's Uniform Contract Law", p. 356.

新《合同法》的一大目的是建立适应社会主义市场经济需要的中国合同法、吸收与国际惯例相符的法律规则并且推动中国经济的增长；那么，中国政府应当减少对合同的管理，并且合同自由也应当被确认为中国合同法的基本原则。[①] 在中国法学界备受争议的一个问题是：合同自由是否应被纳入《合同法》中。[②] 其中一个观点是，意思自治以及私人自由参与交易，是促进市场竞争以及有效分配资源的必要条件。尽管如此，新《合同法》仍然没有明文规定合同自由原则。

然而，这也并不意味根据中国合同法，个人就没有权利去自由缔结合同。尽管在《合同法》中没有明文规定合同自由原则，然而这一原则暗含在《合同法》所规定的三大基本原则：平等原则、自愿原则以及有约必守原则。

（二）平等原则、自愿原则以及有约必守原则

《合同法》第 3 条规定了平等原则。根据这则条文，合同当事人的法律地位平等，一方不得将自己的意志强加给另一方。第 3 条可以理解为：当国家公权机关作为合同一方当事人时，其无权强使其他自然人、法人缔结合同；并且无论是在合同成立、履行还是合同义务和责任上，当事人之间都享有平等的法律地位。[③] 因此，当国家、国家机关或者国有企业成为合同一方当事人时，其与另一方合同当事人法律地位平等并且不得对另一方当事人行使特权。[④] 不过，平等原则并不构成独立

[①] Zhang, *Chinese Contract Law*: *Theory and Practice*, pp. 51 – 52；Wang, "An Inquiry into Several Difficult Problems in Enacting China's Uniform Contract Law", p. 357.

[②] See for instance, Wang and Xu, "Fundamental Principles of China's Contract Law", p. 10；Wang, "An Inquiry into Several Difficult Problems in Enacting China's Uniform Contract Law", pp. 356 – 358；Ling, *Contract Law in China*, pp. 40 – 41.

[③] Zhang, *Chinese Contract Law*: *Theory and Practice*, pp. 72 – 73.

[④] *Ibid.*, p. 73.

的法律原则，它只是中国合同自由的一个重要组成部分。

很多年以来，当事人地位平等这一概念在中国备受争议，"它动摇了政治经济体系的核心"。① 在 1999 年以前，合同当事人必须服从于行政命令，而这导致了双方当事人之间的不平等。《合同法》第 3 条表达了一个重要的观点，即合同当事人在交易中并不受制于行政命令；该观点也成为了捍卫合同自由原则的重要保障。同样地，对合同平等原则的规定也被认为是中国合同法的重要举措。

《合同法》第 4 条包含了中国合同自由的第二个重要构成因素——自愿原则。它规定："当事人依法享有自愿订立合同的权利，任何单位和个人不得非法干预。"第 4 条被认为是"确立中国合同自由原则的基石"，② 因为它认可了意识自治原则。而"自愿订立合同"被认为是中国合同自由原则的核心。③《合同法》第 4 条也成为了实现合同自由原则的重要保障，它禁止任何第三方非法地干预合同的订立。

《合同法》第 4 条对自愿原则或者意识自治原则也有所保留，它"授权当事人自由订立合同"，不过强调自由缔约的权利必须"依据法律"来行使。第 4 条被称作"打了折扣"的合同自由原则，不过，至少在表面上它规定了个人能够自由决定是否缔结合同、与谁缔结合同、以何种条款以及何种形式缔结合同，这一点"几乎与传统合同自由观念中的实质性权利内容相一致"。④

---

① Chen, *Chinese Law: Context and Transformation*, p. 453.

② Zhang, *Chinese Contract Law: Theory and Practice*, p. 53.

③ *Ibid.*, p. 54; Ling, *Contract Law in China*, p. 42（作者指出自愿原则被认为是合同自由原则的替代品）; Hsu, *Contract Law of the People's Republic of China*, pp. 121 – 122（作者认为即便是中国合同法没有明确使用合同自由这一字眼，但是已经体现了合同自由的精神）。

④ See Ling, *Contract Law in China*, p. 43.

《合同法》第 4 条并没有明确地规定当事人有权自由决定合同条款。然而当我们将该条文与《合同法》第 12 条联系起来解读时，似乎也可以认为中国合同法同样规定了当事人自由决定合同内容的权利。[①]《合同法》第 12 条规定："合同的内容由当事人约定。"

第三个构成中国合同自由原则的因素是第 8 条所规定的有约必守原则或者合同神圣原则。根据《合同法》第 8 条，依法成立的合同，对当事人具有法律约束力。当事人应当按照约定履行自己的义务，并且有权要求对方履行义务。合同当事人受到依法成立的合同的约束，不得擅自变更或者解除合同。一方当事人未能按照合同履行自己义务的应当承担相应的责任，除非其责任依法被免除。而且，当事人双方发生法律纠纷时，也应当按照合同约定解决纠纷。[②] 合同应当受到法律的保护。

合同自由也意味着当事人有权自由选择合同的形式。在《合同法》生效之前，只有采用了书面形式的合同才有效。也是因为这个原因，中国对《联合国国际货物销售合同公约》中规定合同形式的第 11 条作出了保留。《合同法》第 10 条取消了书面合同这一要求，并承认当事人可以缔结口头合同以及其他"任何形式"的合同。在实务中，普遍的倾向就是中国法院有限地认可了口头合同的效力，由此，最高人民法院《司法解释二》规定：只要当事人的行为足以证明他们的缔约意愿，法院就应当视该合同为以其他形式缔结的合同而予以执行。[③]

---

① See Ling, *Contract Law in China*, p. 43; Zhang, *Chinese Contract Law*: *Theory and Practice*, p. 57.

② Zhang, *Chinese Contract Law*: *Theory and Practice*, p. 84.

③ See Steve Dickinson, "China Contract Law: Going All Clear On US Now", *China Law Blog*, 4 June 2009, available at http://www.chinalawblog.com/2009/06/china_gets_all_new_on_contract.html, (last visited 8 January 2010).

《合同法》第 10 条针对的是法律、行政法规规定应该采用书面形式的合同，比如说担保合同。应当注意，《合同法》第 36 条规定：法律、行政法规规定或者当事人约定采用书面形式订立合同，当事人未采用书面形式但一方已经履行主要义务，对方接受的，该合同成立。可见，中国新《合同法》放松了对合同格式的要求，那么中国或许也有必要撤销其对《联合国国际货物销售合同公约》第 11 条所作出的保留。

（三）合同自由的限制

新《合同法》中所规定的平等原则、自愿原则以及有约必守原则似乎很大程度上能够保障合同当事人的自由。然而当事人的自由并非毫不受约束。《合同法》其他条文很明显地表明，中国合同法将集体利益置于私人利益以及合同当事人利益之上。因此，个人合同自由也受到了约束。例如，《合同法》第 1 条规定了合同法的立法目的。第 1 条规定："为了保护合同当事人的合法权益，维护社会经济秩序，促进社会主义现代化建设，制定本法。"由上文讨论的几个原则所构成的合同自由原则往往受制于集体目的：捍卫中国的社会经济秩序。[1]《合同法》中其他的条文也同样具有限制合同自由原则的效果，比如有关国家强制计划、政府批准、行政监管等事宜的强制性条款；除此之外，还有一些开放性的模糊条款也可以被解释为稀释合同自由的规则。

《合同法》第 38 条规定："国家根据需要下达指令性任务或者国家订货任务的，有关法人、其他组织之间应当依照有关法律、行政法规规定的权利和义务订立合同。"国家可能指派某企业去执行特定计划，或者命令一个企业从另一企业采购货

---

[1] Herbots, *Contracteren in China*, p. 29.

物。在这些情形下，被指派的企业应该按要求执行国家的命令与任务。① 它们享受有限的自由，并且应当按照国家任务去订立合同并且履行合同。② 尽管当事人的合同自由受到第 38 条的严重约制，事实上强制性计划在实践中很少存在，而且即使存在也仅仅存在于政府采购合同之中。③

根据《合同法》第 44 条，依法成立的合同自成立时具有法律效力。然而，法律、行政法规规定应当办理批准、登记等手续生效的，依照其规定。可是，《合同法》并没有明确规定哪些合同应当办理政府批准、登记等手续。取而代之，第 44 条所规定的"相关法律或者行政法规"，意味着立法或者行政机构有权随时决定"哪些"合同应当办理行政批准手续。④ 需要办理批准、登记手续的合同通常包含着涉外因素，比如说中外合作合同、中外技术引进合同、与外国企业合作的海洋石油勘探合同、由中国企业或者个人参与的专利权转让合同、首次进口药品合同，以及土地使用权转让合同。⑤

依据《合同法》第 127 条，政府管理机关（工商行政管理部门和其他有关行政主管）部门"在各自的职权范围内，依照法律、行政法规的规定，对利用合同危害国家利益、社会公共利益的违法行为，负责监督处理"。这一规定许可了行政机关对当事人合同自由的干预，进而实现国家在维持经济秩序与社会稳定上的利益。⑥ 在《合同法》生效之前，行政机关享受广泛的监督权力，包括对合同的成立以及履行进行监管的权力。根据《合同法》第 127 条，行政监管只针对那些利用合

---

① Zhang, *Chinese Contract Law: Theory and Practice*, p. 120.

② *Ibid.*, p. 120.

③ Ling, *Contract Law in China*, p. 47.

④ Zhang, *Chinese Contract Law: Theory and Practice*, p. 120.

⑤ *Ibid.*, p. 65.

⑥ *Ibid.*, p. 62.

同危害国家利益、社会公共利益的违法行为。行政监管不再延伸到对合同的提前管理，除了上文所提及的某些需要特别批准、登记的合同。第 127 条并未阐明行政监管行使的具体方式以及界限。不过，第 127 条明确指出行政管理必须基于法律、行政法规的明确授权。①

《合同法》第 7 条进一步限制了当事人的自由，它规定当事人订立、履行合同，应当遵守法律、行政法规，尊重社会公德，不得扰乱社会经济秩序，损害社会公共利益。这一条也表明，在中国集体利益优先于合同当事人的权利和利益。过去的合同法包含了大量的强制性条款，与此相比，强制性条款对新《合同法》的影响大幅度地减少了，由此当事人自由约定合同内容的权利得到了尊重。②《合同法》中的条文大多为任意性条款，多数都包含了"除非当事人另有约定"的字眼。另外，在之前的《经济合同法》中，"遵守法律"也意味着在没有可以适用的法律时应当遵守国家政策。《合同法》则不再提及国家政策。然而张莫先生指出："我们不应该低估政府政策对合同行为的潜在影响。"③《民法通则》第 6 条依然规定，民事活动应该遵守法律，法律没有规定的，应当遵守国家政策，国家政策通常被认为是法律的补充渊源。④ 进一步来说，《合同法》并未界定何为"社会公德"，而是赋予了法院极大的自由裁量权去干预合同关系进而促进所谓的"善良风俗和公平交易"。⑤

---

① 《消费者权益保护法》第 50 条。

② Hsu, "Contract Law of the People's Republic of China", p. 121.

③ Zhang, *Chinese Contract Law: Theory and Practice*, p. 62. Ling, *Contract Law in China*, p. 37.

④ Ling, *Contract Law in China*, p. 37.

⑤ Zhang, *Chinese Contract Law: Theory and Practice*, p. 62; Herbots, *Contracteren in China*, p. 29.

（四）小结

中国合同法是否认可了个人的合同自由原则呢？尽管《合同法》并没有明确地将合同自由界定为根本原则，其第 3 条、第 4 条、第 8 条、第 10 条和第 12 条都包含了欧洲法上合同自由原则的重要内容。《合同法》规定了平等原则、自愿原则以及有约必守原则，根据这些原则，个人有权自由决定是否订立合同、与谁订立合同、以何种条款以及合同形式订立合同。当我们进一步审视这些原则时，可以发现它们强调了两个重要的因素，即对意思自治的尊重以及无政府干预，[1] 这两个因素对于中国从集中计划经济向市场经济的过渡具有重要的意义。

很明显，法律和行政法规限制了缔结合同的自由。但即便在欧洲，合同自由也并非绝对的。不同之处则在于这些限制的性质、程度以及内容。此外，在中国，另一个现象就是地方法律以及行政法规经常与上级的法律相冲突。[2] 地方政府往往为了保护地方利益，而无视国家法律、拒绝执行上级法律。[3] 地方政府与中央政府之间的脱节也诱发了合同中的种种不确定性。

《合同法》第 4 条强调了任何组织、个人都无权非法干涉合同的缔结，从而确立了中国法上的意思自治原则，但是，第 4 条并未规定合同完全不受任何干涉。也就是说，只要干涉是合法的，它就被允许。"合法的干预"意味着当事人的意思自治可能在实践中被稀释，并受制于"某些不可预见的限制"。[4] 因此，一个重要的问题就是：如何在实践中区分合法的干预以及非法干预。如果"合法干预"这个概念被扩大化解释，那么意思自治或者说合同自由原则将被破坏。

---

① See Zhang, *Chinese Contract Law*: *Theory and Practice*, p. 56.
② Matheson, "Convergence, Culture and Contract Law in China", p. 377.
③ *Ibid.*
④ Zhang, *Chinese Contract Law*: *Theory and Practice*, p. 59.

第 3 条确立了合同当事人地位平等原则。然而在实践中，当私有企业与国家机关或国有企业缔结合同时，该合同将影响到政府的利益，因而私有企业很难获得与另一方平等的地位。比如说，在地方保护的背景下，私有企业很难像相对方（国有企业）一样获得同样的救济。由于地方政府往往对该国有企业享有利益，那么它将想方设法、采取各种手段去保护该国有企业。[1]

与之前的法律相比，《合同法》赋予了个人更多的自由去缔结合同；然而，我们应当把中国式合同自由放置于中国的政治经济语境下来理解，在这个社会里存在许多结构性的问题，因此，合同自由原则难以得到贯彻或者无法被始终一致地贯彻。[2] 合同法中那些模糊的、开放性条款将导致法官对其作出不一致的解释，也使得"法官有权造法来服务于公共利益"。[3] 此外，我们还应该注意被授权去执行《合同法》的中国法院欠缺足够具有高素养的法官，而且法院也常常受制于政府的行政干预。[4] 另外，在一个一党专政的社会主义国家，公共政策发挥着重要的作用；因此我们也不应该低估[5]或者高估[6]政党对于司法活动的影响。鉴于此，如果我们想要知道中国合同法是否真的将合同自由确立为根本性原则，那么我们很有必要考虑到上述因素，去透过纸面上的法律原则看到其背后的寓意，以及思考这些原则在实践中如何被贯彻。

---

[1] Zhang, *Chinese Contract Law: Theory and Practice*, p. 74; Chen, *Chinese Law: Context and Transformation*, p. 669.

[2] Matheson, "Convergence, Culture and Contract Law in China", p. 375; Chen, *Chinese Law: Context and Transformation*, p. 653.

[3] Matheson, "Convergence, Culture and Contract Law in China", p. 378.

[4] *Ibid.*, p. 377; Chen, *Chinese Law: Context and Transformation*, p. 653; Trebilcock and Leng, "The Role of Formal Contract Law and Enforcement in Economic Development", p. 1554.

[5] Matheson, "Convergence, Culture and Contract Law in China", p. 380.

[6] See Peerenboom, "Judicial Independence in China: Common Myths and Unfounded Assumptions". 他指出人们往往过分夸大政党在法律体系中的作用、过分强调政党对司法不独立的影响——这种说法是有害的。

五、合同成立

（一）简介

在《合同法》生效之前，《经济合同法》、《涉外经济合同法》和《技术合同法》都对合同成立确立了很严格的要求：合同应该采取书面形式，与外方缔结的合同应当办理批准手续（《涉外经济合同法》第 5 条和第 7 条），并且合同的条款也是提前被规定的。然而，这些法律都没有规定关于合同成立的一般性规则。《合同法》减少了这些要求并且引入了合同缔结的一般性规则。

《合同法》第 2 条规定"合同是平等主体的自然人、法人、其他组织之间设立、变更、终止民事权利义务关系的协议"。因此，根据合同的成立规则，当事人在参与特定的交易或者设立、变更、终止民事法律关系时应该达成意思表示一致。像其他大陆法系国家一样，中国合同法没有约因的要求，而约因在普通法系国家则是合同缔结的要素。

协议的达成可以采取很多种方式。在传统的欧洲法律体系中，合同的缔结采用要约人发出要约，受要约人接受要约的方式。《合同法》第 13 条将这种"要约、承诺"模式引入中国合同法中："当事人订立合同，采取要约、承诺方式。"在之前的法律中都没有类似的规定，因此，引入要约承诺规则被认为是中国法的"重大进步"。①《合同法》第 32 条和第 33 条规定了合同采取要约承诺以外的方式缔结的情形，例如当事人同时签字或者在合同书上盖章来缔结合同的情形。应当注意，在中国对于有些合同，即使当事人采取了要约和承诺方式进行缔结，当事人也应当去办理政府批准手续。对于这些应当办理政

---

① Ling, *Contract Law in China*, p. 62.

府批准手续的合同，《合同法》第 44 条规定合同只有在办理完批准、登记手续之后才发生法律效力。最高人民法院《司法解释二》第 8 条规定："有义务办理申请批准或者申请登记等手续的一方当事人未按照法律规定或者合同约定办理申请批准或者未申请登记的，应当承担相应的法律责任并且对对方由此产生的损失予以赔偿；人民法院可以根据案件的具体情况和相对人的请求，判决相对人自己办理有关手续并向有责任的一方请求由此产生的费用。"

由此可见，有义务办理申请批准或者登记等手续的一方当事人并不能够通过躲避批准、登记申请义务来阻止合同的成立。

当我们审视中国法的要约承诺规则时，可以发现其与很多其他大陆法系国家的传统规则一致。它与其他国家的规则有许多类似性，比如说《荷兰民法典》中的相应规则；并且中国立法者很明显也受到了《联合国国际货物销售合同公约》以及《统一商事合同规则》的启发。下文将详细讨论中国法上的要约承诺规则。

（二）要约

与其他大陆法系法典（例如《荷兰民法典》、《法国民法典》以及《德国民法典》)① 相比，《合同法》第 14 条并没有

---

① 尽管《荷兰民法典》（Dutch Civil Code）采用了"要约"这个概念，但是该法典没有规定要约的构成要件。不过，要约属于荷兰法中所谓的法律行为（rechtshandeling）而应当受到《荷兰民法典》中第 3：33 条到 3：35 条的规范，要约人必须表明经受要约人承诺即发生其要约约束进而缔结合同（法律效果）的意思。德国法有类似的规定，不过德国民法典没有界定要约这一术语，而是称其为意思表示（Willenserklärung），意思表示必须包括表意人（要约人或者受要约人）愿意受到约束的外在表示。在法国，《法国民法典》（Civil Code）第 1108 条规定了合同生效的要件。它要求当事人必须达成意思合致，不过却没有规定合同成立的具体规则，比如有关要约或者承诺的要求。《联合国国际货物销售合同公约》的第 14 条，《欧洲合同法原则》第 2：201 条，《国际商事合同通则》第 2.2 条都对要约作出了类似于中国法上的规定。

给出要约的定义。第 14 条规定要约必须具备两个要素：要约必须表明经受要约人承诺，要约人即受该意思表示约束；要约的内容必须具体确定。

在判断要约人是否具有受其意思表示约束的意图这一问题上，欧洲各个国家的法律作出了不同规定。根据英国法，只需要受要约人有理由认为对方具有受约束的意图即足矣。由此可见，英国法采取了客观主义途径，它强调意思的外观表现。[①]与英国法相对，法国法中的要约意思表示具有更多的主观性特点。关于"意思一致"的主观主义路径涉及意思自治原则，这一原则在《法国合同法》中扮演了重要的角色。根据法国法，一个人受到他所作出的协议约束的前提，是他的真实意思即为此。这两种路径的不同之处在于，客观主义路径强调的是当事人意思的外在表现形式，并且保护另一方当事人对于表意人行为或者言语的信赖；而主观主义路径强调的是表意人的真实意思。[②]

在判断要约意思表示中是否具有受约束的意图问题上，中国《合同法》采取了客观主义态度。[③]在如何对当事人的意思

---

① Smith v Hughes（1871）LR 6 QB 597，607；Storer v Manchester City Council[1974] 1 WLR 1403，1408；有关合同成立的更多研究，see my "Contract Formation in England, the Netherlands and the Principles of European Contract Law", in Jan Smits and Sophie Stijns（eds.），*Totstandkoming van de Overeenkomst naar Belgisch en Neder-lands Recht*，Antwerpen：Intersentia，2002，pp. 33 – 58.

② 英国法强调客观主义路径，而法国法强调主观主义路径；不过在德国法以及荷兰法上，客观主义与主观主义之间存在着紧张关系，可以说这两种立法采取的是折衷主义路径。从《荷兰民法典》中的第 3：33 条来看，如果当事人的实际意思与外在表示相互冲突，要约不存在。似乎也可以看出当事人的主观意图更为优先。然而我们必须把该条文与《荷兰民法典》的第 3：35 条结合起来理解，第 3：35 条保护的是对方对表意人的合理信赖。如果对方有理由对表意人的表意行为作出信赖，表意人应当受到其意思表示的约束。在德国法上，表意人是否具有特定的意思取决于其对相对人作出意思表示的外在表示行为。不过，根据《德国民法典》第 119 条，如果表意人就特定意图作出意思表示，他应当防止对方就其意思或者表示产生误解。

③ Ling，*Contract Law in China*，p. 65. 有关合同解释问题，see § 5.1.1。

进行解释问题上，《合同法》强调的是当事人主张的客观意思。在中国学术界，主流观点是：当法官审查当事人的真实意思时，有必要对照当事人所宣称的意思来探究当事人内心的真实意图。① 张莫进一步解释到"如果从表意人的行为来看，我们有理由相信其具有缔结合同的意图，另一方当事人有效的承诺将导致合同的成立"。② 因此，意思表示是否构成要约，取决于它的外在表现形式以及它是否足以表明表意人愿意受到受要约人承诺的约束，而不是表意人的主观意图。由此可见，要约人应当对合同谈判的形式负责，而受要约人的信赖能获得法律的保护。

意思表示的内容是判断要约是否成立的第二个因素。要约必须包括明确具体的内容，进而受要约人的对要约进行接受即可以使得合同成立。因此，要约必须包含合同的核心条款，从而使得受要约人能够清楚地明白合同的主要条款是什么。③《合同法》第12条规定了合同一般包含的条款，一个合同至少包括以下核心条款：当事人的名称或者姓名和住所；标的；数量；质量；价款或者报酬；履行期限、地点和方式；违约责任；解决争议的方法。不过，当一个合同欠缺上述一种或几种条款时，根据《合同法》第12条，该合同可能依然有效，不过有效的前提是这些所缺少的条款的内容能在事后被确定。如果当事人的明示条款含有漏洞，这些漏洞也能经由当事人事后的补充协议或者补充条款、合同中其他有关条款或者交易习惯（《合同法》第61条）或者法律而得以填补。例如，法官可以根据《合同法》第62条来确定合同的内容，诸如标

---

① Ling, *Contract Law in China*, p. 226.

② Zhang, *Chinese Contract Law: Theory and Practice*, p. 92. 不过作者似乎进一步认为必须要有当事人实际的意图。

③ Ling, *Contract Law in China*, p. 65; Zhang, *Chinese Contract Law: Theory and Practice*, p. 93（作者将其称为是成立合同的最基本要件）。

的的质量、价格或者报酬、履行期限、履行地点或者方式。①
然而，《合同法》中没有规定当事人身份、合同标的或者数量
可以在事后被补充，因此，此类条款属于一个有效合同的核心
条款。②

根据以前的合同法，法官可以引用合情、合理以及合法原
则（根据个人的感受和情感，根据适当性与理性，根据法律）
来填补合同的漏洞、裁判案件。这种情况在合同的法律框架非
常不完整时经常发生。③ 不过根据新《合同法》来看，法官不
能继续采取这一方式来填补合同的漏洞。尽管《合同法》中
规定了详细的漏洞填补规则，第61条和第62条仍然赋予了法
院极大的自由裁量权去干预合同的内容。第61条规定法官可
以按照合同的有关条款以及交易习惯来填补合同的漏洞；而第
62条则为法官如何确定合同的核心条款提供了指导，诸如有
关标的质量、价款以及报酬、履行地点、履行实践和方式的
条款。基于此，虽然新《合同法》旨在减少之前的《经济合
同法》、《涉外经济合同法》以及《技术合同法》中的各种
限制，进而使得合同缔结更加灵活，但《合同法》的漏洞填
补规则仍然赋予了法官自由裁量权。因此，一旦当事人没有
对合同内容作出详细的规定，他们将很难精确地预测各自的
风险和责任。④

像欧洲法一样，《合同法》也区分要约和要约邀请。有一

---

① 例如，《合同法》第62条第1款规定，当合同中没有对标的质量作出特
别约定时，应按照国家标准或者行业标准确定标的的质量；没有此类标准的应当
按照习俗或者符合合同目的的标准来确定标的质量。有关更多的英国、德国以及
荷兰法上漏洞填补规则的比较，see my *Contract Interpretation and Gap Filling: Comparative and Theoretical Perspectives*, Antwerp: Intersentia, 2006。

② See Hitchingham, "Stepping up to the Needs of the International Marketplace: An Analysis of the 1999 'Uniform' Contract Law of the People's Republic of China", p. 8.

③ *Ibid.*, p. 13, fn. 64.

④ *Ibid.*, p. 13.

些意思表示将不能被视为要约，例如寄送的价目表、拍卖公告、招标公告、招股说明书、商业广告（《合同法》第15条）。① 然而，对于商业广告，如果它的内容符合《合同法》第14条中的要求，比如广告表明了表意人愿意受到受要约人接受要约的意思表示的约束以及包含了明确具体的条款，该广告将被视为要约。这似乎是受到了《联合国国际货物销售合同公约》第14条第2款的启发，该条款规定面向公众作出的意思表示一般被视为要约邀请，"除非表意人以明示的方式作出了相反的意思"。②

（三）要约的效力和有效期限

像其他许多大陆法系法律一样，中国法采用了送达主义来决定要约生效的时间。③ 因此，《合同法》第16条规定，要约送达至受要约人时生效。《合同法》却没有明文规定什么时候属于要约送达至受要约人。然而，"送达"一般意味着要约到达了受要约人的有效控制范围。④ 因此，要约并非在受要约人实际上看到或者阅读了要约后才发生效力。有趣的是，《合同法》第16条似乎受到了联合国《电子商务示范法》（UNCITRAL Model Law on Electronic Commerce）第15条第2款的影响，它详细地规定了在当事人采取电文形式订立合同时，要约

---

① 有关要约与要约邀请的区别，see Ling, *Contract Law in China*, pp. 66 – 69；Zhang, *Chinese Contract Law*, *Theory and Practice*, pp. 94 – 99。

② 类似地，《欧洲合同法原则》第2：201条规定，对公众作出的要约，要约中必须有足够明确清晰的条款以及受约束的意思。

③ 例如，《德国民法典》第130条、《欧洲合同法原则》第1：303条第2款、《联合国国际货物销售合同公约》第15条。

④ Ling, *Contract Law in China*, p. 70；Zhang, *Chinese Contract Law：Theory and Practice*, p. 99；Hitchingham, "Stepping up to the Needs of the International Marketplace：An analysis of the 1999 'Uniform' Contract Law of the People's Republic of China", p. 9. 类似的还有《欧洲合同法原则》第1：303条第3款、《国际商事合同通则》第1.10条第3款、《联合国国际货物销售合同公约》第24条。

在什么时候才属于到达了受要约人。① 《合同法》采纳这一规则，也表明了中国立法者尝试着构建一部与国际惯例接轨的中国合同法。

《合同法》第 17 条规定要约可以撤回（除非这是一个不可撤销的要约），该做法在欧洲法中普遍被认可。撤回要约的通知应当在要约到达受要约人之前或者与要约同时到达受要约人。②

根据《合同法》第 20 条，要约在以下情形下失效，也就是该要约不能导致合同的成立：拒绝要约的通知到达要约人；要约人依法撤销要约（参见本文第五节第四部分）；承诺期限届满，受要约人未作出承诺（参见本文第五节第五部分）；受要约人对要约的内容作出实质性变更（参见本文第五节第五部分）。③ 对于这些情形，欧洲法上可以找到类似的规定。④

（四）要约的撤销

在合同成立上的一个重要问题就是已经生效的要约是否可以被撤销。在欧洲法律体系中，各国对于要约撤销问题作出了不同的规定。⑤ 在英国法上，在承诺被发出（当邮箱规则被适

---

① "采用数据电文形式订立合同，收件人指定特定系统接收数据电文的，该数据电文进入该特定系统的时间，视为到达时间；未指定特定系统的，该数据电文进入收件人的任何系统的首次时间，视为到达时间。"

② 参见《德国民法典》第 130 条、《荷兰民法典》第 3：37 条、《联合国国际货物销售合同公约》第 15 条第 2 款、《欧洲合同法原则》第 1：303 条第 5 款以及《国际商事合同通则》第 2.3 条第 2 款。

③ 参见下文中于格式之争语境下，针对受要约人对要约作出修改部分的讨论。

④ 参见《德国民法典》第 146、147、148、150 条；《荷兰民法典》第 6：221 条与第 6：225 条；《联合国国际货物销售合同公约》第 17、18 条；《欧洲合同法原则》第 2：203、2：206、2：208 条以及《国际商事合同通则》第 2.1.5、2.1.7、2.1.11 条。

⑤ 关于荷兰民法、英国法以及《欧洲合同法原则》的比较，see "Contract Formation in England, the Netherlands and the Principles of European Contract Law"。

用时）或者作出（在任何情形下）之前，要约随时可以被撤销。与此相对，德国法规定一旦要约生效，要约人就受到约束（《德国民法典》第 145 条），因此要约是不可以被撤销的。对于一个普通法的律师来说，中国法中关于要约是否可以被撤销的规则将带来诸多麻烦；但对于一个大陆法系的律师而言，中国法的规则并不陌生，因为中国立法者采取了与荷兰立法者所采取的类似做法，类似的规定也体现在《联合国国际货物销售合同公约》、《欧洲合同法原则》以及《国际商事合同通则》中。①

根据《合同法》第 18 条，原则上要约在受要约人作出承诺之前可以被撤销。然而第 19 条规定了两种情形下要约不可以被撤销。

首先，如果要约人明确表达该要约不可被撤销，那么该要约是不可以被撤销的，比如说要约人使用了"不可撤销"或者类似的表达。如果一个要约规定了具体的承诺期限的，那么该要约常被认为属于明示不可撤销的要约。如果要约人明确地提出了要约的期限，这就表明该要约人希望在此期间内其要约是有效的。不过，这种理解也值得质疑，因为规定承诺期限并不足以表明要约人具有在该期限内不撤销要约的意图。固定承诺期限也仅仅意味着该要约在该期限经过后失效，同时也可能给要约人留下了撤销要约的余地。② 根据中国学界的通说，简单地在要约中固定承诺期限就足以使得要约在该期限内不可撤销，尽管要约人其实并没有明确地表达该要约的不可撤销性。③

---

① 参见《荷兰民法典》第 6：219 条；《联合国国际货物销售合同公约》第 16 条；《欧洲合同法原则》第 2：202 条以及《国际商事合同通则》第 2.1.4 条。
② 参见《联合国国际货物销售合同公约》第 16 条第 2 款。要约中规定的承诺期限是否意味着在该期限内要约不可撤销取决于法官如何按照第 8 条对此要约进行解释。
③ Ling, *Contract Law in China*, p. 72; Zhang, *Chinese Contract Law: Theory and Practice*, p. 101.

要约可撤销的第二个例外建立在保护受要约人对于要约合理信赖的基础上。[①] 受要约人有理由认为要约是不可撤销的，并已经为履行合同作了准备工作时，该要约是不可撤销的。从《合同法》第 19 条所使用的文字来看，并不能看出应当以客观主义思路还是主观主义思路来判断受要约人的信赖。第 19 条规定"受要约人必须有理由相信该要约是不可撤销的"，由此似乎可以认为，只需要受要约人主观上认为该要约不可撤销就可以判断其对要约的信赖。然而，凌斌教授指出，受要约人的主观信赖应当受制于"客观的合理性测试"（objective test of reasonableness）：受要约人需于其所处环境下有足够理由相信要约不可被撤销。[②] 受要约人除了要信赖该要约不可撤销之外，还应当基于此作出准备工作。换句话说，受要约人为了履行合同已经作出了准备工作，比如购买原材料、雇佣劳动力、租用场地或者安排资金。[③] 而如果受要约人仅仅是对其他竞争性的要约进行评估或者对市场进行调查，这并不足以说明受要约人基于信赖作出了准备工作，也不足以导致要约不可被撤销。受要约人基于信赖作出的准备工作应当合理。[④] 受要约人基于信赖要约不可撤销而作出的准备是否合理则取决于一系列因素，包括：要约的条款、交易的性质、要约人的行为和言语、双方之间过去的交易以及交易习惯。[⑤]

（五）承诺

根据《合同法》第 25 条，合同自承诺生效时成立。第 21

[①] See Ling, *Contract Law in China*, pp. 72 – 73.

[②] *Ibid.*, p. 73; Zhang, *Chinese Contract Law: Theory and Practice*, p. 102.

[③] Ling, *Contract Law in China*, p. 73.

[④] *Ibid.*

[⑤] *Ibid.*

条规定承诺是受要约人接受要约的意思表示。受要约人的意思表示是否表明了他对要约的接受取决于承诺的含义。① 《合同法》仍然采用了客观主义的路径来界定承诺，也就是说受要约人需要以一定的外在表现形式来表明其对要约的接受。然而，承诺应该是完整的、无条件的并且不模糊的。② 承诺的内容必须与要约一致，受要约人接受了要约但是对要约的实质性条款作出了改变的，视为其拒绝要约并作出反要约（《合同法》第 30 条）。本文第五节（格式之争）将讨论有关实质性改变要约的问题。《合同法》第 22 条规定承诺应当以通知的方式作出，但根据交易习惯或者要约表明可以通过行为作出承诺的除外。合同法并没有规定承诺通知的具体方式，受要约人可以采用任何合理的方式去作出承诺通知。③ 要约人也可以在要约中规定承诺通知应该采取的方式。受要约人也可以采取与要约规定不一致的方式，只要这种方式相对于要约中要求的方式来说对要约人而言更加灵活并且有利。④ 中国合同法也允许受要约人以行为来承诺要约。例如，受要约人可以通过开始履行合同来明确地表达他愿意承诺要约的意图，如果要约人接到了该行为的通知，那么就认为受要约人承诺了要约。⑤ 如果根据交易习惯，即使受要约人没有发出通知其行为也可以视为对要约的承诺，那么受要约人的承诺自其开始履行合同之日起生效。⑥ 一般认为受要约人的沉默或单方行为并不构成承诺，除

---

① See Ling, *Contract Law in China*, p. 76. 参见本文第五节第（二）部分。

② *Ibid.* , p. 76.

③ *Ibid.* , p. 77.

④ *Ibid.* , p. 76.

⑤ *Ibid.* , p. 77. 参见《德国民法典》第 151 条、《荷兰民法典》第 3：37 条、《欧洲合同法原则》第 2：204 条、《联合国国际货物销售合同公约》第 18 条、《国际商事合同通则》第 2.1.6 条。

⑥ *Ibid.* , p. 77. 《德国民法典》第 151 条、《联合国国际货物销售合同公约》第 18 条第 3 款、《国际商事合同通则》第 2.1.6 条第 3 款。

非双方之间对此有明确的约定或者有可以被适用的此类惯例，尽管《合同法》第 22 条对此并没有明确的规定。① 有趣的是，《合同法》第 171 条规定：试用买卖中，买受人在试用期间届满时对是否购买标的物未作表示的，视为购买。在此种情形下，法律将受要约人的沉默或者不作为当作是对要约的承诺。

《合同法》第 23 条规定承诺应当在要约确定的期限内到达要约人。然而，如果要约没有确定承诺期限的，要约以对话方式作出的，受要约人应当即时作出承诺；要约以非对话方式作出的，承诺应当在合理期限内到达。② 关于"合理期限"的判断，我们应当考虑到行业惯例、习俗、过往的交易、交易的性质、磋商的方式以及受要约人作出合理决定通常所需要的时间。③《合同法》第 24 条明文规定了承诺期限的计算方式。要约以信件或者电报作出的，承诺期限自信件载明的日期或者电报交发之日开始计算。信件未载明日期的，自投寄该信件的邮戳日期开始计算。要约以电话、传真等快速通讯方式作出的，承诺期限自要约到达受要约人时开始计算。

《合同法》第 25 条明文规定合同自承诺生效之日起成立。《合同法》第 26 条接着又规定，承诺自到达要约人之日起生效。④ 因此，《合同法》采纳了收信主义（Receipt Theory）理

---

① Zhang, *Chinese contract Law*: *Theory and Practice*, p. 107. 另外，参见《联合国国际货物销售合同公约》第 18 条第 1 款、《国际商事合同通则》第 2.1.6 条、《欧洲合同法原则》第 2：204 条第 2 款。《德国合同法》以及《荷兰合同法》都对意思表示的外在形式作出了规定，意思表示可以采取任意一种方式（言语或者行为），但必须对于相对人来说具有外在的表现形式。

② 参见《欧洲合同法原则》第 2：206 条、《国际商事合同通则》第 2.1.7 条。

③ Zhang, *Chinese Contract Law*: *Theory and Practice*, p. 105.

④ 比较《德国民法典》第 130 条、《荷兰民法典》第 3：37 条第 3 款、《欧洲合同法原则》第 2：205 条、《联合国国际货物销售合同公约》第 18 条第 2 款、《国际商事合同通则》第 2.1.6 条第 2 款。

论，这一理论往往被大陆法系的国家立法所采取。①如果承诺不需要通知的，受要约人根据交易习惯或者要约的要求作出承诺的行为时生效。上文提到《合同法》第16条特别规定了当事人采用数据电文形式订立合同时要约到达受要约人的时间。在关于承诺生效时间的问题上，《合同法》第24条并没有类似的规定。但是如果我们仔细观察第16条可以发现它并不仅仅适用于要约。《合同法》第16条适用于所有采取数据电文形式订立的合同；因此我们也可以根据第16条来判断承诺的到达时间。

承诺人可以通过撤回承诺来阻止承诺或者合同发生效力。根据《合同法》第27条，撤回承诺的通知应当在承诺通知到达要约人之前或者与承诺通知同时到达要约人。② 迟到的承诺被视为新要约，除非要约人及时通知受要约人该承诺有效（《合同法》第28条）。③ 受要约人在承诺期限内发出承诺，按照通常情形能够及时到达要约人，但因其他原因承诺到达要约人时超过承诺期限的，除要约人及时通知受要约人因承诺超过期限不接受该承诺的以外，该承诺有效（《合同法》第29条）。④

《合同法》也规定了当事人以要约、承诺以外的方式缔结

---

① 相比而言，英国法上对于非即时发出的承诺，适用邮箱规则。在那种情形下，承诺发出时即生效，更多关于合同成立的比较研究，see my "Contract Formation in England, the Netherlands and the Principles of European Contract Law"。

② 《德国民法典》第130条、《荷兰民法典》第3：37条第5款、《欧洲合同法原则》第1：303条第5款、《国际商事合同通则》第2.1.10条。

③ 与其类似的有：《荷兰民法典》第6：223条第1款、《联合国国际货物销售合同公约》第21条第1款、《欧洲合同法原则》第2：207条第1款、《国际商事合同通则》第2.1.9条第1款。轻微的不同是，《德国民法典》第150条规定迟到的承诺是新要约。

④ 《德国民法典》第149条、《荷兰民法典》第6：223条第2款、《欧洲合同法原则》第2：207条第2款、《联合国国际货物销售合同公约》第21条第2款、《国际商事合同通则》第2.1.9条第2款。

合同的情形。当事人采用合同书形式订立合同的，自双方当事人签字或者盖章时合同成立（《合同法》第 32 条）。然而，采用合同书形式订立合同的，在签字或者盖章之前，当事人一方已经履行主要义务，对方也接受的，该合同成立（《合同法》第 37 条）。第 33 条规定，当事人采用信件、数据电文等形式订立合同的，一方当事人可以在合同成立之前要求与对方签订确认书。在这种情况下，签订确认书时合同成立。

六、格式之争

（一）简介

在国际商务交易中，特别是在国际买卖中，人们频繁地使用标准合同。在那些能被标准化的大规模商事交易中，通过提前准备可以被重复使用的标准合同，人们能够简化缔约过程、提高商业效率。不过，标准合同的使用也引发一个关于合同订立的难题，即格式之争问题。

在合同订立过程中，当双方当事人所采取的标准合同不一致时，格式之争问题继而产生。比如说，一个买家可能会采用他自己提前准备好的标准合同发出要约，而卖家则希望通过卖家所准备的标准合同来对要约进行承诺。任何一方当事人所提供的标准合同都是从各自的利益出发来拟定的。因此，就合同的格式双方很难达成一致。比如说，也许卖家在标准合同中拟定了免责条款或者限制自己责任的条款；而买家的合同或许包含一条延长质量担保期限的条款或者规定了其他有利于买家的条款，例如规定了间接损失的计算方法。合同任何一方都不愿意使用对方所准备的标准合同，而认为应该按照自己所准备的格式合同来缔结合同。格式之争将引发两个主要的问题：一是合同是否成立？二是如果合同已经成立，那么合同包括哪些条款？

中国民法

（二）关于解决格式之争的三种路径

通过比较法研究，我们可以发现对于格式之争问题主要有三种解决途径，即"尾枪法"（last shot）、"首枪法"（first shot）以及"淘汰法"（knock out）。①

英国法采取了"尾枪法"，它要求合同的缔结应该严格遵循"镜像法则"（mirror image）。② 如果承诺包含了不同于之前的要约中规定的内容，那么该承诺并不属于要约的镜像因而被视为反要约。只有当磋商过程中的最后一个合同的格式被对方接受之时，合同才得以成立。按照该思路，合同的订立通常以行为方式实现；接受最后一个格式的一方将会开始履行合同，这一行为被认为是对最后一个格式合同中的条款进行了承诺。因此，合同的内容由"尾枪"中的合同条款所决定。《联合国国际货物销售合同公约》也采取了类似的做法，只不过相比英国法而言，《联合国国际货物销售合同公约》作出了更为宽松的规定。《联合国国际货物销售合同公约》第19条第1款规定，对要约表示接受但对其内容有添加、限制或其他更改的，即为拒绝该要约，并构成反要约。第2款进一步规定，对要约表示接受但对其有添加或者更改的，如果该添加或者更改在实质上并不变更该项要约的实质性内容，除要约人在不过分迟延的期间内以口头或书面通知反对其中的差异外，仍构成要约。

---

① 关于格式之争，see Omri Ben - Shahar, "An Ex - Ante View of the Battle of the Forms: Inducing Parties to Draft Reasonable Terms", *International Review of Law and Economics*, 25/3 2005, pp. 350 - 370; Peter Schlechtriem, "Battle of the Forms in International Contract Law, Evaluation of Approaches in German Law, Unidroit Principles, European Principles, Cisg; UCC Approaches under Consideration", in Karl - Heinz Thume (ed.), *Festschrift Für Rolf Herber Zum 70. Geburtstag*, Newied: Luchterhand, 1999, pp. 36 - 49, also available at http://www.cisg.law.pace.edu/cisg/biblio/schlechtriem5.html (last visited 13 January 2010)。

② See *Butler Machine Tool Co Ltd v Ex - Cell - O Corporation Ltd* [1979] 1 WLR 401.

《联合国国际货物销售合同公约》通过区分实质性改变要约以及非实质性改变，来判断承诺的效力。

荷兰法上作出了不同的规定，即以"首枪法"来解决格式之争问题。《荷兰民法典》第6：225条第1款和第2款规定，受要约人作出的不用于要约的承诺视为反要约，除非该差异极为微小并且要约人并不反对这些差异。而第3款特别规定了如何解决格式之争。它规定，当要约和承诺采用了不同的标准合同之时，后一个表意所指向的标准合同不具备效力，除非后者明确地表明对前一个表意所适用的标准合同进行拒绝。在这种情况下，合同的内容由"首枪"的合同条款决定。①

在德国法上，《德国民法典》第150条第2款似乎也采取了"尾枪"路径。然而德国法在格式之争问题上似乎区分了合同成立问题以及合同内容确定问题。格式之争问题通过"淘汰"争议条款的方式得以解决。如果很明显当事人都不希望合同因为存在格式之争问题而无效，那么合同将被视为已经有效成立。合同的内容取决于合同的条款。任何发生争议的合同条款都将从合同中淘汰，因为当事人并没有就这些事宜达成合意。而那些因为淘汰争议条款而产生的合同漏洞，则可以经由相应的法律而事后得以填补。德国法院在适用《联合国国际货物销售合同公约》来解决格式之争问题时，也会采取类似的做法。②

---

① 由于该条文的存在，大部分的格式条款都会规定不适用对方一方提供的格式条款。

② 最近对此问题的有关结论，see Ma Del Pilar Perales Viscasillas, "Battle of the Forms and the Burden of Proof: An Analysis of BGH 9 January 2002", *Vindobona Journal of International Commercial Law and Arbitration*, 6/2002, pp. 217 – 228, available at http：//www. cisg. law. pace. edu/cisg/biblio/perales2. html（last visited 13 January 2010）。

中国民法

《欧洲合同法原则》与《国际商事合同通则》则通过规定特别的条款来解决格式之争问题。它们所采取的是"淘汰法"。根据《欧洲合同法原则》第2：209条，如果在要约与承诺中除关于相互冲突的合同一般条款外当事人已形成合意，合同仍然成立。除非一方事先已明确地且并非采用一般条款的形式表示其不愿意受到一份合同的拘束；或一方不曾不合理地迟延地通知对方当事人它不欲受此种合同的拘束。当合同成立后，那些并不相互冲突的一般条款构成了合同的内容，而相互冲突的条款被淘汰。《国际商事合同通则》第2：1.22条包含了类似的规定。① 一般来说，采用要约、承诺的立法一般都使用"尾枪法"来解决格式之争，但是《国际商事合同通则》和《欧洲合同法原则》推翻了要约和承诺的一般规则：《国际商事合同通则》第2.1.11条以及《欧洲合同法原则》第2：208条（与《联合国国际货物销售合同公约》第19条类似）都规定，受要约人对要约进行添加、限制或者其他更改的，构成反要约，除非对要约的更改并非实质上的并且要约人对更改并未反对。

"淘汰法"立法例倾向于区分合同的成立以及合同的内容。在格式之争的情况下，缔约当事人一般都希望对对方缔结合约并且在合同的实质性条款上达成一致。"尾枪法"的立法例在合同缔结问题上偏袒于发出最后一封格式合同的当事人；相比而言，"淘汰法"强调的是基于当事人的合意而确立合同的内容：那些当事人达成合意的合同条款具有法律效力，而由于某些条款被淘汰而引发的合同漏洞则经由可适用的法律得到填补。

---

① 《国际商事合同通则》第2.1.22条规定："当事人均使用各自的标准合同情况下，如果双方对标准合同以外的条款达成一致，那么合同应根据当事人双方已达成一致的条款以及双方实质上内容相同的标准条款成立，除非一方当事人已事先表示或者以事后毫不迟延的方式通知对方将不受该合同的约束。"

（三）中国合同法上的格式之争

讨论完解决格式之争的几种方法之后，现在本节将讨论中国的《合同法》之上格式之争问题是如何得到解决的。根据《合同法》第 30 条，承诺的内容应当与要约的内容一致。换句话说，受要约人必须对要约的全部作出承诺，而不能增加、限制或者修改要约中的条款。然而，从《合同法》第 30 条中可以看出，中国的立法者似乎也考虑到，采取严格的"镜像法则"将阻碍合同的缔结，并且会破坏当事人通过履行合同而缔结的协议。基于这个原因，《合同法》第 30 条规定，只有当受要约人实质性地改变了要约的内容，才构成反要约。根据《合同法》第 31 条，如果承诺对要约的内容作出非实质性变更的，除要约人及时表示反对或者要约表明承诺不得对要约的内容作出任何变更的以外，该承诺有效。由此可见，《合同法》区分了对要约的实质性改变和非实质性改变。那么接下来的问题是：什么属于实质性的改变。《合同法》第 30 条规定，有关合同标的、数量、质量、价款或者报酬、履行期限、履行地点和方式、违约责任和解决争议方法等的变更，是对要约内容的实质性变更。以上所述的这些条款属于合同的实质性条款，当事人必须就此达成合意。《合同法》的起草者进一步表示，第 31 条并没有穷尽所有的实质性条款，其所列举的仅仅是几个代表性的条款。如果受要约人对这些条款进行修改，那么就是对要约的实质性改变。[1] 有的观点认为，根据《合同法》第 30 条，受要约人对所列举的几项条款中任意一条作出改变，都属于实质性改变要约，哪怕仅仅是微小的改变。在这个问题上，《合同法》中的规定值得商榷。受要约人对第 30 条所列举的几项条款进行微小更改的，并非必然实质性地改变

---

① Ling, *Contract Law in China*, p. 80.

当事人之间的合同关系，因为该种更改有可能符合一般的交易
习惯。

为了避免误解，我们应该把《合同法》第30条和第31条
结合起来解读。对"实质性更改"的判断应当着眼于"实质
性"，而并非仅仅是某一条款的性质。受要约人对要约作出的
改变是否属于实质性改变进而构成"反要约"取决于具体的
案件情况。那种认为"对某些特定条款的任何改变都构成实
质性改变"的观点是值得商榷的。①法官应当允许受要约人证
明其对要约所做更改并非实质性的，除非要约人及时地对更改
表示了反对。因此，受要约人对于第30条所列举的几项条款
进行改变的，应当推定受要约人对要约作出了实质性改变，不
过受要约人的行为并不必然属于反要约。

很明显，中国立法者受到了《联合国国际货物销售合同
公约》第19条以及《国际商事合同通则》第2.1.11条的启
发。尽管镜像法则一般都被认为是合同成立的一般规则，然而
根据《合同法》，受要约人对要约所作出的非实质性更改仍然
是有效的承诺，只不过要约人可能反对该更改。这意味着，当
缔约双方采用的标准合同包含相互冲突的条款（比如涉及当
事人责任的条款）时，即格式之争问题发生时，中国法似乎
采用"尾枪法"来解决冲突。一般来说，合同的内容取决于
受要约人发出承诺时使用的标准合同。当受要约人对要约作出
非实质性更改时，当事人双方将基于之前要约人所采用的格式
而缔结合同，不过此合同还应该包含受要约人对要约作出的更
改。在实践中，要约人通常也将忽视受要约人对其原始要约作
出的更改而不能及时地就此作出反对，理由是商业活动中当事
人很少去阅读对方所提供的标准合同。另一种情况是，如果受

---

① Ling, *Contract Law in China*, p. 80.

要约人对要约作出了实质性的更改（这种情形更为经常发生，因为一方使用标准合同的目的往往是作出对自己有利的规定），那么该受要约人的承诺就构成了反要约，只有待原要约人进行承诺后，合同才得以成立。而原始的要约人未必仔细阅读了另一方所提供的标准合同，他或许认为双方已经按照自己一方所提供的标准合同而缔结了合同，进而开始履行自己一方的义务（例如发送或者接收货物）。根据《合同法》第22条，此类行为可以被理解为对反要约的承诺。当纠纷发生时，原始要约人面对的是对方当事人所提供的与其预期完全不同的标准合同。

鉴于中国立法者参考了包括《国际商事合同通则》在内的许多国际文书，如果他们能够采取类似于《欧洲合同法原则》第2：209条以及《国际商事合同通则》第2.1.22条的方法去对格式之争作出特别的规定，将是更为可取的做法。这些国际法则所采用的冲突解决方式很大程度上都与合同成立的观念相一致，即当事人意思表示一致。当事人基于标准合同进行磋商时，他们一般都具有与对方缔约的意愿。需要得到解决的是合同的内容。双方当事人所能达成一致的合同条款反映了当事人的合意，因而应当成为合同关系的内容。而当事人之间发生冲突的条款需要被淘汰，因为这类条款并不能反映当事人之间的共同意识。而由于合同条款的被淘汰而引发的合同漏洞将在事后由交易习惯以及可以被适用的准据法来填补。该方法与"尾枪法"相比更能够达成一个公平的结果，因为尾枪法会导致原始要约人被迫签订一个完全由另一方当事人决定内容的合同。

《合同法》第44条规定依法成立的合同自成立之时起生效。然而在谈起合同的依法成立问题时，应当区分合同的效力以及合同当中具体条款的效力。合同在符合以下要件时一般都具有"法律效力：1）缔约双方具有民事行为能力；2）合同反映了双方当事人真实的意思；3）合同没有违反法律和公共利益"①。最后一点对于标准合同来说很重要。尽管某些合同是按照相应的法律规则而得以缔结，其包含的条款（其中的某些条款）也可能因为违反了法律或者公共利益而无效。

七、格式条款

（一）简介

为了简化并促进缔约，以及提高商业效率，当事人往往在国际商事交易（特别是国际商事买卖）中使用格式合同（或者标准合同）。一旦确定了合同已经成立并且其中的条款约束着当事人之间的合同关系，就有必要去确认合同的效力。在国际商事买卖中，对于国内法来说合同效力是一个很重要的问题，因为《联合国国际货物销售合同公约》并不规范合同效力问题（《公约》第4条）。② 既然中国合同法有可能成为调整某一合同关系的准据法，那么就很有必要去考虑中国法是如何规范格式条款的使用问题。考虑到在国际贸易中格式条款被大量地使用，那么对于现在合同法来说，以国内法来规范这类条款是很有必要的。在中国，标准合同也被越来越多地采纳，③

---

① Zhang, *Chinese Contract Law: Theory and Practice*, p. 150.

② 有关《联合国国际货物销售合同公约》与标准合同, see for instance, Jan Hellner, "The Vienna Convention and Standard Form Contracts", in Petar Sarcevic and Paul Volken (eds.), *International Sale of Goods: Dubrovnik Lectures*, Oceana, 1986, pp. 335 – 363, available at http://www.cisg.law.pace.edu/cisg/biblio/hellner.html (last visited 13 January 2010)。

③ Zhang, *Chinese Contract Law: Theory and Practice*, p. 138, 140. 作者特别提到了涉及保险、运输、有关公共设施使用，以及通过互联网方式缔结的合同，特别是服务合同的格式条款。Ling, *Contract Law in China*, p. 108. 作者解释道，标准条款以及含有标准条款的合同往往被用作执行国家强制计划的工具。目前，政府垄断的行业或者国有企业垄断的行业或者被严格规范的行业，比如说银行、信息通讯、公共交通以及公共设施中大量使用了格式合同。大部分的格式合同都由政府部门拟定，采取了政府文件以及部门法规的形式，政府进而可以实现在某一法律领域内对企业利益的保护。

由于这个原因，中国法也第一次以特别的规则来调整格式条款的使用。①

《合同法》第 39 条第 2 款将格式条款界定为"格式条款是当事人为了重复使用而预先拟定，并在订立合同时未与对方协商的条款"。② 在格式条款被使用时，往往出现当事人双方的谈判能力不对等的情形，导致一方将迫使另一方对其所提供的格式条款"要么接受要么放弃"，而作为格式之争的后果则是一方将其提供的格式条款强加给另一方当事人。《合同法》通过规定告知义务（本文第七节第二部分）以及确立公平平等原则（本文第七节第三部分）来规范格式条款，从而防止一方当事人对另一方当事人的压迫。

（二）告知

由于格式条款并非当事人之间磋商的产物，而是由一方当事人为了重复使用而预先拟定、并由对方接收或者拒绝，那么人们或许会担心接收格式合同的一方有可能并不完全知悉合同内容即签订合同，并且在事后才发现该格式合同严重地侵犯了其权益。由于这个理由，《合同法》第 39 条规定：提供格式条款的一方应当采取合理的方式提请对方注意免除或者限制其责任的条款，按照对方的要求，对该条款予以说明。此种告知义务即便是在对方当事人已经明示或者默示接受了该格式条款的情形下也应存在。③

────────────

① 相比，欧盟对于消费者与经营者之间的合同关系中所使用的格式条款也作出了规范，参见欧盟《关于消费合同中不公平条款的指令》（Council Directive 93/13/EEC of 5 April 1993 on unfair terms in consumer contracts, OJ L 95），第 29 – 34 页。商业合同中格式条款的有效性问题则由内国法所规定，参见《德国民法典》第 305a 条以下、《荷兰民法典》第 6：233 条以下、英国 1977 年《不公平合同条款法案》（Unfair Contract Term Act 1977）。

② 类似的是《国际商事合同通则》第 2.1.9 条。

③ Ling, *Contract Law in China*, p. 111. 相比而言，《国际商事合同通则》第 2.1.10 条规定不符合相对人合理预期的格式条款没有效力，除非相对人明确地接受了该条款。

115

格式合同的提供者应该采用"合理的方式"告知对方格式条款的存在。而告知方式是否合理取决于案件的具体情况，包括交易的性质、格式合同的语言以及格式合同对提供者责任的免除程度。① 格式合同的使用者应当特别地提请对方注意免除或者限制其责任的条款，以显著的颜色、形式和规格将条款打印出来或者标记在其经营场所。② 在关于合同法《司法解释二》第 6 条中，最高人民法院确认，格式条款的提供方应当采用足以引起对方注意的文字、符号、字体等特别标识进行告知。告知应该在合同成立前进行。

格式合同的提供者应当按照对方的要求对该格式条款予以说明。因此，如果格式条款的提供者拒绝或者未能详细、清晰地对该条款予以说明，那么该格式条款也不能具备约束力。不过提供者的说明义务在另一方当事人提起请求时才产生，只有当对方要求提供者对该条款的性质和内容进行说明时才产生说明义务。如果对方没有提出要求的，原则上来说提供者没有说明义务。然而，根据诚信原则（《合同法》第 6 条），如果格式合同所使用的语言比较复杂并且严重地排除了其提供者的责任，那么该格式条款的提供者应当对该条款予以解释，即使对方没有提出此种要求。③ 对于所述条款来说，提供者的"合理告知义务"也包括了对此类条款进行说明的义务。④

---

① Ling, *Contract Law in China*, p. 111. 根据王利明教授的观点，通知方式是否合理取决于：通知文件的形式，它必须引起对方足够的注意；通知的方式；通知中所使用语言的清晰程度；通知的时间，通知应当在合同成立之前或者缔约过程中作出；相对人的意识能力（王利明：《合同法研究》第 1 卷，中国人民大学出版社 2002 年版，第 394 – 395 页，cited in Zhang, *Chinese Contract Law: Theory and Practice*, p. 139）。

② Ling, *Contract Law in China*, p. 111.

③ *Ibid.*

④ *Ibid.*

格式条款提供者未能予以说明的，该条款不具有法律约束力。不过仅仅是未被说明的条款不具有约束力，合同的其他条款依然有效。这对于格式条款的提供者来说是未知的不利条件或者说改变了谈判双方的力量，对于提供者来说他需要基于合同中的那些免责条款来确定标的的价格。此种方法的目的在于，防止格式条款提供者采取不恰当的投机行为，使得另一方当事人能够基于充分的信息作出合理的决定。[1]告知义务的确立也被认为是对《合同法》第3、4条中平等原则和自愿原则的贯彻。按照这种方法，另一方当事人也能够避免无知情形下接受那些他并不愿意接受的条款。在特殊的情况下，如果通知义务能延伸至所有的"异常条款"而不仅仅是那些排除或者限制提供者责任的条款的话，该种效果尤为明显。[2]

鉴于中国法上的告知和说明义务的存在，当外国商人在中国境内进行经营活动而使用格式合同时，应当检查他们所使用的条款，并考虑"限制或者免除其责任的条款"是否能引起对方注意；实务中即便当事人约定了准据法，中国的法院也将适用中国法上关于格式条款的相关规则进行审理，因为法院认为这类法律规则涉及不可被排除的公共政策问题。[3]除此之外，明智的做法是，格式条款的提供方应当提供该条款的书面解释；而对格式条款的相对方应当认可已经收到了有关条款的解释。

因此，出现格式之争问题时，发出最后一份格式合同的一

---

① Ling, *Contract Law in China*, p. 111.

② 参见《国际商事合同通则》第2.1.20条，它规定"异常条款"指的是所表达的意思不能被对方合理预见的条款。《德国民法典》第305c条规定根据一般交易条件，特别是根据合同的外观，一般交易条件中的条款如此不寻常，以至于相对人无须予以考虑的不构成合同内容。

③ See Steve Dickinson, "China Contract aw: Going All Clear on US Now".

方应当承担告知义务，他应当提请对方注意诸如那些限制或者排除其责任的条款。此类"责任限制或者排除的条款"很有可能被认为实质性地更改了要约人在要约中所使用的条款，而被认定为反要约。而另一方当事人很有可能没意识到要约使用的条款与承诺使用的条款之间存在差异，反而认为合同是基于自己一方提供的条款而成立，因而继续去履行合同。该履行行为一般来说会被认为是对反要约进行承诺的行为。原始要约人事实上并没有按照自己拟定的条款缔约，而是按照对方所提供的条款缔结合同。告知义务的确立将防止原始要约人因为忽视了那些对免责条款的改变而接受对方的反要约，进而实现对原始要约人的保护。因此，原始要约人必须要明确地表示接受了反要约中的责任限制或免除的条款。通过该种方式，《合同法》第 39 条中的告知义务才能够减轻用"尾枪法"解决格式之争问题时带来的副作用。

(三) 公平原则

既然格式条款在本质上属于那些不需要与对方协商的条款，那么真正的风险是条款提供方可能滥用其优势地位，而把显失公平的条款施加于另一方。根据《合同法》第 5 条，"当事人应当遵照公平原则确定双方的权利义务"。《合同法》第 39 条明确地再次确认了当事人应当根据公平原则确立双方权利义务。因此，格式条款的提供方也应当遵循公平原则来拟定双方的权利义务。[①] 公平义务的目的在于实现缔约双方之间权利义务的平衡，并且贯彻比例原则，在当事人之间合理、公正地分配权利、义务和风险。[②]

---

① 《欧洲合同法原则》第 4：110 条规定，一方当事人可以撤销那些背离诚信以及公正交易并导致当事人双方权利义务严重不对等的格式条款；《德国民法典》第 307 条规定，违反了诚信原则的格式条款对相对人不合理地不利；《荷兰民法典》第 6：233 条规定了如何判断某一条款是否属于"不合理的负担"；而英国 1977 年《不公平合同条款法案》对格式条款规定了"合理性测试"。

② See Zhang, *Chinese Contract Law: Theory and Practice*, pp. 74–75.

凌斌教授指出，实务中法官很少直接采用公平原则来判定合同条款无效。与之相反，法官一般是运用"显失公平"的标准来测试合同条款是否公平。[①] 根据《民法通则》第 59 条第 1、2 款，如果有证据证明合同不公正或者显失公平，一方有权请求人民法院或者仲裁委员会修改或者撤销该合同。所谓的"显失公平"测试也在《合同法》第 54 条第 1、2 款体现出来了。既然《合同法》的条文建立在《民法通则》之上，那么最高人民法院对于《民法通则》作出的司法解释也应当被适用。根据最高人民法院解释，显失公平的合同包括两个要素：一方当事人利用优势或者利用对方没有经验；合同条款明显违反公平、等价有偿原则。

第一个要素是，双方当事人缔约能力不平等时，一方利用其优势地位。一方当事人可能基于诸如其政治的、经济的、技术的或者信息上的优势，而行使便利导致双方之间地位的差异。[②]"另一方没有经验"则意味着其欠缺生活上的经验或者对于其参与的特定类型的交易欠缺经验。[③] 不过，我们尚不清楚"压榨"或者"没有经验"究竟是属于判断"显失公平"的决定性要素还是仅仅属于其中的一个重要要素。该问题在商业交易中是极为重要的，因为当事人被假定为平等的。凌斌教授解释到，法院有时候并不会考虑是否有"压榨"行为，而仅仅是判断合同条款实质上是否显失公平。[④]

根据第二个要素，如果"当事人双方基于合同的权利义务明显不平衡，并且一方当事人根据合同享有的利益与其所承

---

① Ling, *Contract Law in China*, p. 52; Zhang, *Chinese Contract Law: Theory and Practice*, p. 75.

② Ling, *Contract Law in China*, p. 191.

③ *Ibid.*, p. 192.

④ *Ibid.*

担的义务明显不对等",① 那么该合同条款被认为是显失公平的条款。而是否存在明显的不对等取决于合同的性质和目的。《合同法》明确地规定了某些具有"显失公平"嫌疑的条款，比如说免责条款、保证金条款和违约金条款。例如，《合同法》第53条规定，那些排除侵害他人人身权利的责任的条款无效。这类条款被认定为明显的不公平。

除了笼统地规定有关合同条款应当公平以外，《合同法》还在第40条中列举了几种特定的无效的格式条款。如果一个格式条款符合《合同法》第52、53条所规定的情况，那么此条款无效。第52条规定，有以下情形的，合同无效：一方以欺诈、胁迫的手段订立合同，损害国家利益；恶意串通，损害国家、集体或者第三人利益；以合法形式掩盖非法目的；损害社会公共利益；违反法律、行政法规的强制性规定。最高人民法院关于合同法的司法解释二第14条限制了上述最后一项的适用范围。它指出，强制性规定指的是那些规定了违反其将导致合同无效的法律规定。

《合同法》第53条规定合同中的下列免责条款无效：造成对方人身伤害的；因故意或者重大过失造成对方财产损失的。符合这两种情况的格式合同无效，即便是提供者在缔结合同时已经提请对方注意。②

第一，《合同法》第40条进一步规定了三种格式条款无效的情形：首先格式条款免除提供者一方的责任的无效。一方面，当事人有权自由约定免责条款从而调整特定交易中的风

---

① Ling, *Contract Law in China*, p. 192. 与此对比，欧盟《关于消费合同中不公平条款的指令》(EU Council Directive 93/13/EEC of April 1993 on Unfair Terms in Consumer Contract) 规定，"违背诚信原则……将导致当事人之间合同权利义务不对等"的格式合同"不公平"。另外《欧洲合同法原则》第4：110条以及《德国民法典》第307条有类似规定。

② *Ibid.*, p. 112.

险；另一方面，合同条款特别是格式条款应当公平，在这两者之间存在明显的冲突，因为免责条款往往会改变双方的利益分配。那么这是否意味着所有免除提供方责任的格式条款一律无效呢？凌斌教授建议应当对此做严格解释，即只有那些并未依照第39条第1款提请对方注意的免责条款无效。[1] 如果免责条款提供者已经尽到告知义务，那么该条款应当接受《合同法》第54条第1、2款的审查（显失公平条款），如果它导致当事人双方权利义务严重失衡，那么此条款无效。

第二，《合同法》第40条规定增加对方责任的格式条款无效。该规定制定得过于宽泛，它似乎意味着，一旦格式条款使得对方承担大于其基于一般合同法或侵权法所承担的责任时，即为无效。这种规定走得太远，因为另一方在承担更多的责任时，有可能已获得折价或者其所承担的责任的增加部分将从合同的其他条款中获得抵销。很重要的一点是，我们不应当对某一格式条款孤立地阅读，而应该把合同作为一个整体来看待去考虑合同当事人之间权利义务是否对等。凌斌教授建议有关合同条款公平性的法律规则特别应当被适用于违约金条款、没收条款以及解除条款。[2] 因此，格式合同的提供者不能指望通过违约金条款去规定超过其可能遭受的损失的违约金，或者去指望通过拟定解除条款来给自己一方规定基于一般合同法其所无法享受的解除权。如果格式条款同时增加了合同双方的责任，那么《合同法》第40条就不能被适用。第40条仅仅适用于通过格式条款去不合理、不公平地增加对方责任的情形。

第三，根据《合同法》第40条，格式条款排除对方主要权利的无效。《合同法》并没有对"主要权利"进行界定，

---

[1] Ling, *Contract Law in China*, p. 112.

[2] *Ibid.*, pp. 112–113.

"主要权利"似乎指的是"主要的义务或者增加了对方的主要责任"① 或者 "在这类合同中当事人通常所享有的权利"。② 凌斌教授指出"被剥夺的权利是指对方一般情形下享有的但基于格式条款则不能享有的权利"。③ 比如说，排除或者限制对方根据合同享有的抗辩权的条款；规定剥夺对方财产的条款；限制对方与其他人缔结合同的自由的条款；以及仲裁条款（排除对方诉讼权利）。④

八、结论

在市场经济中，合同自由起着非常重要的作用，市场主体间的自由贸易活动（受到强行法的限制）能够促进市场竞争、提高经济效率。本文特别就中国合同法是否承认合同自由原则一问题进行了探讨。《合同法》并没有明文规定合同自由是合同法的根本原则。然而实际上，《合同法》中多个基本原则条款都体现出了中国法对合同自由原则的认可。《合同法》确立了当事人平等原则、自愿缔结合同原则以及有约必守原则。将这几个原则结合起来看，事实上，中国法承认了个人有权自由决定是否缔结合同、与谁缔结合同以及以何种方式、何种条款缔结合同。在欧洲合同法中这些内容都包含在合同自由原则中，中国《合同法》的起草者似乎更愿意将合同自由原则的几个构成要素予以分别规定，并且特别强调意识自治原则以及禁止对合同的非法干预（政府的干预）。

在文本上，尽管中国法上规定的三大合同原则与西方法律体系中所谓的合同自由的原则相一致，然而合同自由原则是否

---

① Wang Kui Hua, *Chinese Commercial Law*, Oxford New York Melbourne：Oxford University Press，2000，p. 62.

② Zhang, *Chinese Contract Law：Theory and Practice*, p. 139.

③ Ling, *Contract Law in China*, p. 113.

④ *Ibid.*, pp. 113 – 114.

在中国法上真正实现，取决于中国合同法原则在实践中如何被适用以及法律对个人自由的限制程度。特别要强调的是，行政监管、强制性计划、合法性干预、关于办理政府批准程序的要求以及《合同法》第7条所规定的开放性条款，都将赋予法官极大的自由裁判权去要求个人的权益服从于集体利益，从而在中国合同法中为合同自由原则设定了许多潜在的限制。

相比之前的合同法来说，新《合同法》赋予了当事人前所未有的自由去缔结合同，在得出该结论之后，本文又分析了合同成立问题。概观由《合同法》确立的合同成立规则，我们可以发现《合同法》的起草者很大程度上受到了国际惯例的启发，特别是《联合国国际货物销售合同公约》和《国际商事合同通则》。《合同法》中大量有关合同成立的规则对于大陆法系的律师来说都不陌生。关于合同成立的一个特别棘手的问题是格式之争问题，这在国际商事交易中起着关键作用。如果当事人以相互冲突的格式合同进行交易，那么问题就在于合同是否成立以及合同基于哪些条款而成立。欧洲法上对此存在多种解决办法（"尾枪法"、"首枪法"以及"淘汰法"）。《合同法》用以解决格式之争问题的方式很明显受到了《联合国国际货物销售合同公约》的影响，《联合国国际货物销售合同公约》采取的是修改版的"尾枪法"。通过此种解决办法，一方当事人将以其提供的条款施加于另一方。大部分的商人事实上并不熟悉另一方所提供的格式条款，有可能在没有意识到格式条款内容的情形下便开始单方履行其义务，进而事实上通过自己的行为就接受了另一方的条款。虽然《合同法》的起草者受到了《国际商事合同通则》的启发，但不幸的是《合同法》并没有像《通则》的第2.1.22条一样接受"淘汰法"，而该种"淘汰法"思路更能够保证当事人意思达成一致。

不过，《合同法》规定了格式条款的提供方对于其限制或者排除自己责任的条款负有告知义务，这在一定程度上缓解了"尾枪法"带来的副作用。这样的话，未能注意到双方格式合同不一致的那方当事人，能够在其决定作出表示承诺的行为之前，去检查有关责任条款是否被实质性更改了，进而采取相应的回应。此外，即便是相对方（原始要约人）通过其履行行为而缔结了一个原本他并不会签订的合同并受到该合同的约束，中国法上的公平原则也将阻止格式合同的提供者提供"显失公平"的条款，进而保护到该相对方。话虽如此，过分对格式合同进行司法控制并不总是可取的，它会限制到当事人的合同自由。如果所有的限制或者免除责任的合同条款都无效的话，当事人的自由将受到极大的影响。法官应当将合同所有条款作为一个整体，并考虑合同的性质和目的、双方各自的缔约能力以及案件的具体情况来判断格式条款是否公平，并认定那些显失公平的条款无效。不过问题依然是，中国的法院以及仲裁机构是否会按照此种思路来审查合同是否公平。

在全球化的今天，合同构成了国际经济交易的基石，合同法则为合同的成立、履行以及执行提供法律框架。《合同法》所确立的合同法规则看上去向合同法现代化迈进了一步，进而有利于实现推进国际经济、贸易以及技术合作的目的。然而，《合同法》仅仅提供了一个法律框架进而让我们去理解合同以及合同法在中国所起的作用。而法律的实际贯彻与执行应当被置于一个更为广阔的背景下，其中文化传统、法律沿袭以及政治经济环境都扮演着重要的角色。在今后的研究中，笔者还应当将上述因素纳入研究范围，进而更加准确地了解中国合同法。

修订后的《合同法》及其对中国消费者权益保护的影响[*]

叶玛莉[**] 文

余小伟[***] 译

简目

一、前言

二、修订历程与显著特征

三、修订后的《合同法》对中国消费者权益保护的影响

（一）消除经济合同与民事合同之间的区分并认可个人作为合同一方当事人

（二）合同的要式性

（三）合同成立的基本要素——要约与承诺

（四）诚实信用原则

（五）合同自由与格式合同

（六）《合同法》分则部分

四、结论

---

[*] Mary Ip, "The Revised Contract Law and Its Implications on Consumerism in China", *International Journal of Business*, Vol. 9 (2004), No. 1, pp. 41 – 59. 本文的翻译与出版已获得作者授权。

[**] 叶玛莉，曾任悉尼大学商学院（School of Business, University of Sydney）讲师，现为澳大利亚商学院（Australian School of Business）讲师。

[***] 余小伟，荷兰马斯特里赫特大学法学博士，荷兰马斯特里赫特大学博士后研究员。

一、前言

过去 20 年，中国经济在迅猛成长的同时，法律改革也在持续推进。因此，与市场经济有关的法律已经成为中国法律体系的主要组成部分。1999 年，中国政府颁布一部新的合同法。这部新的法律既是对先前主要立法的统一，也是一种扩展，并纳入了一些诸如"合同自由"与"诚实信用"的基本原则，这些原则在先前的合同立法中并没有明确规定。本文试图从消费者保护的视角来仔细评述修订后的《合同法》，目前也是该领域的第一篇文章。由于从条文数量来看，修订后的《合同法》是当前中国法律体系中的第二大立法，① 因此对整部法律所有关于消费者保护的条文进行广泛的分析，将超出任何单篇文章的篇幅。故本文的分析仅仅聚焦于数个条文之上，主要目的在于抛砖引玉。为了给读者提供必要的背景知识，本文第二章简单介绍了《合同法》的修订历程，并揭示了《合同法》的显著特征。第三章将集中探讨修订后的《合同法》的新特征以及基本原则，并分析它们可能对中国消费者权益保护产生何等影响。之后将分析那些影响消费者保护的买卖合同规则。最后，本文将对修订后的《合同法》是否有利于中国的消费者保护加以评判。

二、修订历程与显著特征

对于包括中国在内的任何国家的商法体系而言，合同法均是其重要组成部分。这是因为，大多数有关货物买卖、保险、商事组织、代理、银行业务或财产的法律，都包含了基本的合

---

① 修订后的《合同法》包含 428 个条文，而 1997 年通过的《刑法》包括 452 个条文。

同法原则。合同法对中国的经济改革也产生着重要影响，它是有效地实施中国经济计划的工具。[①] 它也被用于吸引外国资本，因为如果缺乏执行商事允诺（commercial promises）的法律，外国投资者是不会与中国做生意的。因此，在中国的经济与法律体系中，合同法的地位举足轻重。

由于计划经济体制与政治动乱，[②] 中国的合同法制度在20世纪80年代初期才开始形成。尽管早前存在一些合同法规或规章[③]，但它们主要地用于执行政府的经济计划，而非履行其法律功能。修订前的中国合同法框架建基于四部关键立法之上，即《经济合同法》（1981）、《涉外经济合同法》（1985）、《民法通则》（1986）以及《技术合同法》（1987）。所有这些合同及相关制定法都颁行于中国经济改革的初期。虽然这些合同法在落实国家经济政策方面扮演主要角色的功能已经相对弱化，但它们仍然以实现有计划的资源配置为目标。此外，这些制定法将合同分为两大类：经济合同与民事合同。从名称上看，这些关键立法主要适用于经济合同。而且，依据《经济合同法》，[④] 经济合同仅指缔结于法人之间的协议。[⑤] 故而，修订前的合同制定法并不调整广义的合同关系。结果，通常一方

---

① Guiguo Wang, "A Survey of China's Economic Contract Law", *China Law Reporter*, Summer 1986, Vol. 3 No. 4, p. 268.

② 例如，爆发于1966到1976年间的"文化大革命"。

③ 例如，早前的合同法规或规章有：《机关国营企业、合作社签订合同契约暂行办法》（1950）；《关于认真订立与严格执行合同的决定》（1950）；《关于工矿产品订货合同基本条款的暂行规定》（1963）。See Jianhua Zhong and Guanghua Yu, "China's Uniform Contract Law: Progress and Problems", *UCLA Pacific Basin Law Journal*, Vol. 17, No. 1, Summer 1999, pp. 1–24.

④ 《经济合同法》第2条。

⑤ 《经济合同法》第54条，即订立于法人与农民之间的合同，是个例外；国务院经济法规研究中心办公室编写的《中华人民共和国经济合同法条文释义》（1982），即存在于私营企业与农村地区的自然人之间的合同。See Guiguo Wang, "A Survey of China's Economic Contract Law", p. 264.

当事人为自然人的消费合同被视为民事合同，难以为修订前的合同立法所覆盖。

自从这些合同制定法被颁行后，中外商贸关系迅速发展，并伴随着高度的交易复杂性（transaction complexity）。结果，先前的合同制定法逐渐变得与当时的经济现实不相兼容。例如，涉外技术合同，既不能适用《技术合同法》，也不能适用《涉外经济合同法》。前者仅覆盖国内当事人间订立的技术合同，而后者并不调整技术合同这一类型。① 另外，这些合同制定法相互之间也存在着不一致之处，更增添了法律适用的困难。例如，《涉外经济合同法》的基本原则是"平等互利、协商一致"，而《民法通则》则建基于"自愿、平等、等价有偿以及诚实信用"的观念之上。② 尽管《经济合同法》在 1993 年经过了修订，但修订后的版本仍然难以令人称心如意。正如王利明与许传玺所主张的，修订后的《经济合同法》没能成功地消除前述合同立法之间的分歧。③ 例如，修订后的《经济合同法》废除了某种解除合同的方式，但是其他合同制定法仍然保留这种合同解除的方式。④ 中国政府认识到，一个内部不协调的、过时的合同法制度会阻碍经济改革的进一步推进。由此，对合同法制度进行重建被提上了议事日程。

经过多年艰巨的起草工作，中国全国人民代表大会于 1999 年 3 月 15 日通过了第一次修订后的《合同法》。修订后

① Liming Wang and Chuanxi Xu, "Fundamental Principles of China's Contract Law", *Columbia Journal of Asian Law*, Vol. 13, No. 1, Spring 1999, p. 6.

② *Ibid.* p. 7

③ *Ibid.* pp. 5 – 7.

④ 修订后的《经济合同法》废除了原《经济合同法》第 27 条第 1 款第 5 项规定，即如果由于一方当事人违约，使经济合同履行成为不必要，他方当事人可以解除合同。然而，该条规定仍然保留于当时的《技术合同法》中。See Wang & Xu, "Fundamental Principles of China's Contract Law", p. 6.

的《合同法》于1999年10月1日生效时起，即废止了早先三部与合同有关的法律。① 修订后的《合同法》包含的法条有428条之多，就数目而言仅次于《刑法》，为中国第二大立法。修订后的《合同法》的一个显著特征，便是参与起草过程的人员范围十分广泛。除了法律起草者外，诸如立法机关成员、著名学者、法律执业者、法官、② 部委首长以及来自地方政府或管理部门的官员，都以协商的方式对立法进程作出了自己的贡献。③ 在中国，外国人参与立法进程是很不寻常的。然而，在修订后的《合同法》的起草准备阶段，许多外国学者与法律执业者受邀参加相关研讨会，并就合同法相关问题开展专题研讨。另外，美国商会（American Chamber of Commerce）也受邀对早期的立法草案进行评议。④ 因此，修订后的《合同法》被认为是中国与西方法律专家共同努力的最终成果，因为它广泛借鉴了中外有关合同法的多方面经验。

为了确保修订后的《合同法》符合国际标准，起草者大量参考了《联合国国际货物销售合同公约》（简称《公约》）。所以，许多为普通法系法律人所熟知的西方合同法上的概念，诸如"要约"、"承诺"、"诚实信用"与"公平"，均可在修订后的《合同法》中找到其踪迹。然而，有些学者⑤指出，在使用

---

① 除了《民法通则》外，于1999年10月1日起，《经济合同法》、《涉外经济合同法》与《技术合同法》皆同时被废止。

② E. Anthony Zaloom and Hongchuan Liu, "China's Contract Law Marks a New Stage in Commercial Law Drafting", *China Law and Practice*, May 1999, p. 15.

③ Jiang Ping, "Drafting the Revised Contract Law in China", *Columbia Journal of Asian Law*, Vol. 10, No. 1, 1996, p. 245.

④ Zaloom & Liu, p. 15. Randall Peerenboom, "A Missed Opportunity? China's New Contract Law Fails to Address Foreign Technology Providers' Concerns", *China Law and Practice*, May 1999, p. 83.

⑤ Hugh T. Scogin and Brett D Braude, "New Contract Basics", *The China Business Review*, January – February 1999, p. 36; Haflidi K. Larusson and David J. Sharp, "West Meets East: The New Chinese Contract Law", *Ivey Business Journal*, Vol. 64, Issue 2, Nov. 1999, p. 68.

这些术语时，必须要特别地小心。这是因为，这些术语在中国有可能具有不同的含义。① 此外，修订后的《合同法》在借鉴《公约》时，对其作出了一些修改。例如，在《公约》项下，有效的承诺规则允许添加额外的条件或作出不同的条件，只要这些条件没有实质地改变要约的原来内容。② 然而，在修订后的《合同法》中，承诺规则只允许对要约的内容作出非实质性的变更。令人存疑的是，这些非实质性变更是否仅局限于对要约原本条件的变动，还是也可以如《公约》那样，通过向要约添加额外的或不同的条件的方式达成。③ 另外，《公约》并不适用于拍卖，而修订后的《合同法》对此类销售规定了指导性原则④。修订后的《合同法》的另一创新之处，便是消除了国内合同与涉外合同之间的区分。今天，在中国做生意的外国投资者再也不会感到他们获得了区别待遇。而且，修订后的《合同法》完全认可了自然人的完整缔约能力。所以，这一认可增加了中国商事交易中合同当事人的维度与规模。

三、修订后的《合同法》对中国消费者权益保护的影响

（一）消除经济合同与民事合同之间的区分并认可个人作为合同一方当事人

修订后的《合同法》被认为进一步地认可了中国消费者的权利。在先前的合同法框架下，合同被区分为民事合同与经济合同。经济合同是指法人之间订立的旨在实现某个经济目标的协议，例如增加产量。⑤ 依照这一定义，通常涉及私人个体

---

① Larusson & Sharp，"West Meets East：The New Chinese Contract Law"，p. 68.
② 《公约》第 19 条第 2 款。
③ Scogin & Braude，"New Contract Basics"，p. 39.
④ 《合同法》第 173 条。
⑤ Zhong & Yu，"China's Uniform Contract Law：Progress and Problems"，p. 3.

的旨在为个人消费而获取商品或服务的消费者合同，基本不为先前合同制定法的适用范围所覆盖。原因在于，在一个计划经济体系中，国家将资源公有化，并通过合同来重新分配资源，以实现既定经济目标。尽管存在这样的事实，即消费与生产在经济运行中是相互依赖的，[1] 消费曾经被错误地认为对生产没有影响。所以，私人主体不能成为合同当事人。[2]

消费者合同因此被划归为民事合同，[3] 受《民法通则》调整。然而，《民法通则》对有关合同事项的规定本来就很少，更不用说消费者合同规则了。这些调整合同的法条散居于《民法通则》的若干章节。[4] 因此，《民法通则》不仅缺乏处理消费者合同纠纷的专门规则，在合同规则的适用方面也存在诸多不便。

修订后的《合同法》取消了经济合同与民事合同的区分，这对于中国的消费者而言是有利的，因为现在有了一部可以保护他们合同权利的、更加具体的制定法。此外，这一新法认可了自然人在所有类型合同中的缔约主体身份。因为消费者合同的当事人并不仅限于私人主体，这一认可将会扩展在消费品交易中具有法律资格的合同当事人的范围。

（二）合同的要式性

先前的立法较少认可口头合同的有效性。《经济合同法》只认可即时清结的口头合同的有效性。这一限制将许多日常生活中不能即时清结的消费品交易排除在保护范围之外。[5] 修订后的《合同法》在要式性这点上要显得宽松很多。除了某些种类的合

---

① Zhong & Yu, "China's Uniform Contract Law: Progress and Problems", p. 5.

② *Ibid.* p. 3.

③ *Ibid.* pp. 3 – 4.

④ 《民法通则》中的合同法规则规定于第4章"民事法律行为与代理"，第5章"民事权利"，第6章"民事责任"。

⑤ 《经济合同法》第3条中的"即时清结"并没有被定义。

同，例如涉及不动产买卖、中外合作开采石油、中外联营时，必须以书面形式订立外，口头合同与书面合同具有相同的可执行性。[①] 除了口头合同在举证方面的常见困难外，这种在合同形式方面的灵活性将会鼓励与促进消费品交易的发展。另外，修订后的《合同法》规定，书面形式可以是信件、电报、电传、传真、电子数据交换和电子邮件等。[②] 由于消费品交易正在朝电子商务的阶段迈进，对书面合同作宽泛的界定，能够便利未来网络合同的发展，并保护消费者在网络交易中的权益。

（三）合同成立的基本要素——要约与承诺

修订后的《合同法》吸纳并修改了一些源自普通法系的基本合同要素，例如要约与承诺。对要约与承诺的分析，对消费者而言是一件利器——可以用来评估特定环境下的事实，并判定合同是否已经成立。第13条规定，当事人应当采取要约、承诺方式订立合同。第14、15与16条亦规定了如何作出有效的要约。紧随其后的条文[③]更进一步规定了何时以及以何种方式来撤回或者撤销一项要约。基本而言，如果撤回通知在要约到达受要约人之前或者与要约同时到达受要约人，要约可以撤回；如果撤销通知在受要约人发出承诺通知之前到达受要约人，要约也可以撤销。然而，如果要约人确定了承诺期限，要约不得在该期限内撤销；或者如果受要约人有理由认为要约是不可撤销的，并已经为履行合同作了准备工作时，该要约不得撤销。从一个消费者的角度看，这些条文是有益的，因为消费品交易通常始于[④]"要约"之作出。在缔约磋商的初始阶段，

---

① 《合同法》第10条。
② 《合同法》第11条。
③ 《合同法》第17、18、19条。
④ 在普通法系，一项交易通常始于一个"要约邀请"，例如邀请他人报盘或者提出要约。

为要约的作出设置详细的规则，能够防止要约人——既可能是卖家，也可能是消费者——利用市场行情的变化，轻率地退出磋商过程，从而导致谈判对手遭受金钱损失或者机会丧失。

对于如何作出有效的承诺，第 21 条到第 31 条亦规定了详细的规则。第 27 条对消费者而言尤其重要。它规定，如果撤回通知在承诺通知到达要约人之前，或者与承诺通知同时到达要约人，承诺可以撤回。当今的消费者暴露于诸多过火的销售策略之中。对于一个不谙世故的消费者来说，因一时激动或者未经深思熟虑就接受一项要约，亦非鲜见。然而，当前中国的消费者立法并未就这方面作出规定，例如，并未像有些国家如澳大利亚那样，在信用购物（credit purchase）中向消费者提供一个"冷静期（cooling off period）"。"冷静期"指的是一个由法律所确立的撤回期（withdrawal period），在这个期间，消费者可以解除门到门（door to door）① 信用购物协议（credit agreement）。第 27 条据称为中国消费者提供类似的"冷静期"。如果满足了第 27 条，即使承诺已发出，在经过深思熟虑后，消费者仍有机会撤回其承诺，以避免缔结一份其不想要的合同。

在普通法体系中，只有当要约的条件被绝对地接受时，承诺才能得以成立。一个伪称的或者附加限制条件的承诺是模棱两可的，几乎等同于拒绝或者反要约。这种严格性会带来不必要的商业妨碍或不便，尤其对于消费者合同而言，因为这类合同通常在合同成立前，须经大量的讨价还价。为了使磋商成为

① 参考由澳大利亚公平交易部（Department of Fair Trading Australia）提供的定义：门到门销售（a door to door sale）是指一项某人于家里或工作场所达成的信贷协议（credit agreement），需满足如下情形：（1）该人与卖家之前没有过接触；（2）该人曾要求卖家派人前去提供一些信息或宣传手册；或（3）在经电话联系后，该人同意销售代表前来访问，或者对提供奖品、无义务免费报价（no-obligation free quote）等好处作出了回应。

可能，修订后的《合同法》采纳了《公约》的方法①，并且创设了一个更加灵活的承诺规则。第31条规定，承诺对要约的内容作出非实质性变更的，除要约人及时表示反对或者要约表明承诺不得对要约的内容作出任何变更的以外，该承诺有效。第30条进一步明确了什么是实质性变更——有关合同标的、数量、质量、价款或者报酬、履行期限、履行地点和方式、违约责任和解决争议方法等的变更，是对要约内容的实质性变更。从第30条与第31条可以推断，要约中的次要条款（minor term）是可以变更的。② 因此，一方面，消费者合同项下潜在的当事人，能够享受这种讨价还价上的灵活性。另一方面，要约主要内容不得变更这一要求，克服了磋商带来的不便，确保了"合意"③ 的实际发生，从而维护了潜在当事人的利益。

为了防止合同当事人滥用这些规则，作出投机性的要约或承诺，第42条施加了缔约过失责任。第42条第1项规定，如果当事人在订立合同过程，假借订立合同，恶意进行磋商，给对方造成损失的，应当承担损害赔偿责任。作为一名法律学者，约翰·莫（John Mo）对在适用第42条第1项时所面临的模棱两可表示关心。他指出，"假借订立合同，恶意进行磋商"也许很难与"在磋商过程改变自己主意的行为"相区分。④ 除了这个在适用上的潜在问题外，第42条对消费者保护还是很有益的，因为它旨在防止消费者及其对方当事人滥用法律，作出轻

---

① 《联合国国际货物销售合同公约》第19条第2款。

② 王宝发编：《合同法实用问答》，法律出版社1999年版，第59页。

③ 要约与承诺原则，有助于确定当事人之间的合意，以及他们的合意是否可以导致一份合同之缔结。

④ John Mo, "The Code of Contract Law of the People's Republic of China and the Vienna Sales Convention", *American University International Law Review*, Vol. 15, No. 1, 1999, p. 267.

浮的、无意义的要约或承诺。同时，它也为因信赖恶意作出的允诺而遭受损害的消费者及其对方当事人提供了救济措施。普遍认为，消费者合同纳入诚实信用的要求，有助于增进消费者与商事经营者之间的相互信任与信心，从长远来看，双方均能因此受益。

（四）诚实信用原则

诚实信用原则不仅体现于有关合同订立的条文，它亦是贯穿整个修订后的《合同法》的基本原则。第 6 条明确规定了此项原则，即"当事人行使权利、履行义务应当遵循诚实信用原则"。第 6 条与《民法通则》第 4 条——民事活动应当遵循自愿、公平、等价有偿、诚实信用的原则——是相通的。

为何修订后的《合同法》广泛接受诚实信用原则后带来了一系列好处？有很多理由可以用来解释这个问题，正如王利明与许传玺所发现的，诚实信用原则与中国传统商业伦理以及国际商业惯例标准是一致的。[①] 另外，该原则要求当事人遵守其允诺，做一个可令他人信任的人。只有这样，合同才能获得尊重并得以履行。[②] 此外，在一个复杂的、快速变幻的商业世界，商事立法在颁行后很快就有可能过时。通过在解释法律时适用诚实信用原则，司法机关便拥有了足够的灵活空间去处理未为立法机关所预见的情形。[③]

通说认为，诚实信用的义务与告知义务（duty of disclo-sure）之间存在联系。这对于消费者而言至关重要。消费者享有知悉其购买、使用的商品或者接受的服务的真实情况的权利。[④] 消费者知情权亦为《消费者权益保护法》（以下简称

---

① Wang & Xu, "Fundamental Principles of China's Contract Law", p. 16.
② Ibid.
③ Ibid. p. 17.
④ 《消费者权益保护法》第 8 条。

《消保法》）第 19 条①所保护。修订后的《合同法》通过对漠视告知义务的行为施加缔约过失责任的方式，加强了对消费者知情权的保护。根据第 42 条第 2 项，一方当事人在缔约过程中故意隐瞒与订立合同有关的重要事实或者提供虚假情况，给对方造成损失的，应当承担损害赔偿责任。

尽管诚实信用原则在《消保法》上并非新鲜事物，但《消保法》仅仅适用于消费者与商事经营者之间。② 王宝发主张，在修订的《合同法》项下，诚实信用原则适用之范围更广泛，并且既与合同当事人也与非合同当事人有关联。③ 虽然诚实信用原则在修订的《合同法》中有更广泛的适用范围，仍然存有疑问的是，它是否能够在某些特定情形下保护消费者权益。例如，消费者有可能从一个骗子处购得某物，而该骗子是通过欺诈的方式从原物主手中骗得此物。在这个并不鲜见的情形中，如果遭受不利影响的消费者是一个清白的第三人，行事诚实守信，并支付了正确的价格，该消费者是否能够获得诚实信用原则的充分保护呢？

第 132 条规定，出卖的标的物应当属于出卖人所有或者出卖人对该物有权处分。第 51 条则规定，无处分权的人处分他人财产，经权利人追认或者无处分权的人订立合同后取得处分权的，该合同有效。很显然，这两条规则并不适用于上述骗子案。因此，一个从骗子处购得物品的善意（bona fide）的消费者，即使他支付了合理的价格，他也不能获得物品的所有权。

---

① 第 19 条规定：经营者应当向消费者提供有关商品或者服务的真实信息，不得作引人误解的虚假宣传。经营者对消费者就其提供的商品或者服务的质量和使用方法等问题提出的询问，应当作出真实、明确的答复。商店提供商品应当明码标价。（See "China Laws for Foreign Business – Business Regulation（Loose – leave service）", *CCH International*, p. 20, 87.）

② 《消保法》第 4 条。

③ 王宝发编：《合同法实用问答》，法律出版社 1999 年版，第 26 页。

修订后的《合同法》项下的诚实信用原则能否在任何方面帮助到无辜的消费者？第 52 条规定，如果一方当事人存在欺诈（并损害国家利益）时，则合同无效。此外（如果没有国家利益受到损害时），第 54 条规定受欺诈的一方当事人有权请求法院撤销（或变更）合同。因此，在原物主人与骗子之间存在的合同要么是无效的，要么是可撤销（或可变更）的，那么该物应当依照第 58 条返还给原物主人。原物主人是否可以依据第 58 条对后续的买卖主张返还请求权？第 58 条规定的返还义务是否延及清白的消费者，即使他在后续的买卖中以善意的方式、并以合理的价格购得此物？如果该义务能够延及，诚实信用原则能否解决对并非作为被撤销合同当事人的无辜消费者所造成的不公正状况？正如王利明与许传玺所主张的，除非法院适用诚实信用原则来解释法律，否则这些问题仍将没有解答。①

（五）合同自由与格式合同

在修订后的《合同法》中，合同自由是另一有重要影响力的原则。该原则对发展中国特色社会主义市场经济而言显得至关重要，因为只有在缔约自由的环境下，才能推动增加社会财富的交易的发展。② 合同自由原则在修订后的《合同法》的许多条文③中都有明确的体现。

---

① 这个问题在《物权法》施行后得到了解决。〔《物权法》第 106 条第 1 款规定善意取得制度："无处分权人将不动产或者动产转让给受让人的，所有权人有权追回；除法律另有规定外，符合下列情形的，受让人取得该不动产或者动产的所有权：（一）受让人受让该不动产或者动产时是善意的；（二）以合理的价格转让；（三）转让的不动产或者动产依照法律规定应当登记的已经登记，不需要登记的已经交付给受让人。"因此，善意的第三人能够取得物的所有权。——译者注〕

② Wang & Xu, "Fundamental Principles of China's Contract Law", p. 11. Liming Wang, "An Inquiry Into Several Difficult Problems In Enacting China's Uniform Contract Law", *Pacific Rim Law & Policy Journal*, Vol. 8, No. 2, March 1999, p. 357.

③ 例如，第 39、79、133、142、197、220、225 条，都包含"当事人另有约定的，按照其约定"的但书。

由于"自由"一词在中国具有政治敏感性,[①] 因此第4条迂回地表达为"当事人依法享有自愿订立合同的权利,任何单位和个人不得非法干预"。作为规定合同自由原则的主要条文,第4条旨在限制行政管理部门对合同成立与生效的干预,以维护当事人的合同自由。修订后的《合同法》认可了可撤销合同这一类型,这也是对合同自由原则的另一种确认方式。[②] 存在意思表示瑕疵的合同并非一律无效;相反,受损害方当事人的选择自由得到了尊重,[③] 他可以根据自己的意愿选择撤销合同或者确认合同的有效性。修订后的《合同法》亦十分尊重合同当事人选择使用其自己拟定的条款的自由。虽然《合同法》列举了一些常见于大多数合同中的条款,但它们并非合同必须都要具备的。[④] 此外,合同的解除通常也是自由的。[⑤] 当事人可以事前约定一方解除合同的条件,当解除合同的条件成就时,解除权人可以解除合同。当事人可以事先认可一方违约时向对方支付违约金的数额,除非该数额低于或过分高于实际损失。[⑥] 合同自由原则在整部《合同法》中得以贯彻始终。

合同自由原则发端于自由放任主义经济(laissez – faire economy)时代。订立合同的双方当事人被假定为具有相同的议价能力(bargaining power)。但是,这一假定并不能一律成立,因为在自由市场中,参与谈判磋商(尤其在消费品交易场合)的双方当事人在实力与地位上存在差别。(由于此时)缺乏真正的合同自由,(人们)便得出这样一个结论——合同

---

① 王宝发编:《合同法实用问答》,法律出版社1999年版,第24页。
② 《合同法》第54条。
③ 同上。
④ 《合同法》第12条。
⑤ 《合同法》第93条。
⑥ 《合同法》第114条。

法在消费者保护方面起不了什么作用。① 为了规避合同自由原则的缺陷，修订后的《合同法》同时采纳了合同正义原则。② 通常认为，合同正义原则是对合同自由原则的限制，旨在保障合同能够公平地发挥其功能。③ 因此，国家在以下方面对合同进行干预与管制是正当的：

第一，修订后的《合同法》对格式条款的使用作出严格限定。这一限定与《消保法》第 24 条限制使用损害消费者权益的除外条款（exclusion clause）的规定是一致的。修订后的《合同法》第 39 条规定，采用格式条款订立合同的，提供格式条款的一方应当遵循公平原则确定当事人之间的权利和义务，并采取合理的方式提请对方注意免除或者限制其责任的条款，按照对方的要求，对该条款予以说明。这一规定对于消费者合同来说特别重要，因为格式条款的提供者应当意识到，许多消费者会签订或者同意他们根本就不会阅读、理解或者期待这些条款。任何具有第 52 条所规定情形的格式条款都是无效的。④ 规定在造成人身伤害或因故意或重大过失造成财产损失时亦免责的格式条款是无效的。⑤ 换句话说，如果不存在重大过失也不存在故意，对人身伤害⑥与财产损失免责的除外条款

---

① John Goldring, "Consumer Law and Legal Theory: Reflections of a Common Lawyer", *Journal of Consumer Policy*, Vol. 13, 1990, p. 130.

② 合同正义原则是指当事人应当在公平与自愿的基础上订立合同，合同的条款应当体现公平与诚信的要求，合同当事人不得滥用其经济力量或实力，也不得损害他方当事人的利益。*See* Wang, "An Inquiry Into Several Difficult Problems In Enacting China's Uniform Contract Law", p. 362.

③ Wang, "An Inquiry Into Several Difficult Problems In Enacting China's Uniform Contract Law", p. 362.

④ 《合同法》第 40 条。

⑤ 《合同法》第 40 条与第 53 条。

⑥ [此处疑为作者所参考的《合同法》英文译本第 53 条翻译存在错误。对于造成人身伤害的情形，即使不存在故意或者重大过失，免责条款也是无效的。——译者注]

仍然是有效的。另外，提供格式条款一方免除其责任、加重对方责任、排除对方主要权利的，该条款无效。然而，第 40 条中提供格式条款一方能够免除其责任的范围仍然是模棱两可的。尽管有部分学者①将此范围限制解释为合同的主给付义务（fundamental obligation），这一模糊之处仍有待司法解释予以澄清。

第二，合同正义原则亦可充当解释除外条款的工具。格式条款和非格式条款不一致的，应当采用非格式条款。② 当格式条款含义模糊时，就应适用"不利于提供者（contra proferentem）"③ 规则，即对格式条款有两种以上解释的，应当作出不利于提供格式条款一方的解释。因为消费者合同充斥着大量的"要么接受要么放弃（take it or leave it）"的除外条款，所以前述解释规则对消费者而言显然十分有利。

第三，合同正义原则要求，当一方当事人的意思表示不真实时，合同可以被撤销。不真实的意思表示有可能是因为重大误解而作出的。④ 但第 54 条第 1 款第 1 项并没有对重大误解作出解释。依据《最高人民法院关于贯彻执行〈中华人民共和国民法通则〉若干问题的意见（试行）》，⑤ "重大误解"是指行为人因对合同的性质、对方当事人的身份以及标的物的品种、质量、规格和数量等的错误认识，使行为的后果与自己的意思相悖，并造成较大损失的情形。若对该条司法解释的参考是正确的，则在消费者遭受的损失没有达到如此重大的程度，《合同法》第 54 条第 1 款第 1 项在保护消费者方面的作用还是

---

① Zhong & Yu, "China's Uniform Contract Law: Progress and Problems", p. 8；王宝发编：《合同法实用问答》，法律出版社 1999 年版，第 66 页。

② 《合同法》第 41 条。

③ 不利于提供者（contra proferentem）规则是普通法系对除外条款的解释方法。

④ 《合同法》第 54 条第 1 款第 1 项。

⑤ 王宝发编：《合同法实用问答》，法律出版社 1999 年版，第 93 页。

很有限的。

第 54 条第 1 款第 2 项似乎更适合用来保护消费者权益。它规定，在订立合同时显失公平的，当事人可撤销合同。因此，处于不利地位的消费者可以根据自己的意愿，主张撤销载有不公平条款的合同。尽管该条款并非专门为消费者而制定，但鉴于消费者在商事交易中通常处于不利地位，消费者在适用该条款时获益良多。不公平交易通常发生于如下情形，即卖方仗着其强大议价能力或者利用消费者经验的欠缺，趁着消费者的急迫需要来施加不公平的、苛刻的条件，以谋取不正当利益。[①]

（六）《合同法》分则部分

忽略《合同法》分则的规定，而仅在总则部分探讨修订后的《合同法》对消费者保护的影响，这是不完整的。《合同法》分则部分规定了 15 种典型合同。在这 15 种类型中，买卖合同与消费者的关系最为重要。尽管调整货物销售的条文并非第一次出现，但它们在先前的合同制定法中规定得非常笼统，数目也不多。[②] 此外，在先前的消费者立法中，调整货物销售的法律条文亦极其稀少。故而，《合同法》分则第九章被认为系调整消费者买卖合同的指导性规范。

但是，这些指导性规范也存在某些不足。第九章调整买卖合同的履行。它覆盖了货物销售的多个重要方面，例如产权的转移、交付、风险负担以及对货物的检验。约翰·莫主张[③]，尽管第九章与普通法实践中的销售法（Sale Law）相互兼容，

---

① 王宝发编：《合同法实用问答》，法律出版社 1999 年版，第 94 页。

② 散见于先前制定法中的相关条文的例子，*see* Mary Ip, "Chinese Consumer Law: Recent Developments And Implications", *Journal of International Business*, Vol. 6, No. 2, 2001, pp. 111–134.

③ Mo, "The Code of Contract Law of the People's Republic of China and the Vienna Sales Convention", p. 233.

然而第九章有关产权移转的规则似乎只适用于特定货物（specific goods）。在普通法系中，货物通常被划分为特定货物、未经确定的货物（unascertained goods）与期货（future goods）。不同种类的货物适用不同的产权与风险转移规则。然而，第九章并没有使用"货物（goods）"，而使用合同"标的物（subject matter）"一词。第九章没有对合同"标的物"的概念进行界定，而普通法对货物作出了界定。①

第九章在消费者保护方面的另一处缺点，存在于有关货物检验权（right of inspection）的规定，即向买受人课加了对货物不符的通知义务。② 第157条规定，买受人收到标的物时应当在约定的检验期间内检验，或者没有约定检验期间的应当及时检验。困难在于如何界定"及时"。王宝发主张"及时"应依标的物性质而定。③ 然而，这一论点只是提供了一个模糊的标准，如何判定"及时"还是不确定的。

与检验权密切相关的是买受人向出卖人通知任何货物不符的义务。第158条设定了履行通知义务的期限。首先，买受人应当在检验期间内将标的物的数量或者质量不符合约定的情形通知出卖人。买受人怠于通知的，视为标的物的数量或者质量符合约定。其次，当事人没有约定检验期间的，买受人应当在发现或者应当发现标的物的数量或者质量不符合约定的合理期间内通知出卖人。买受人在合理期间内未通知或者自标的物收到之日起两年内未通知出卖人的，视为标的物的数量或者质量符合约定，但对标的物有质量保证期的，适用质量保证期，不

---

① 《货物销售法案（Sale of Goods Acts）》（NSW）（1923）第5条将"货物"定义为"包括除无体物权（things in action）以及货币之外的所有属人动产（chattels personal）。该术语包括附着于或构成土地一部分的庄稼或者物体，当事人同意在销售前或者在销售合同项下供应它们"。
② 《合同法》第157条与第158条。
③ 王宝发编：《合同法实用问答》，法律出版社1999年版，第206页。

适用该两年的规定。最后，出卖人知道或者应当知道提供的标的物不符合约定的，买受人不受前述两种通知时间的限制。

第一种期限对买受人而言可能存在不利，例如当他已经在检验期间作出检验但未能查出货物不符，或者货物不符在约定的检验期间内尚不明显。由于这一通知期限从检验时而非发现货物不符时起算，该规定对买受人——在消费品交易中为消费者而言是十分不公平的。从第 158 条即可反推，出卖人对货物不符所负的责任从交付日起算持续两年或者到质量保证期届满。这一规定对于某些消费者来说十分严苛，例如他们虽购买货物，但并不长期使用或经常使用，或者这些货物需要足够长时间的使用才能发现其瑕疵。此外，似乎该通知义务取决于买受人对瑕疵的实际或推定的认知。但是，第 158 条并没有明确在何种情形才能发生这种对认知的推定。由于忽视了对瑕疵的认知与通知期限的起始之间存在着重大关联，第 158 条对消费者而言并非一个合适的指导性规范。

据称，消费者投诉的主要事项就是货物与买卖合同的约定"不符"。除了第六章有关合同的权利义务终止的规定外，第九章进一步规定了①货物不符时合同的解除规则。然而，第九章的合同解除规则并没有就具体的救济措施作出详细规定。因此，有不满意见的消费者只能向合同法"总则"② 寻求补救的方法。

与普通法系的合同法不同，修订后的《合同法》将不涉及货币价格的、纯粹的标的物互换交易纳入买卖合同一章调整。第 175 条规定，当事人约定易货交易，转移标的物的所有权的，参照买卖合同的有关规定。但这一做法的恰当性值得质

---

① 《合同法》第 164 条与第 165 条。
② 《合同法》第 111 条与第 113 条。

疑，因为第 130 条规定，买卖合同是出卖人转移标的物的所有权于买受人，买受人支付价款的合同。

修订后的《合同法》亦认可了"试销（sale on approval）"这种交易模式。在"试销"交易中，买受人在同意接受交易前可以试用标的物，除了依照法律或约定承担标的物毁损、灭失的风险外，① 买受人不承担任何其他责任。但是，这种销售模式有可能被"买受人"滥用，例如他根本没有接受交易的意图，只是想用用而已。为了应对这种风险并转移随之产生的成本，出卖人有可能提高货物的通常价格。最终，这些成本将由真正的消费者负担。"试销"交易的另一模糊之处，便是关于试用期间与货物检验及通知货物不符的期限之间的关系。② 尚不确定的是，这两种期限是否会发生竞合（run concurrently）。尽管这一现象在实践中的影响并不大，因为对标的物的试用通常也涉及对它的检验；但是，消除这一模糊之处，将更有利于对消费者权益的保护。另外，第 171 条也有待澄清。第171 条把拒绝接受"试销"交易的通知义务课加于消费者，但是，该条却没有阐明行为足以满足此种通知的要求。

四、结论

在经历六年的艰辛准备后，修订后的《合同法》草案终审稿于 1999 年 3 月获得通过。修订后的《合同法》并非完美无缺，但其足以展现中国政府在重建与协调先前零散合同立法方面所作出的显著努力。修订后的《合同法》更加符合国际商事实践，更加满足当前中国经济形势的需求。

总体说来，修订后的《合同法》对商人而言是个好消息。

---

① 《合同法》第 142 条。
② 《合同法》第 158 条。

《合同法》消除了经济合同与民事合同之间的区分，统一了涉外合同与国内合同，并且认可了私人主体的缔约能力。此外，《合同法》通过吸纳某些普通法系的规则，例如要约与承诺，填补了先前合同法制度中的漏洞。《合同法》也采纳一些西方国家的合同法律原则，诸如诚实信用原则与合同自由原则。如今，一部内容广泛、体系完备的合同法，可为在中国经商之人所用。

从总体上看，修订后的《合同法》对消费者权益来说是积极的。在认可自然人的完全缔约能力以及接受口头合同效力方面，《合同法》对消费者是有利的。诸如要约与承诺的基本合同规则，不仅为消费者提供了一个缔约程序，而且保护了消费者在缔约过程所享有的权益。诚实信用原则的适用，保障了消费者的知情权。然而，诚实信用原则在某些情形下的适用范围，仍然存有疑义。合同自由原则对发展市场经济而言至关重要，但修订后的《合同法》亦认识到，市场参与主体之间在能力与地位方面的差异所带来的经济强迫（economic coercion）问题，会造成不公平的结果。为了矫正议价能力上的不平衡性，并认清真实的经济情势，修订后的《合同法》引入了合同正义的概念，以促进合同自由原则的正确运行。因此，在消费者商事交易中，修订后的《合同法》管制着出卖人对格式条款的使用；在格式条款发生歧义时，作出对出卖人不利的解释；并且不允许出卖人与处于不利地位的消费者订立显失公平的合同。在支持与鼓励自由市场的基本理念的同时，去认可这样一种需要，即保护消费者免受议价能力不平等所导致的侵犯，这绝非易事。通过在大多数消费品交易中适用一般合同规则，并且在有需要的领域课加一些限制，修订后的《合同法》在实现恰当的平衡方面做得比较好。

尽管有关合同法是否是维护消费者权益的有用工具的争论

长期以来都比较激烈，但是修订后的《合同法》确为保护中国消费者权益的重要工具。虽然《合同法》"总则"的规定已为各项交易提供了充分的法律基础，但是第九章的存在进一步增加了保护的维度。消费者合同中的大部分关键要素，例如所有权转移、交付义务、风险转移以及瑕疵担保责任，广泛地规定于《合同法》分则第九章。由于判例法（case law）在中国法院中并没有先例的效力，详细的立法规则对审理消费者买卖合同而言，仍是必不可少的。

尽管如此，仍有必要注意到修订后的《合同法》在保护消费者权益方面的不足之处，尤其要关注前述条文规定中的暧昧含义与模糊标准。除非得到进一步澄清或有更细致的规则得以制定，否则上述条款所提供给消费者的任何益处将遭到严重的削弱。

从消费者利益主义（consumerism）的视角来评论修订后的《合同法》，必须谨记：《合同法》的首要目标并非消费者保护。尽管存在一些瑕疵，前文中所探讨的与消费者有关的条文应当足以推出这样的结论——修订后的《合同法》是一部对消费者十分友好的立法（consumer – friendly legislation）。另外，为了回应自修订后的《合同法》颁行以来所引发的问题，最高人民法院已经就这些争议公布了相关司法解释。仍值期待的是，最高人民法院在必要时会再公布一些指导性规范或解释规则。到那时，《合同法》对于中国消费者以及在中国做生意的外国商人来说，将是一部更加完善的法律。

中美货物销售中的货物不相符性：中国《合同法》、美国《统一商法典》与《联合国国际货物销售合同公约》[*]

亚当·M. 朱利亚诺^{**}　文

葛江虬^{***}　译

简目

二、《公约》、《合同法》、《统一商法典》中相符性相关条文之比较考察

（一）货物的相符性

（二）风险移转与相符性

（三）出卖人对于不相符货物的补救

（四）货物的检验

（五）不相符通知的有效性

---

* Adam M. Giuliano, "Nonconformity in the Sale of Goods between the United States and China: the New Chinese Contract Law, The Uniform Commercial Code and the Convention on Contracts for the International Sale of Goods", *Florida Journal of International Law*, Vol. 18 (2006), pp. 331 – 358. 本文的翻译与出版已获得作者及 *Florida Journal of International Law* 杂志社授权。

** 亚当·M·朱利亚诺，耶鲁大学文学学士（B. A.）、纽约大学法学院法律博士（J. D.），美国富而德律师事务所律师。

*** 葛江虬，荷兰马斯特里赫特大学法学博士，复旦大学法学院讲师。

三、货物相符的关键问题：质量的确定与传达通知

（一）已交付货物质量之确定

（二）不相符通知的有效性

四、结论

一、引言

美国与中国之间正在不断发展的战略与经济关系是 21 世纪早期的关键问题之一。在 2005 年，两国之间的贸易总额已经超过了 2850 亿美元，相对 2004 年又有 23% 的增长。① 在所有的主要贸易伙伴中，除了生产石油的欧佩克（OPEC）国家，美国在过去 5 年出口与进口增速最快的对象国都是中国。② 所有预测都认为，这种趋势将在未来延续较长时间。

美国与中国的贸易往来也带来了不少法律上值得考量的问题。毕竟，伴随着国际贸易而产生的就是国际贸易争端。从历史上说，交付货物的相符性始终是一项在诉讼与仲裁中非常重要的焦点问题。③

----

① Foreign Trade Div. , U. S. Census Bureau, Trade (Imports, Exports and Trade Balance) with China, aviailable at www. census. gov/foreign - trade/balance/c5700. html. See also White House, Economic Report of the President Together with the Annual Report of the Council of Economic Advisors 184 (2005). 在中国加入世界贸易组织（World Trade Organization）之后的大部分时间里，美国对中国的出口增长速度要超过其从中国的进口增长速度——2002 至 2003 年，美国货物出口至中国的增长率为 28%，而货物进口的增长率为 22%。不过，这种出口增长是自一个较小的基数发展而来，所以双方贸易逆差仍然在不断增长。

② See White House, Economic Report of the President Together with the Annual Report of the Council of Economic Advisors, at 331.

③ 与《联合国国际货物销售合同公约》（CISG，以下简称《公约》）有关、涉及货物相符性的案件数量可以是一种有助益的判断基准。后文将对该公约涉及的这类问题予以深入讨论。United Nations Convention on Contracts for the International Sale of Goods, Apr. 11, 1980, 1489 U. N. T. S. 3, S. Treaty Doc. No. 98 - 9 (1983), available at http://cisgw3. law. pace. edu/cisg/text/text. html (last visited Dec. 23, 2005). 例如，在一个并非官方但是广为认可的《公约》综合数据库（该数据库提供了电脑自动生成的、适用《公约》每一条文的案例清单）中，总共有 1691 件相关判例，其中 248 件涉及主要关于相符性的条文，即第 35 条。

目前美中交易中主要涉及的是动产,[①]因此更加导致了对该问题的进一步重视,即交易中的当事人交付此类货物后的相符性问题。

在美国,有关于货物销售中相符性的问题,主要受到美国《统一商法典》(the Uniform Commercial Code)第 2 篇(买卖)

此外还有 234 件、354 件案件分别涉及判断相符性与通知义务的第 38、39 条。See Electronic Library on International Trade Law and the CISG,CISG Annotated Table of Contents,available at http:// cisgw3. law. pace. edu/cisg/text/cisg – toc. html(last visited Dec. 23,2005). See also CISG – Advisory Council Opinion No. 2,Examination of the Goods and Notice of Non – Conformity:Articles 38 and 39,§ 5. 1(Eric E. Bergsten,Rapporteur,2004),available at http://cisgw3. law. pace. edu/cisg/CISG – AC – op2. html(hereinafter Advisory Council Opinion). 要求买家履行检验货物与通知货物不符之义务的条文是在公约所有条文中涉诉最多的。[关于本文主题中的 non – conformity 等一系列语词的翻译,虽然学界已有"质量不合格责任"(参见王利明:《〈联合国国际货物销售合同公约〉与我国合同法的制定和完善》,中国民商法律网,http://www. civillaw. com. cn/article/default. asp? id = 59985,最后访问时间:2014 年 1 月 18 日)等译法,但是考虑到"不合格"似更多就行政监管之质量标准是否达到而言,意涵中涉及当事人自治的部分有所不足,译者故而参考了联合国贸易法委员会公布的《公约》中文版第 37 条,将"non – conforming goods delivered"译为"交付货物中任何不符合同之情形"(参见《联合国国际货物销售合同公约》,http://www. uncitral. org/pdf/chinese/texts/sales/cisg/V1056996 – CISG – c. pdf,最后访问时间:2014 年 1 月 18 日),把名词形式的"non – conformity"译为"不相符性"。——译者注]

① See Andrew Browne,"Economic Changes Pressure Beijing to Let the Yuan Float",*Wall St. J.*,May 2,2005,at A2(值得关注的内容是,"在这一年的头两个月,美国与中国的贸易逆差扩大了 50%,从上一年发展到了 290 亿美金");"China Textile Exports to US Rise 39. 3% to $360M in March",*Dow Jones Newswires*,Apr. 26,2005(据报道,中国对美国的纺织品出口总额在 3 月达到了 3. 6 亿美金,与去年同期相比增长了 39. 3%……中国对美国的服装出口总额增长了 48. 8%,达到了 7. 4 亿美金);Fareed Zakaria,"The Wealth of Yet More Nations",*N. Y. Times*,May 1,2005,§ 7,at 10.(2004 年,沃尔玛从其中国的供应商进口了价值 180 亿美金的货物;由于沃尔玛是零售商,因此其中的绝大部分都是动产)See also Ned Baker,"U. S. Trade with China:Expectations vs. Reality",Frontline,available at http:// www. pbs. org/wgbh/pages/frontline/shows/walmart/china/trade. html(2005)(last visited Dec. 23,2005)(据报道,"逐步增长的基础设施建设对于像卡特彼勒这样的公司——主业为生产拖拉机以及其他重型设备——无疑是一个利好消息……去年中国购买了价值 29 亿美金的大豆——这在美国出口中国的农产品中排行首位",在这两种情形中涉及的都是动产)。

的规制。① 1999 年至今，在中国与其具有同等地位的是新
《合同法》。② 不过除了双方当事人同意外，无论这两部法律
中的哪一部都不能适用于中美两方当事人签订的动产交易场
合。相对而言，《公约》倒是美国与中国所共享的任意法
（default law）。③

根据美国宪法所确立的"至高条款"（Supremacy Clause），④
《公约》由于是国际条约因此优先于州法，故其应优先于《统
一商法典》适用。⑤ "中国同样遵从以下原则，即当国内法与

① 第 2 篇在最近刚被修订过，尽管修订版本到目前为止还没有被完全采纳，
但从预期来看，得到通过应该问题不大。因此，考虑到本文的目的在于提供一重
具有前瞻性与指引性的视角，我们在提及第 2 篇的场合都将直接使用修订后的第 2
篇条文。See Ronald J. Mann et al. , 2004 Comprehensive Commercial Law Statutory Sup-
plement xi , Aspen Pub, 2004（其中记载了被修订后的第 2 篇，以及对其获得通过
的过程中可能遇到的一些阻碍的预期）。

② 《中华人民共和国法规汇编》，第九届全国人民代表大会，英文译本见
http：//www. cclaw. net/download/contractlawPRC. asp，最后访问时间：2005 年 12
月 23 日。

③ 根据《公约》第 101 条，公约包括中文与英文在内的六种官方文本具有
同等的效力。考虑到本文的具体情况，我们的引用与论述都将以《公约》官方英
文版为准。See generally William S. Dodge, "Teaching the CISG in Contracts", 50 J.
Legal. Ed , Mar. 2000（内容为讨论美国律师普遍对《公约》缺乏了解）。

④ U. S. Const. art. VI, § 2. "本宪法及依本宪法所制定之合众国法律；以
及合众国已经缔结及将要缔结的一切条约，皆为全国之最高法律；每个州的法官
都应受其约束，任何一州宪法或法律中的任何内容与之抵触时，均不得有违这一
规定。"

⑤ See Delchi Carrier SpA v. Rotorex Corp. , 71 F. 3d 1024, 1028 (2d Cir. 1995);
Schmitz - Werke GmbH & Co. v. Rockland Indus. , Inc. , 37 Fed. Appx. 687, 691 (4th
Cir. 2002); BP Oil Int'l, Ltd. v. Empresa Estatal Petroleos de Ecuador (PetroEcuador),
332 F. 3d 333, 337 (5th Cir. 2003); Genpharm, Inc. v. Pliva - Lachema a. s. , 361 F.
Supp. 2d 49, 8 - 13 (E. D. N. Y. 2005); Caterpillar, Inc. v. Usinor Industeel, Inc. ,
U. S. Dist. LEXIS 6355, at 32 - 43 (N. D. Ill. Mar. 30, 2005); see Henry Gabriel,
Contracts for the Sale of Goods：A Comparison of Domestic and International Law , 2004,
26 - 27 (citing Dodge, "Teaching the CISG in Contracts", at 72; David Frisch, "Com-
mercial Common Law, The United Nations Convention on the International Sale of Goods,
and the Inertia of Habit", 74 Tul. Rev. 495, 1999, 503 - 504).

加入的国际公约发生矛盾时，以公约内容为准。"① 由于《公约》已经被订入了两个国家的法律体系之内，因此其自动适用于营业场所分别位于两个不同国家②——比如美国和中国——的当事人所签订的动产货物销售合同。③

《公约》规制国际动产货物销售④并涉及与之广泛相关的各种交易及相关事项，⑤ 其中就包括货物的相符性。在国际货

---

① Zhong Jianhua & Mark Williams, *Foreign Trade Contract Law in China* 16, 1998（当然，"这不包括中国已经声明保留的条款"）。See also Paul T. Vout et al., *China Contracts Handbook* 31, 2000［认为"当中国签署或加入的国际条约（与合同有关）中有条文与中国国内法不同时，条约中条款将优先适用"］；中国《合同法》第 123 条规定："其他法律对合同另有规定的，依照其规定。"第 126 条规定："涉外合同的当事人没有选择的，适用与合同有最密切联系的国家的法律。"而《公约》同时作为美国与中国两国的特别法，应当基于此条文予以适用。

② 《公约》第 10 条。

③ 《公约》第 1 条第 1 款 a 项。美国与中国都根据《公约》第 95 条对第 1 条第 1 款 b 项作出了保留。第 1 款 b 项内容为允许《公约》适用于"如果国际私法规则导致适用某一缔约国的法律"的情形。U. N. Commission on International Trade Law（UNCITRAL），Status：1980 – U. N. Convention on Contracts for the International Sale of Goods Conventions and Model Laws, available at http：//www. uncitral. org/uncitral/en/uncitral_ texts/sale _ goods/1980CISG _ status. html（last visited Dec. 23, 2005）. See also e. g., China International Economic and Trade Arbitration Commission, Mar. 30, 1994［hereinafter CIETAC（Cow's Liver Fungus Case）］, available at http：//cisgw3. law. pace. edu/cases/940330c1. html（last visited Dec. 23, 2005）［trans. Zheng Xie］（《公约》可以在双方当事人来自两个不同的缔约国且没有为其国际货物销售选择准据法的情况下适用）。CIETAC, Shenzhen No. 1138 – 1（Indonesian Round Logs Case）, Dec. 29, 1999, available at http：//cisgw3. law. pace. edu/cases/991229c1. html（last visited Dec. 23, 2005）［trans. Yanming Huang］（事实上，中国法在双方当事人来自两个不同缔约国的情况下适用《公约》）。

④ See Franco Ferrari, "The CISG's Sphere of Application：Articles 1 – 3 and 10", in Franco Ferrari et al. eds., *The Draft UNCITRAL Digest and Beyond：Cases, Analysis and Unresolved Issues in the U. N. Sales Convention* 75 – 79, 2004［hereinafter *The Draft UNCITRAL Digest and Beyond*］.

⑤ See generally id. at 58 – 79；id. at 58 – 61（关于买卖合同）；id. at 61（关于变更国际货物销售合同）；id. at 63（关于执行经销协议的单个合同）；《公约》第 3 条第 1 款规定："供应尚待制造或生产的货物的合同应视为销售合同，除非订购货物的当事人保证供应这种制造或生产所需的大部分重要材料。" Ferrari, "The CISG's Sphere of Application：Articles 1 – 3 and 10", in *The Draft UNCITRAL Digest and Beyond*, at 65 – 70；《公约》第 3 条第 2 款规定："本公约不适用于供应货物一方的绝大部分义务在于供应劳力或其他服务的合同。" Ferrari, "The CISG's Sphere of Application：Articles 1 – 3 and 10", in *The Draft UNCITRAL Digest and Beyond*, at 70 – 74. 公约并不必然规制经销协议。Id. at 62 – 63. 不规制以物易物交易。Id. at 63. 不规制租赁合同。Id. at 64. 它仅仅规制售后回租合同。Id. at 65.

物交易的范围内,《公约》仅仅排除了极少种类的销售合同的
适用:① 购供私人、家人或家庭使用的货物销售;② 经由拍卖
的销售;③ 根据法律执行令状或者其他令状的销售;④ 公债、
股票、投资证券、流通票据或货币的销售;⑤ 船舶、船只、气
垫船或飞机的销售;⑥ 电力的销售。⑦ 正是《公约》如此广泛
的适用范围,进一步提升了其于美中贸易中的重要性。⑧

　　尽管《公约》无处不在,但是大部分美国与中国的当事
人仍然更加倾向于适用他们更为熟悉的本国法律。事实上,对
于《公约》相关知识的掌握,以及对对方国家国内法的了解
都是颇为必要的,原因有四:其一,如前所述,《公约》在当
事人未有约定的情况下将予适用;⑨ 其二,《公约》允许当事
人排除适用,或者"减损公约的任何规定或改变其效力",⑩

---

① 参见《公约》第 2 条。亦见第 3 条。See generally Ferrari, "The CISG's
Sphere of Application: Articles 1 – 3 and 10", in *The Draft UNCITRAL Digest and Be-
yond*, at 79 –95.

② 参见《公约》第 2 条 a 项,内容为:"购供私人、家人或家庭使用的货物
的销售,除非卖方在订立合同前任何时候或订立合同时不知道而且没有理由知道
这些货物是购供任何这种使用。"

③ 《公约》第 2 条 b 项。

④ 《公约》第 2 条 c 项。

⑤ 《公约》第 2 条 d 项。

⑥ 《公约》第 2 条 e 项。

⑦ 《公约》第 2 条 f 项。

⑧ 《公约》的重要性由中美贸易争端中那些涉及法律问题、并在中国进入仲
裁程序的案件中便可见一斑。在已经翻译的援引《公约》的 117 件案例中,有
112 件的当事人可以确知其国别。在这 112 件案例中,有 39 件——1/3 以上的案
件当事人分别来自美国和中国。See Electronic Library on International Trade Law and
the CISG, CISG Annotated Table of Contents, available at http:// www. cisg. law. pace.
edu/cisg/text/casecit. html#china (last visited Dec. 23, 2005) (providing access to all
117 translated CIETAC cases).

⑨ See e. g. , Trib. di Padova [Padova District Court], 31 Mar. 2004, n. 40466,
paragraph 6 (Italy), available at http: // cisgw3. law. pace. edu/cisg/wais/db/cases2/
040331i3. html (last visited Dec. 23, 2005) [trans. Joseph Gulino, ed. Francesco G.
Mazzota].

⑩ 《公约》第 6 条。

不过，任何打算如此的决定都应先予通知对方；其三，当事人始终都在通过三棱镜，即经由其国内法领会理解《公约》；其四，通过合意①或者漏洞填补②的方式，中国或美国的国内法也许会整体或部分适用。

由上述观察中可以得出，值得对《公约》、中国《合同法》与美国《统一商法典》三者进行一番比较研究。本文将试图对《公约》《合同法》《统一商法典》中处理交付货物之相符性问题的条文展开分析。如前所述，"相符性"对美国或中国与对方国家之主体进行交易的当事人而言，已经构成了一项重要问题。从法律的角度来看，这个问题的重要性还会被进一步提升——这是因为货物不相符有可能导致更为严重的后果。无论基于《公约》、《合同法》还是《统一商法典》，货物不相符都被认为是出卖人的违约责任。③ 但是如果买受人没有能够及时就货物不相符通知出卖人，他有可能因此而失去依此主张违约损害赔偿的权利。④

本文第二部分将比较《公约》、《合同法》与《统一商

---

① 《公约》第6条。

② 比如，公约并不会与"合同的效力，或其任何条款的效力，或任何惯例的效力"有关。《公约》第4条a项。此外，公约也"不适用于卖方对于货物对任何人所造成的死亡或伤害的责任"。《公约》第5条。

③ Harry Flechtner, "The Draft UNCITRAL Digest on the United Nations Convention on Contracts for the International Sale of Goods (1980)", in *The Draft UNCITRAL Digest and Beyond*, paragraph 2, at 627 – 628〔hereinafter Flechtner, The Draft UNCITRAL Digest〕. 公约在处理单纯或轻微违约（a simple or mere breach）与根本违约（fundamental breach）时有所差异，对非违约方而言，可以主张的损害赔偿类型、项目、范围都有差异。Id.〔"一般来说，出卖人交付的货物未能满足《公约》第35条的适用要求则构成出卖人的违约责任……（同时也有可能）在一定的情况下构成根本违约……继而买受人解除合同的行为将具有正当性。"〕参见，例如《合同法》第111条（适用于买卖合同场合的特殊条文是第155条）。在《统一商法典》的语境下，买受人在货物不相符的情况下可以拒绝一部分或全部货物的提示交付。《统一商法典》第2 – 601条。

④ 《公约》第39条第1款；《合同法》第158条；《统一商法典》第2 – 607条第3款a项。

法典》中关于相符性的条文。第二部分将把《公约》作为指导标准，考察与相符性有关、值得仔细分析的五个主要部分，包括相符性的定义、风险负担、出卖人的救济手段、对货物的检验，以及买受人的通知义务。本文第三部分将分析货物与合同相符的两个关键问题，即比较查看三部法律如何定义决定货物是否相符的"质量"，以及有效传达了出卖人之通知。

二、《公约》《合同法》《统一商法典》中相符性相关条文之比较考察

考虑到《公约》是美国与中国当事人间的任意法，本文在第二部分使用的比较分析将遵从《公约》的结构，来讨论与相符性有关的问题。根据《公约》的架构，与相符性——《公约》、《合同法》与《统一商法典》皆然——有关的问题呈现出五种类型：在法律与合同约定的层面界定相符性、货物不相符时的风险移转效果、出卖人的救济手段、对货物的检验以及对货物不相符的通知。

（一）货物的相符性

在《公约》的语境下，货物的相符性由两部分预期决定——一部分源自当事人在合同中的约定，另一部分源自可以适用的法律，这一点在中国与美国的国内法中也是一样。在我们讨论的三部法律中，只有《统一商法典》通过普通法中质量担保的概念（notions of warranty）进行适用。这三部法律适用的结果往往是相近的——虽然并不总是完全一致。

1.《公约》中的相符性

在《公约》中，"相符性最重要的判断标准就是当事人之

间的合同"。①《公约》第 35 条第 1 款，即"就货物的质量对出卖人设定了最基本的义务"② 的条文，便持此立场，要求"卖方交付的货物必须与合同所规定的数量、质量和规格相符，并须按照合同所规定的方式装箱或包装"。③ 因此，相符性主要包括四个源自合同约定的要素：数量、④ 质量、规格、包装。

除了当事人另有约定，第 35 条第 2 款要求货物必须满足四项任意性的标准从而保证相符性。⑤ 第一，货物必须"适用于同一规格货物通常使用的目的"；⑥ 第二，货物必须"适用于订立合同时曾明示或默示地通知卖方的任何特定目的，除非情况表明买方并不依赖卖方的技能和判断力，或者这种依赖对他是不合理的"；⑦ 第三，货物必须保证"质量与卖方向买方提供的货物样品或样式相同"；⑧ 第四，货物必须"按照同类货物通用的方式装箱或包装，如果没有此种通用方式，则按照

---

① Secretariat Commentary to the 1978 Draft United Nations Convention on Contracts for the International Sale of Goods, art. 33（与《公约》第 35 条一致），paragraph 4 ［hereinafter Secretariat Commentary］，available at http：// cisgw3. law. pace. edu/cisg/text/secomm/secomm－35. html（last visited Dec. 23, 2005）。由于在条约出台时并未伴有官方评述，因此秘书处评述（Secretariat Commentary）最接近于对最终条约的官方评述。同时可见《公约》第 35 条第 1 款。

② Gabriel, *Contracts for the Sale of Goods*：*A Comparison of Domestic and International Law*, at 119. See also CIETAC（Cysteine Case）§ 6（1），Jan. 7, 2000, available at http：// cisgw3. law. pace. edu/cases/000107c1. html（last visited Dec. 19, 2005）［trans. Alison Ng & Hoi－Yan］.

③ 《公约》第 35 条第 1 款. See also CIETAC（Shirts Case）§ IV（1），Jan. 4, 1995, available at http：//cisgw3. law. pace. edu/cases/950104c1. html（last visited Dec. 23, 2005）［trans. Gang Chen］.

④ 过多或者过少地交付货物在《公约》第 35 条第 1 款的语境下都意味着货物的不相符。针对这种情况，《公约》第 52 条第 2 款规定："如果卖方交付的货物数量大于合同规定的数量，买方可以收取也可以拒绝收取多交部分的货物。如果买方收取多交部分货物的全部或一部分，他必须按合同价格付款。"

⑤ 《公约》第 35 条第 2 款。

⑥ 《公约》第 35 条第 2 款 a 项。

⑦ 《公约》第 35 条第 2 款 b 项。

⑧ 《公约》第 35 条第 2 款 c 项。

足以保全和保护货物的方式装箱或包装"。①

这四个要件之间是累积的关系——尽管第 35 条第 2 款 a 项规定的第一个要件和 d 项规定的第四个要件"适用于任何合同，除非当事人有另外约定"，而另外两个要件则"只有在某些相关事实或表达存在的时候方才被触发"。② 为了避免在当事人之间形成潜在的不公平，《公约》在订立合同时"买方知道或者不可能不知道货物不符合同"的情形下排除了这些要件的适用。③

2. 《合同法》中的相符性

《合同法》第 8 条对相符性原则进行了明确说明："当事人应当按照约定履行自己的义务，不得擅自变更或者解除合同。"④ 虽然《合同法》像《公约》一样，都起始于对意思自治原则的规定，但是它对相符性的规定却采纳了完全一种不同的方式。《合同法》中并没有一条单独的、对应《公约》第 35 条的条文——毋宁说，是若干条文相互配合，实现了与第 35 条大体相似的规制效果。

根据《合同法》，"合同的内容由当事人约定，一般包括以下条款："⑤ 在这些内容中，"数量"、⑥"质量"、⑦"标

① 《公约》第 35 条第 2 款 d 项。See also e. g., CIETAC（Cow's Liver Fungus Case）（据此条文，出卖人"必须承担货运与仓储条件的不相符责任"）。

② Flechtner, "The Draft UNCITRAL Digest", in *The Draft UNCITRAL Digest and Beyond*, paragraph 6, at 630.

③ 《公约》第 35 条第 3 款。这并不延伸至《公约》第 35 条第 1 项。Secretariat Commentary, paragraph 14（"这项规定并不涉及那些被合同明确要求的货物性质"）。

④ 《合同法》第 8 条。

⑤ 《合同法》第 12 条。

⑥ 《合同法》第 12 条第 3 项。《合同法》在对待交付超额货物的问题上与《公约》的规定有相似性。如果我们比较《公约》第 52 条与《合同法》第 162 条，即可得出这样的结论。《合同法》第 162 条规定："出卖人多交标的物的，买受人可以接收或者拒绝接收多交的部分。买受人接收多交部分的，按照合同的价格支付价款；买受人拒绝接收多交部分的，应当及时通知出卖人。"

⑦ 《合同法》第 12 条第 4 项。

的"、① "履行期限、地点和方式"② 与本文有关。这些条文只是说明一般性的合同义务，即这些合同条款并非对具体的细节程度具有强制性，比如说，当事人并不一定要具体说明什么是"质量"。不管怎么说，我们必须指出，这种分类和《公约》上对于出卖人货物相符义务的定义非常相近，即关于"数量、质量、规格、包装"③ 那一部分。因此，如果当事人选择通过与《公约》第35条一致的方式来定义合同条款的实质内容，那么出卖人就必须根据上述一般性义务来保证提供货物的相符性及其具体程度，从而履行合同义务。④

事实上，《合同法》相较于《公约》第35条第1款，对直接规范质量与规格类别下的一个子集有着更加明确的规则。具体而言，《合同法》第153条规定："出卖人应当按照约定的质量要求交付标的物。出卖人提供有关标的物质量说明的，交付的标的物应当符合该说明的质量要求。"⑤《合同法》同时要求，"出卖人应当按照约定的包装方式交付标的物"。⑥ 除了《合同法》第12条第3项提及了"数量"的概念外，《合同法》并未直接将数量问题作为一重与相符性有关之问题——尽管它在一些条文中含蓄地表达了这样的意思。⑦

在当事人未有约定的情况下，中国《合同法》提供了类似于《公约》第35条第2款a、c、d项的条文——尽管他们

---

① 《合同法》第12条第2项。
② 《合同法》第12条第6项。
③ 《公约》第35条第1款。
④ 《合同法》第8条。
⑤ 《合同法》第153条。
⑥ 《合同法》第156条（该条文具体适用于买卖合同的场合）。
⑦ 《合同法》第158、162条。

并不完全匹配。①

第一，《合同法》第 62 条第 1 项与《公约》第 35 条第 2 款
a 项相连甚密。② 根据它的规定："质量要求不明确的，按照国
家标准、行业标准履行；没有国家标准、行业标准的，按照通
常标准或者符合合同目的的特定标准履行"。③ 这里可能会引起
一些困扰，其原因在于：被认为是"起草得并不完善"④ 的
《合同法》第 61 条规定："合同生效后，当事人就质量、价款或
者报酬、履行地点等内容没有约定或者约定不明确的，可以协
议补充。"⑤ 如果当事人未能达成补充协议，则"按照合同有关
条款或者交易习惯确定"。⑥ 无论如何，《合同法》第 62 条第 1
项的适用范围是受到当事人约定与交易习惯限制的，因而当事
人约定与交易习惯指导着实际分析。⑦ 此外，《合同法》第 154
条要求第 62 条第 1 项应<u>优先</u>适用，因为它是更加具体的条文。

第二，正如《公约》第 35 条第 2 款 c 项，《合同法》第
168 条要求，在凭样品买卖中，"出卖人交付的标的物应当与
样品及其说明的质量相同"。⑧ 它同时说明："当事人应当封存
样品，并可以对样品质量予以说明。"⑨ 对于凭样品买卖中样

---

① 《公约》第 35 条第 2 款、第 2 款 b 项。这些条文在《合同法》中并没有
直接的对应条文。See John S. Mo, "The Code of Contract Law of the People's Republic
of China and the Vienna Sales Convention", 15 *Am. U. Int'l L. Rev.*, 1999, 209, 236
［根据该文的研究，"中国《合同法》并不将货物的'适用性'（fitness of the
goods）认为是'相符性'相关的问题之一，但是《公约》却认为是否适合于
'特定目的'（special purpose）是'相符性'相关问题之一"］。

② 《公约》第 35 条第 2 款 a 项。其要求货物"适用于同一规格货物通常使
用的目的"。

③ 《合同法》第 62 条第 1 项。另见该法第 154 条（重申《合同法》第 62 条
第 1 项适用于买卖合同的场合）。

④ Guanghua Yu & Minkang Gu, *Laws Affecting Business Transactions in the PRC*
26, 2001.

⑤ 《合同法》第 61 条。

⑥ 同上。

⑦ Yu & Gu, *Laws Affecting Business Transactions in the PRC*, at 25.

⑧ 《合同法》第 168 条。

⑨ 同上。

品的瑕疵而言,《合同法》进一步规定:"买受人不知道样品有隐蔽瑕疵的,即使交付的标的物与样品相同,出卖人交付的标的物的质量仍然应当符合同种物的通常标准。"①

第三,正如《公约》第 35 条第 2 款 d 项,《合同法》第 156 条涉及了包装方法的问题。当合同"对包装方式没有约定或者约定不明确时",② 且依照第 61 条的规定仍不能确定的,③ 货物"应当按照通用的方式包装,没有通用方式的,应当采取足以保护标的物的包装方式"。④

一些评论认为,《合同法》并不将货物的适用性(fitness of the goods)作为相符性的问题加以看待,而《公约》把对于"特殊目的"的适用性作为相符性标准之一——这规定于《公约》第 35 条第 2 款 b 项。⑤ 事实上,虽然确实没有完全一致的条文对应,但是《合同法》第 62 条第 1 项却提及了某种类似于《公约》第 35 条第 2 款 b 项规定的"特殊目的"之内容。如前所述,当合同"质量要求不明确"时,《合同法》第 62 条第 1 项列举了任意性的标准,而其中最后一条内容即为"按照通常标准或者符合合同目的的特定标准履行"。⑥ 因此,《合同法》语境下的相符性中"符合合同目的的特定标准",⑦ 在某些情

---

① 《合同法》第 169 条。

② 《合同法》第 156 条。

③ 《合同法》第 61 条(合同生效后,当事人就质量、价款或者报酬、履行地点等内容没有约定或者约定不明确的,可以协议补充;不能达成补充协议的,按照合同有关条款或者交易习惯确定)。

④ 《合同法》第 156 条。《合同法》第 62 条第 5 项(这被认为是一个漏洞填补条文,也可被认为是触及了包装问题的边缘)。它规定道:"履行方式不明确的,按照有利于实现合同目的的方式履行。"如果认为包装也是与"履行方式"有关的若干事项之一,那么该条就会具有关联性。否则的话,《合同法》第 156 条作为更具体的条文将于此处适用。

⑤ Mo, "The Code of Contract Law of the People's Republic of China and the Vienna Sales Convention", at 236–237.

⑥ 《合同法》第 62 条第 1 项。

⑦ 同上。

况下，与《公约》中规定的"货物适用于订立合同时曾明示或默示地通知卖方的任何特定目的"，① 其实是完全一致的。

3.《统一商法典》中的相符性

与《合同法》和《公约》一致，美国《统一商法典》也就货物的相符性规定了出卖人需要履行的一系列义务。对此，可由当事人之间对于合同的预期和法律两个方面来进行定义。《统一商法典》使用的策略迥异于另外两个比较对象，这是因为它们的源头并不相同。具体而言，《统一商法典》使用的是基础的普通法术语，比如将出卖人对于货物质量所负有的义务称为一种"担保"（warranties）。② 当事人对于合同的预期是明示的担保，③ 而法律的要求则构成了默示的担保。④

与《公约》第35条第1款及《合同法》的效果相似，明示的担保由于"任何对事实的确认或出卖人作出的承诺……任何对货物的描述，或任何样品或模型是达成交易基础的原因之一"而得以约束出卖人。⑤ 明示的担保为保护合同之预期而存在。在新修订的第2篇中，《统一商法典》第2－313A、313B条延伸了担保的范围，通过"义务"的形式使第三方"间接的购买人"（remote purchaser）也成为了担保义务的负担对象。⑥

----

① 《公约》第35条第2款b项。

② Gabriel, *Contracts for the Sale of Goods*: *A Comparison of Domestic and International Law*, at 121.

③ Id. 参见《统一商法典》第2－313条。亦见官方评述第2部分。["明示的担保依赖于个案交易中的'讨价还价'（dickered aspect），并且十分明显，其中的核心在于通过某种方式对基础供还价条款的反对……对于说明或提供样品的担保被认为是'明示'而非'默示'的。"]

④ Gabriel, *Contracts for the Sale of Goods*: *A Comparison of Domestic and International Law*, at 121. 参见《统一商法典》第2－314条，同时参见第2－313条官方评述第2部分。（"'默示'的担保则依赖于普遍的事实状态，或者没有必要通过特别语言或者行为去说明的情形。除非被确定排除，那么它们则将当下情境适用。"）

⑤ 《统一商法典》第2－313条第2款。

⑥ 《统一商法典》第2－313A、313B条。

一项明示的担保并不取决于出卖人"是否使用'担保'或'保证'这类正式用语，也不取决于出卖人是否有提供担保的特殊意图"。① 正如《统一商法典》的"官方评述"（Official Comment）所说："在实践中，对事实的确认或者出卖人在磋商中对货物所作出的承诺一般被认为是对其货物的描述；因此并无为使其编入合同而展示此类陈述之特殊必要。"② 相反，事实本身是须经证明的，因此"问题往往在于实践层面"。③ 不过，并不是所有陈述都相当于明示的担保，这是因为"卖方仅仅确认货物的价值，或者仅仅对货物提出意见或作出评价并不构成担保"；④ 普通法语境下的"夸大广告"（puffery）并不构成一项担保。

如前所述，《统一商法典》中还订入了默示担保的内容，而默示担保也可与《公约》第 35 条第 2 款所采取的规制手段相比较。除非经排除或修改，"倘若出卖人系从事某种货物交易的商人，他对该种货物之商销性的担保即为买卖合同中的默示担保"⑤。据该条文，货物至少应达到如下"商销性"（merchantable）的标准：

（a）根据合同的描述可以不受异议地转让；

（b）如果货物是种类物，那么在描述范围内应具有平均

---

① 《统一商法典》第 2-313 条第 3 款。

② 《统一商法典》第 2-313 条官方评述第 5 部分。

③ 同上。在实践中，此类陈述与夸大广告之间的界限往往难以确定。即便"法院统一在理论上采纳了这条原则……为区分'承诺'、'对事实的确认'与'意见'而采纳的标准却往往是不统一的"。Gabriel, *Contracts for the Sale of Goods: A Comparison of Domestic and International Law*, at 121.

④ 《统一商法典》第 2-313 条第 3 款。

⑤ 《统一商法典》第 2-314 条第 1 款。参见官方评述第 4 部分（"如果一个人只是从事了一起单独的货物交易，那么他就不能被认为是本章所谓的'商人'。因此，没有商销性的担保在此可以适用"）。因此，此类担保并不适用于"并非商人、只是依靠他们职业上技能与知识进行交易的非商人出卖人"。Gabriel, *Contracts for the Sale of Goods: A Comparison of Domestic and International Law*, at 125.

良好品质；

（c）应适用于所描述的一般使用目的；①

（d）每个单位的内部或全体单位之间的种类、质量或数量应当均匀，差异不应超过协议许可的范围；

（e）应按协议的要求装入适当的容器，进行适当的包装，并且附以适当的标签；

（f）与容器或标签上所记载的承诺或对事实的说明相符。②

这些列举的商销性标准构成了最基本的要求。③此外，"其他默示担保也可能由交易过程或行业惯例引起"。④

与《公约》第 35 条第 2 款 b 项一致，美国《统一商法典》就有关"特殊目的"的默示承诺作出了规定：

> 如果出卖人在订立合同时有理由知道买受人要求货物适用于特殊目的，且有理由知道买受人依赖于出卖人挑选或提供合适货物的技术与判断力，出卖人即默示担保货物将适用于该特殊目的，除非依下条排除或修改这种担保。⑤

在《统一商法典》中，"特殊目的"的概念"为受限于其商业属性的买受人设想了一种具体的使用方式，但是使用货物

---

① 《统一商法典》第 2－314 条第 2 款官方评述第 1 部分（"短语'描述的货物'不同于原第 2 篇所使用的语言……这项改变强调了经过合意的描述在判断就一般目的而言是否适用的重要性"）。

② 《统一商法典》第 2－314 条第 2 款。

③ 同上。官方评述第 8 部分（说明了这一段"并不意欲穷尽'商销性'的含义，也无意否定未在立法中具体说明、却可能因交易过程或行业惯例而引起的商销性之其他特性"）。

④ 《统一商法典》第 2－314 条 e 项。（根据译者的查阅，此处似应为第 2－314 条第 3 款。——译者注）

⑤ 《统一商法典》第 2－315 条。

的一般目的都已经被商销性的概念所囊括，并且指向了习惯上由题设货物所构成的使用"。[①] 不同于其他与商销性有关的默示担保，为合适于特殊目的的默示担保并不需要出卖人是以出售该类商品为业的商人。[②] 此种差别亦可由下述要求说明：出卖人在合同订立时须对于特殊目的有所认识，且买受人之判断事实上依赖于出卖人的该种认识。[③]

根据《统一商法典》，若想在一个非消费者合同中"排除或修改有关商销性的默示担保或其他部分"[④]——就像由《公约》所规制的一个类型[⑤]——"用语必须提及商销性，如果以书面形式作出，则书写必须醒目"。[⑥] 与此类似，"排除或修改有关适用性的默示担保，必须以书面形式作出、书写必须醒目"。[⑦] 在非消费者合同中，"如果要彻底排除或修改有关适用性的默示担保……若使用'除去此处的说明，不作任何其他担保'一类的词句可使用语充分"。[⑧] 最后，《统一商法典》在三种例外情况下排除了默示担保的适用：通过"依现状出售"、"不保质量"等用语"明确表示不存在默示担保"；买受人在订立合同前已"完全检验了货物或货物的样品或模型"，或出卖人已经明确说明，对货物在当时情况下若经检验则应发现的缺陷不作默示担保，买受人仍然拒绝检验货物的；以及默示担保被交易过程、履行过程或行业惯例排除或变更。[⑨]

[①] 《统一商法典》第2－315条官方评述第2部分。

[②] Gabriel, *Contracts for the Sale of Goods: A Comparison of Domestic and International Law*, at 126.

[③] Id.

[④] 《统一商法典》第2－316条官方评述第3部分（在一个商业合同中，拒绝承认商销性默示承诺的用语不需要是书面的，但是如果它是书面的，则必须醒目无误）。

[⑤] 参见《公约》第2条a项。

[⑥] 《统一商法典》第2－316条第2款。

[⑦] 同上。

[⑧] 同上。

[⑨] 《统一商法典》第2－316条第3款。

（二）风险移转与相符性

当意识到风险移转规则也许通常会保护交付不相符货物的出卖人时，《公约》、《合同法》和《统一商法典》均对这种可能性作出了进一步说明。《公约》明确表示，风险移转不能保护提供不相符货物的出卖人。根据《公约》，以及依照合同，出卖人仍然对"风险移转到买受人时的任何不符合同情形"负有责任，即使这种与合同不相符的情形在该时间后方始明显。[①] 出卖人同时也对"上一款所述时间后发生的任何不符合同情形"负有责任，如果这是"由于出卖人违反他的某项义务所致"。[②] 这包括违反关于在一段时间内货物"将继续适用于其通常使用的目的或某种特定目的，或将保持某种特定质量或性质的任何保证"。[③]

《合同法》提供了类似的保障，即出卖人无法仅仅通过风险移转的规则来规避不相符履行带来的风险。《合同法》第149条具体规定道："标的物毁损、灭失的风险由买受人承担的，不影响因出卖人履行债务不符合约定，买受人要求其承担违约责任的权利。"同样地，尽管《统一商法典》"并没有一个类似于（《公约》）第36条的条文，相同效果是可以间接实现的"，即出卖人必须依照其合同义务来提示交付（tender）货物。[④]

（三）出卖人对于不相符货物的补救

出卖人交付不相符货物可能引起的潜在严重后果导致下述问题同样重要，即是否以及基于何种情况，出卖人可以基于自己的意志对不相符履行进行补救。《公约》、美国国内法与中

---

① 《公约》第36条第1款。
② 《公约》第2款。
③ 同上。
④ Gabriel, *Contracts for the Sale of Goods: A Comparison of Domestic and International Law*, at 130（引用了《统一商法典》第2-301、507、509、510条）。

国国内法从某种程度上说对此问题有不同解答，即给予了出卖人有限的机会来进行补救。

《公约》第 37 条允许出卖人"可以在那个日期（交付）到达前，交付任何缺漏部分或补足所交付货物的不足数量，或交付用以替换所交付的不符合同规定的货物，或对所交付货物中任何不符合同规定的情形作出补救"。[1] 这项补救的权利受到两方面的限制：其一，"此一权利的行使不得使买方遭受不合理的不便或承担不合理的开支"；其二，买受人"保留本公约所规定的要求损害赔偿的任何权利"。[2]

《合同法》与《公约》做法的不同之处在于，"债权人可以拒绝债务人提前履行债务，但提前履行不损害债权人利益的除外"。[3] 值得注意的是，提前履行的债务可能是满足相符性的，也可能是与合同约定不相符。此外，《合同法》还要求出卖人承担"债务人提前履行债务给债权人增加的费用"。[4] 根据《公约》第 35 条第 1 款，数量上的短缺会造成履行的不相符，《合同法》也遵从了同样的思路，并且允许买受人拒绝部分履行，除非"部分履行不损害债权人利益"。[5] 在这种情况下，就像更一般意义上的提前履行，出卖人需要负担部分履行债务给买受人增加的费用。[6]

任何出卖人补救的"权利"必须受限于下述情形，即提前履行或者部分履行不能损害买受人的利益。《合同法》这种有利于买受人的立场看上去似乎与《合同法》第 112 条有所冲突。第 112 条规定："当事人一方不履行合同义务或者履行

---

[1] 《公约》第 37 条。
[2] 同上。
[3] 《合同法》第 71 条。
[4] 同上。
[5] 《合同法》第 72 条。
[6] 同上。

合同义务不符合约定的，在履行义务或者采取补救措施后，对方还有其他损失的，应当赔偿损失。"① 关于出卖人对货物不相符的救济，即使它并不像《公约》所设置的，是一种权利，至少也应当以出卖人有补救的意愿为前提，认为其有潜力避免可能造成的损失。

在美国，《统一商法典》的任意性规范允许买受人整体或部分地拒绝或接受货物，"如果货物或提示交付在任何一方面与合同不相符"的话。② 然而，官方评述意识到买受人的"拒绝权……亦受出卖人补救权的限制"。③ 这提到了允许"在履行期到来之前出卖人进行补救的权利"。④ 当"买受人拒绝货物或提示交付……或无可非议地撤回了承诺……且履行期限还未超过"时，这项权利将成为可行。⑤ 根据这些条件，出卖人基于诚实信用，通过及时地通知买受人，自负支出，在合同约定的时间内作出符合合同的提示交付，可以补救其违约。⑥ 出卖人补救的权利总是受到下述要件的限制，即"应当赔偿买受人因出卖人违约及后续补救而产生的一切合理支出"。⑦

（四）货物的检验

货物的检验与本文所讨论的不相符问题有着密切的联系。⑧ 既然已经提供了判断交付的货物是否符合合同的相关规

---

① 《合同法》第112条。

② 《统一商法典》第2–601条。

③ 同上。官方评述第3部分。

④ Gabriel, *Contracts for the Sale of Goods: A Comparison of Domestic and International Law*, at 131（引用了《统一商法典》第2–508条第1款）。

⑤ 《统一商法典》第2–508条第1款。

⑥ 同上。

⑦ 同上。

⑧ CIETAC（Jasmine Aldehyde Case），Feb. 23, 1995, available at http://cisgw3. law. pace. edu/cases/950223c1. html（last visited Dec. 23, 2005）（trans. Fan Yang）（"根据《公约》第38条，买受人必须在按实际情况可行的最短时间内检验货物，或由他人检验货物"）。

定,那么买受人的检验便成为了重要问题。《公约》、《合同法》与《统一商法典》中的每一部立法都意识到,一定程度的检查要求是必不可少的,这也是为了确保能够在主张货物不符合的买受人,以及为自己辩护的出卖人间,维持一种公正的平衡。

1. 《公约》中的货物检验

《公约》第 38 条规定了买受人在最短时间内检验货物的义务。此种检验义务对于《公约》第 39 条来说尤其重要,这是因为根据第 39 条的规定,如果买受人没有在"发现或理应发现不符情形后的一段合理时间内通知出卖人,说明不符合同情形的性质",[①] 他就将丧失声称货物与合同不相符的权利。根据起草评述,第 38 条要求买受人检验货物的时间,即构成了第 39 条中买受人"理应发现"货物不符合同的时间——除非货物不相符的情况是经由此种检验亦无法被发现的。[②]

关于检验义务的默认规则要求"买方必须在按情况实际可行的最短时间内检验货物或由他人检验货物"。[③] 这种检验被认为"在当时情况下是合理的",因此,"买受人一般不会被要求进行可以发现任何可能瑕疵的检验"。[④] 根据起草摘要,"买受人检验义务的履行时间起始于货物的交付,一般来说,这与灭失风险移转至买受人的时间一致"。[⑤] 不论如何,"若不相符性是隐蔽的或潜藏的,即于初步检验中无法被合理发现……履行检验义务以确定瑕疵的期限在瑕疵显现(或应当显现)前并不开始计算"。[⑥]

---

① 《公约》第 39 条第 1 款。See also John O. Honnold, *Uniform Law for International Sales under the* 1980 *United Nations Convention* 271, 3rd ed., 1999.

② Secretariat Commentary, art. 34(与《公约》第 36 条相同),paragraph 2。

③ 《公约》第 38 条第 1 款。

④ Secretariat Commentary, art. 34(与《公约》第 36 条相同),paragraph 3。

⑤ Flechtner, "The Draft UNCITRAL Digest", in *The Draft UNCITRAL Digest and Beyond*, paragraph 12, at 630.

⑥ Id.

中国民法

《公约》第38条同时也处理两种具体的实践情形。首先，
"如果合同涉及货物的运输，检验可推迟到货物到达目的地后
进行"。① 其次，"如果货物在运输途中改运或买方须再发运货
物，没有合理机会加以检验"，而出卖人在订立合同时已知道
或应当知道这种改运或再发运的可能性，"检验可推迟到货物
到达新目的地后进行"。② 不过，出卖人也许不能主张《公约》
第38条——如果"货物不符合同指的是卖方已经知道或不可
能不知道，而又没有告知买方的一些事实"的话。③

2. 《合同法》与《统一商法典》中的货物检验

就货物销售来说，《合同法》要求"买受人收到标的物时
应当在约定的检验期间内检验"。④ 就第一种情形来说，检验
必须发生在合同所约定的期限之内。⑤ 如果没有此类约定的
话，买受人应当及时检验。⑥ 而对于"及时"的认识，尽管
《合同法》未予明确，但是这里仍应参考《公约》规定，认为
它指的是"按情况实际可行的最短时间"，⑦ 除非在实行可能
上存在限制。与《公约》所采取的义务模式不同，《统一商法
典》赋予了买受人一项权利，即允许买受人"在已提示交付
或交付货物，或货物已特定于买卖合同项的情况下"检验货
物。⑧ 这种权利必须在"买方在付款或接受货物之前"行使。⑨
不过在实践中，买受人应当履行这项检验的"权利"。⑩ 这是

① 《公约》第38条第2款。
② 《公约》第3款。
③ 《公约》第40条。
④ 《合同法》第157条。
⑤ 同上。
⑥ 同上。
⑦ 《公约》第38条第1款。
⑧ 《统一商法典》第2-513条第1款。
⑨ 同上。
⑩ Gabriel, *Contracts for the Sale of Goods: A Comparison of Domestic and International Law*, at 134（主张"那么实际上，买受人必须检验货物"）。

因为《统一商法典》要求若"提示交付已经被接受",则"买方在发现或应该发现任何违约后的合理时间内,应将此种违约通知卖方"。① 如果未能通知,则买受人在因其未通知而给出卖人造成损害的范围内无权获得救济。② 因此,在认定不相符于合同而引起违约,故需要买受人对货物进行检验的场合,买受人应当检验货物或其他不履行风险并及时通知出卖人。

(五)不相符通知的有效性

倘若不相符情形已经存在或应当被发现,买受人是否享有基于欠缺相符性的请求权,将取决于其是否及时地向出卖人进行了通知。《公约》、《合同法》与《统一商法典》在要求买受人通知义务的严苛程度上采取了不同的标准。

根据《公约》第39条,如果买受人没能"在发现或理应发现不符情形后一段合理时间内通知卖方,说明不符合同情形的性质",则会丧失他的权利。③ 如前所述,瑕疵"应当被发现"的期限,应参考第38条对检验期间的判断而确定。这种通知必须早于"买方在实际收到货物之日起两年内"发出,"除非这一时限与合同规定的保证期限不符"。④ 与《公约》第38条一致,如果货物不相符是出卖人"已经知道或不可能不知道,而又没有告知买方的一些事实",那么他便无权援引这则条文。⑤ 此外,"买方如果对他未发出所需的通知具备合理的理由,仍可按照第50条规定减低价格,或要求利润损失以外的损害赔偿"。⑥

《合同法》在处理不相符通知的问题上,从大体上说支持

---

① 《统一商法典》第2-607条第3款a项。
② 同上。
③ 《公约》第39条第1款。
④ 《公约》第39条第2款。
⑤ 《公约》第40条。
⑥ 《公约》第44条。

了《公约》的做法。当合同中约定了《合同法》第 157 条所规定的检验期间时，"买受人应当在检验期间内将标的物的数量或者质量不符合约定的情形通知出卖人"。① 若不通知，则"视为标的物的数量或者质量符合约定"。② 在另一种情形中，即合同没有约定检验期间，"买受人应当在发现或者应当发现标的物的数量或者质量不符合约定的合理期间内通知出卖人"。③ 未通知或者自标的物收到之日起两年内未通知出卖人的，视为标的物的数量或者质量符合约定——除非有质量保证期存在。④ 最后，与《公约》一样，"出卖人知道或者应当知道提供的标的物不符合约定的，买受人不受前两款规定的通知时间的限制"。⑤

《统一商法典》规定了买受人的一项义务，即通知出卖人货物的不相符性——这种不相符性相当于违约。当买受人拒绝或撤回对不相符货物的接收，例如认为货物存在瑕疵时，他必须履行通知义务，或在下列两种情形中自己承担风险：⑥ 其一，倘若"卖方如果得到及时通知本来可以进行补救"，买受人将丧失依据货物瑕疵主张救济的权利。⑦ 其二，买受人同时在下述情形中也要承担这一丧失权利的风险，即"在商人之间，作出拒收后，卖方已以书面形式要求买方就其所依据的货物的全部缺陷作出完整的最终的书面说明"。⑧ 基于这些限制，在《统一商法典》中对于未能通知出卖人不相符性的惩罚也许并没有像《公约》《合同法》那么严重、那么绝对。在这些条

① 《合同法》第 158 条。
② 同上。
③ 同上。
④ 同上。
⑤ 《合同法》第 158 条。
⑥ 《统一商法典》第 2-605 条第 1 款。
⑦ 《统一商法典》第 1 款 a-b 项。
⑧ 同上。

文之外，如前所述，若提示交付已被接受，则"买方在发现或应该发现任何违约后的合理时间内，应将此种违约通知卖方"。[①]

三、货物相符的关键问题：质量的确定与传达通知

有关交付不相符货物的争议可能取决于任何一项我们在第二部分中所讨论的内容。其中，有两类特殊、重要且复杂的内容由于各立法例规制方式并不相同，且都触及了相符性问题的核心，故值得我们进一步分析。这两类问题分别是如何明确货物应当符合的质量标准，以及如何构成一个有效的不相符性通知。

（一）已交付货物质量之确定

《公约》、《合同法》与《统一商法典》均认为出卖人有义务根据合同所规定的质量来交付货物，[②] 但是它们在当事人未有约定的情况下如何确定质量标准的问题上却有所差异。

根据《公约》的规定，除非当事人另有约定，货物必须"适用于同一规格货物通常使用的目的"。[③] 这一标准"并不要求货物必须完美无缺，除非完美无缺是货物适用于其一般使用的前提"。[④] 从另一方面来说，该标准所确定要求的、有关可接受质量的最低程度，仍然处于未知的状态。[⑤] 至少，有三种

---

① 《统一商法典》第2-607条第2款a项。（根据译者的查阅，此处似应为第3款a项。——译者注）

② 参见《公约》第35条第1款；《合同法》第153条；《统一商法典》第2-313条；《合同法》第156条。

③ 《公约》第35条第2款a项。

④ Flechtner, "The Draft UNCITRAL Digest", in *The Draft UNCITRAL Digest and Beyond*, paragraph 8, at 630.

⑤ See e. g. , id. paragraph 8, at 630 - 631 (citing Entscheidungen des Bundesgerichtshofes, in Zivilsachen [BGHZ] [Supreme Court] 129, 75 - 86 (F. R. G.)), available at http: //cisgw3. law. pace. edu/cisg/wais/db/cases2/950308g3. html (last visited on Dec. 23, 2005) ("一个法院提出了下述问题却未有解决方案，即是否第35条第2款a项要求货物达到平均水准，或者仅仅以达到'可销售'之质量为已足")。

标准从大量的司法判例和学者著作中得到了支持，这些标准分别是：商销性、平均水平，以及合理性。① 前两种标准取决于当事人外部的标准与实践，而第三种标准则与当事人的预期休戚相关。

虽然在关于适用标准的问题上缺乏统一性，但是这种意义不明确的范畴似乎要小于它出现的情形。在大部分案件中，是否适合于通常目的的判断往往是一个事实问题。② 在一个给定案件中，往往各种可能的质量标准到最后会通往同样的结论。在违约的场合，就适合的质量标准而言，判断过程中最好的指引就是当事人的预期。③ 比如，曾有论述认为：

> 第 35 条第 2 款的作用是建构当事人之间的合意。而问题在于：当事人对合同有关描述货物的条款曾如何理解？进言之（在第 35 条第 2 款的语境下），他们对于"货物适用于同一规格货物通常使用的目的"曾如何理解？既然关于货物是否适合于通常使用的问题已经在合同中被涉及了，那么严重的误解应当是很少见的。④

当事人间的协议排除了《公约》第 35 条第 2 款 a 项所设

---

① See Netherlands Arbitration Institute, Case No. 2319, Oct. 15, 2002, paragraphs 68 – 118, available at http:// cisgw3. law. pace. edu/cisg/wais/db/cases2/021015n1. html (last visited Dec. 23, 2005)（充分详尽地讨论了这三种可能的标准）。

② See Honnold, *Uniform Law for International Sales under the* 1980 *United Nations Convention*, at 255 – 256. See also Netherlands Arbitration Institute, Case No. 2319, paragraph 72（"与《公约》第 35 条第 2 项 b 款相反，《公约》第 2 款 a 项并不要求质量必须在合同成立时就被决定。因此，合同成立后发生的事实性要素也可被纳入判断质量标准的考量中去"）。

③ Netherlands Arbitration Institute, Case No. 2319, paragraphs 71 – 72, at 118（赞同合理性标准）。

④ Honnold, *Uniform Law for International Sales under the* 1980 *United Nations Convention*, at 255. 参见《统一商法典》第 2 – 314 条。

定之质量标准的观点，同时由条文的文本（提及了货物的"规格"）以及秘书处对公约草案之评述这两个角度得到了支持。秘书处评述通过一种与货物的通常使用相当的合理标准，平衡了这种当事人的预期，评述写道："合同所暗示的质量标准，必须根据人们购买同种规格之货物的一般期待而确定。"①

《合同法》与《统一商法典》对于货物必须符合的质量标准，都提供了更为清晰的判断根据。《合同法》提出了一种有适用次序的默认规则，包括国家标准、行业标准，在没有这两者的情况下则是"通常标准或者符合合同目的的特定标准"。②而提及国家或行业标准，则说明了某种程度上类似于质量的商销性标准。

商销性的概念发展于普通法中，并被订入了《统一商法典》。③正如前文所述，《统一商法典》适用的是出卖人作为"从事某种货物交易的商人"④基于商销性的默示担保。相较之下，《公约》与《合同法》的条文都未对并非某种货物之"商人"的出卖人排除适用。在这项限制之上，《统一商法典》提供了一份非排他性清单，以澄清满足商销性的标准。⑤

《统一商法典》要求货物"根据合同所提供的说明，应在本行业内可以不受异议地流转……货物如果为种类物，应在说明的范围内具有平均良好品质，（以及）货物应适用于该种货物的一般使用目的"。⑥因此，《统一商法典》同时涉及了交易实践与"一般使用目的"，这两者可能一致，也可能不一致。

---

① Secretariat Commentary, paragraph 5.

② 《合同法》第 62 条第 1 项、第 154 条。

③ Honnold, *Uniform Law for International Sales under the* 1980 *United Nations Convention*, at 254 – 255.

④ 《统一商法典》第 2 – 314 条第 1 款。

⑤ 《统一商法典》第 2 – 314 条第 2 款。

⑥ 《统一商法典》第 2 款 a – c 项。

中国民法

另一组截然不同的概念——对于种类物而言的"平均良好质量"或者"以中等质量为主的货物"① 也是如此。相对于《合同法》递进式的规制手段，或者更加模糊地谈及通常使用目的的《公约》、《统一商法典》提供了一种分层级的方法，以供判断货物是否已经满足商销性默示担保所要求的内容。

不过，这种规制效果在大部分案件中与其他法律的规制效果是类似的——尤其是要求"货物适用于同一规格货物通常使用的目的"② 的《公约》。这是因为根据《统一商法典》，"商人利用交易而达成协议，继而根据该协议而交付货物，则交付的货物其质量必须达到同类规格货物（或协议中制定的其他货物）交易中一般可被接受的水准"。③

（二）不相符通知的有效性

根据《公约》、《合同法》与《统一商法典》，有效的不相符通知取决于两项要件：通知的内容与通知的时间。这两项元素象征了一种极其重要的考量，这是因为其中任何一种的缺失都将导致买受人无法主张货物不相符的后果——即使在不相符之情形存在的情况下。④ 总体来说，《公约》相较《合同法》与《统一商法典》，对买受人的通知采纳了更为严格的构成要件。

1. 有效通知的内容

关于不相符通知的内容，《公约》规定，此类通知必须充

---

① 《统一商法典》第2－314条官方评述第9部分。
② 《公约》第35条第2款a项。
③ 《统一商法典》第2－314条官方评述第3部分b项。
④ 《公约》第39条第1款规定："买方对货物不符合同，必须在发现或理应发现不符情形后一段合理时间内通知卖方，说明不符合同情形的性质，否则就丧失声称货物不符合同的权利。"《合同法》第158条规定："买受人怠于通知的，视为标的物的数量或者质量符合约定。"《统一商法典》第2－607条第3款a项规定："买方在发现或应该发现任何违约后的合理时间内，应将此种违约通知卖方，否则即无权得到任何救济。"

174

分且具体地表达"不符合同情形的性质",① 以使买受人达到证明之要求。② 此处，充分的程度取决于通知的目的。正如一份评论中所提出的：

> 至于通知必须涉及些什么内容的问题，应当根据通知服务的功能来予以回答……最主要的功能（在《公约》的语境下）是给予出卖人一次机会，来了解货物的情况并就其保存证据，以及对这种情形进行补救。③

这样的结论与起草评述的立场颇为一致，④ 起草摘要亦然。⑤

---

① 《公约》第 39 条第 1 款。

② Flechtner, "The Draft UNCITRAL Digest", in *The Draft UNCITRAL Digest and Beyond*, paragraph 4, at 630. （"汇总的案件决定显示此处有一共识，即买受人对他已经给出了第 39 条所要求的不相符性通知负举证责任。"）

③ Honnold, *Uniform Law for International Sales under the* 1980 *United Nations Convention*, at 277 - 278. See also Fritz Enderlein, "Rights and Obligations of the Seller under the UN Convention Rights and Obligations of the Seller under the UN Convention", in Petar Sarcevic & Paul Volken eds. , *International Sale of Goods*: *Dubrovnik Lectures* 171, 1996 （主张 "买受人的通知应当允许出卖人采取必要步骤来对不相符性进行补救，为此原因，一个对不相符性的精确描述是必要的"）。

④ Secretariat Commentary, art. 37 （等同于《公约》第 39 条），paragraph 4。通知的目的在于使出卖人知悉他必须做什么来补救相符性的欠缺，提供一种让他自己检验货物的基础，以及通常情况下在任何与买受人的争议中——即买受人主张欠缺相符性——搜集可以使用的证据。因此，通知不仅仅需要在买受人发现或理应发现货物不相符的一段合理时间内提供给出卖人，也必须具体说明欠缺相符性的性质。

⑤ Flechtner, "The Draft UNCITRAL Digest", in *The Draft UNCITRAL Digest and Beyond*, paragraph 11, at 666 - 668. 法院认为："通知"必须足够具体，以允许出卖人理解买受人的主张，并采取合适的步骤以进行回应。比如，检验货物并安排一次替代交付，或者直接对不相符的部分进行救济。而此种对具体性之要求的目的在于允许出卖人理解买受人所主张的违约类型，并且采取合理的举动来进行救济，比如启动一项替代或额外的交付；通知应当充分且细节化，而出卖人的误解是不可能发生的，即出卖人可以无误地了解到底买受人所言何意。

《合同法》要求通知遵从合同约定的或默示的检验期间这两者之一。① 与《公约》不同,《合同法》并不直接要求通知的内容中要具体涉及不相符的性质。相较之下,《合同法》仅仅要求"买受人应当将数量与质量不符合约定的情形通知出卖人"。② 不过,《合同法》要求通知传达出卖人已检验货物的事实。对此,《合同法》设置了有关通知的条文,③ 且指向了对货物的检验,④ 同时说明了通知必须有效传达货物在数量或质量上不符约定的信息。《合同法》通过买受人的视角来判断通知是否具有妥当性。具体而言,《合同法》的分析路径是基于买受人在检验期间能够从检验中合理发现什么。与此相反,《公约》对于通知妥当性的分析则是基于出卖人的视角,具体而言则是若需要补救或回应一项不符合主张,有哪些内容是必须知道的。

《统一商法典》关于通知的条款同时指向了买受人与出卖人的两重视角,并将之作为决定通知内容的指导。在相应部分中,《统一商法典》规定道"买方在发现或应该发现任何违约后的合理时间内,应将此种违约通知卖方,否则即无权得到任何救济"。⑤ 从买受人的角度来说,与《合同法》一样,"发现"与买受人的"检验"密切相关,因此通知仅仅涉及当事人对货物能够(或应当)合理确定的事项。从出卖人的角度来说,未能通知出卖人的后果将是买受人在出卖人因未通知而受有损害的范畴内无法获得救济,这指向了出卖人的利益。就

---

① 《合同法》第 158 条。

② 同上。

③ 《合同法》关于检验义务的第 157 条就在关于通知的第 158 条之前一条。

④ "当事人约定检验期间的,买受人应当在检验期间内将标的物的数量或者质量不符合约定的情形通知出卖人……当事人没有约定检验期间的,买受人应当在发现或者应当发现标的物的数量或者质量不符合约定的合理期间内通知出卖人。"而此种发现显然是来自于检验过程的。《合同法》第 158 条。

⑤ 《统一商法典》第 2 - 607 条第 3 款 a 项。

像《公约》，这是考虑到怠于通知可能导致出卖人无法采取行动——例如通过一系列努力来进行补救——以自我保护。因此，判断通知的内容应当由与《公约》所确定之同样的目的来决定。《统一商法典》正式评述同样强调了条文中所追求的对双方当事人间的利益平衡。评述认为：

> 通知的内容仅仅需要让出卖人知道交易中仍然存在问题并且需要进一步审视。此处没有理由去要求目的在于维持买受人权利的通知，必须包括一个针对买受人所倚仗的全部异议所作出的清晰陈述——这只有在根据瑕疵而拒绝的陈述中才必要……本编中这种维持买受人权利的通知仅仅需要当事人通知出卖人，主张交易中包含违约，因此而为通过磋商而达成一般解决方案打开了大门。[1]

正如官方评述所提及的，《统一商法典》认为不相符性通知[2]与根据具体瑕疵而引起的拒绝接受通知或撤回通知[3]两者并不相同。前者"通知的内容仅仅以使出卖人知晓交易中仍有障碍且须经检视为已足"，[4] 而后者要求买受人必须对具体瑕疵作出说明，方才被认为是充分的，故而允许出卖人进行补救。[5]

2. 有效通知的时限与发出

即使不相符通知有效地到达了出卖人，它也有可能因买受人迟延发出而陷入无效的境地。据此，《公约》规定买受人"必须在发现或理应发现不符情形后一段合理时间内通知卖方"，[6]

---

① 《统一商法典》第2-607条官方评述第4部分。
② 《统一商法典》第2-607条。
③ 《统一商法典》第2-605条。
④ 《统一商法典》第2-607条官方评述第4部分。
⑤ 《统一商法典》第2-605条。
⑥ 《公约》第39条第1款。

否则主张不相符性的权利将陷于因迟延而丧失的境地。这段
"合理时间"同样有可能根据前一条中有关检验过程的内容而
被确定：

> 关于确定买受人检验货物之时间的《公约》第
> 38条，对于确定买受人何时"应当"发现货物的不
> 相符性同样具有助益。当然，买受人仅仅就通常检验
> 所能发现的瑕疵而受到约束……而对于通知中所谓
> "合理时间"，则将是在买受人发现货物的不相符性
> 之后，其确定将会受到许多因素的影响。①

需要再次强调的是，此处对于有关通知之条文的规范目的
也应当予以考虑。在对《公约》第39条的调查中，起草摘要
认为"合理时间"的规定被解释为想要促进"对争议的迅速
确定"，以及"被设计用来实现一种灵活性，即在不同的案件
中可能有不同的结论"。② 虽然该通知必须在两年之内完成，③
《公约》也允许买受人在"对他未发出所需的通知具备合理的
理由"④ 的情况下减少合同价款或者主张利润损失之外的损害

---

① Honnold, *Uniform Law for International Sales under the* 1980 *United Nations Convention*, at 279.

② Flechtner, "The Draft UNCITRAL Digest", in *The Draft UNCITRAL Digest and Beyond*, paragraph 15, at 670 (citing Trib. Civ. di Cuneo [Cuneo Civil District Court] 31 Jan. 31 1996, n 45/96 (Italy)), available at http: // cisgw3. law. pace. edu/cisg/wais/db/cases2/960131i3. html (last visited Dec. 23, 2005); Oberlandesgericht Düsseldorf [OLG Düsseldorf] [Düsseldorf Provincial Court of Appeal] 17 U 136/93 (1993) (F. R. G.), available at http: // cisgw3. law. pace. edu/cisg/wais/db/cases2/930312g1. html (last visited Dec. 23, 2005); Landgericht Düsseldorf [LG Düsseldorf] [Düsseldorf District Court] 40 O 91/91 (1991) (F. R. G.), available at http: // cisgw3. law. pace. edu/cisg/wais/db/cases2/921204g1. html (last visited Dec. 23, 2005); Trib. di Vigevano [Vigevano District Court], 12 July 2000 n. 856 (Italy), available at http: //cisgw3. law. pace. edu/cisg/wais/db/cases2/000712i3. html (last visited Dec. 23, 2005).

③ 《公约》第39条第2款。

④ 《公约》第44条。

赔偿。同样,"如果货物不符合同规定指的是卖方已知道或不可能不知道而又没有告知买方的一些事实,则卖方无权援引第38 条和第 39 条的规定"。①

当合同中存在对检验期间的特殊具体约定时,《合同法》通过要求"买受人应当在检验期间内将标的物的数量或者质量不符合约定的情形通知出卖人"②的方法消除了不确定性。当这种约定不存在时,《合同法》也使用了《公约》中"合理期间"的标准。③ 在这种情况下,买受人应当在合理期间内通知出卖人(不超过两年的时间内),该期限起始于买受人发现或应当发现标的物的数量或质量不符合约定之日。④ 与《公约》类似,《合同法》在"出卖人知道或者应当知道提供的标的物不符合约定的"⑤情况下允许买受人不受通知时间的限制。

与《公约》、《合同法》一致,《统一商法典》要求通知"在发现或应该发现任何违约后的合理时间内"⑥发出。就效果而言,《统一商法典》和《公约》以及《合同法》中类似条文所实现的效果绝大部分是类似的。评述所给出的唯一指导意见为"通知的时间将由对商人适用的商业标准来确定"。⑦这意味着"合理时间",以及尤其是那些被推测用来评价"应当被发现的事项"的方法,这两者都要通过商业交易的视角来确定。

四、结论

美国与中国之间的贸易总额已经超过了每年 2000 亿美元,

---

① 《公约》第 40 条。
② 《合同法》第 158 条。
③ 同上。
④ 同上。
⑤ 同上。
⑥ 《统一商法典》第 2 - 607 条第 3 款 a 项。
⑦ 《统一商法典》第 2 - 607 条官方评述第 4 部分。

并且仍然在保持着高速增长。不幸的是，法律从业者们发现，随着出口与进口数量的增多，相关的争议也在不断地增多。因此，从业者们理应对指导处理此类争议的立法更加熟悉。这种熟悉将在合同一开始订立的阶段就防止争议的出现，并且在诉讼与仲裁的过程中帮助处理争议——如果有需要的话。

货物的相符性将是中美动产货物交易中最容易出现争议的场合。作为可供来自中国与美国的出卖人与买受人选择的任意法，《公约》与相关的国内法在相符性的问题上有一定程度的不同处理方案。一些条文——尤其是那些定义默认的质量标准，以及规制不相符通知的条文——值得进一步仔细审视。本文试图就此提供一种比较的视角，关涉这些立法以及相关的具体条文，为在特定情形中需要适用这些立法的当事人提供基本的出发点。只有通过对《公约》、《合同法》与《统一商法典》的比较研究，才能知晓这三种方案中哪种相对更有优势。

中国的新侵权责任法[*]

汉斯－乔治·博威格　诺曼·多考夫

尼尔斯·杨森[**]　文

张抒涵[***]　译

简目

一、引言

（一）法政策背景

（二）咨询建议情况

（三）内容概览

二、新侵权法的基本结构（《侵权责任法》第一至第三章）

三、责任主体

四、产品责任

五、道路交通责任

六、医疗和医生责任

---

[*]　Hans-Georg Bollweg/Norman Doukoff/Nils Jansen, Dasneue Chinesische Haftpflichtgesetz, ZChinR 2011, 91 – 104. 译文首次发表：H. G. 博威格、N. 多考夫、N. 杨森：《中国的新侵权责任法》，张抒涵译，《比较法研究》2012 年第 2 期。本文的翻译与出版已获得《比较法研究》杂志社授权。

[**]　汉斯－乔治·博威格，法学博士，任职于德国联邦司法部；诺曼·多考夫，法学硕士，德国慕尼黑州高等法院首席法官；尼尔斯·杨森，法学博士，德国明斯特大学教授、"罗马法与法律史及欧洲和德国私法"教席主持人。

[***]　张抒涵，德国明斯特大学法学博士。

七、危险责任

八、结论

一、引言

中国新的《侵权责任法》① 于 2009 年 12 月 26 日通过，并于 2010 年 7 月 1 日生效施行。② 这是继 1999 年颁布《合同法》和 2007 年颁布《物权法》③ 之后，中国在民法法典化④道路上又向前迈进的一步。鉴于这部法律存在一些技术上的不足，⑤ 人们自然可以怀疑，这一步是否迈得有些仓促：侵权法的立法计划直到 2005 年才开始进入征求咨询建议日程，因此，准备时间相对而言并不长。在《物权法》的立法过程中尚有 8 个草案被正式讨论过，⑥ 然而侵权法在第三版草案的基础上就被通过；并且这个立法计划显然在此期间并不总是处于立法议程的首要位置。⑦ 大多数观察者并未预料到立法讨论会突然结束。

---

① 此处及后文对这部法律的德文称呼都是 Haftpflichtgesetz（依德文直译是"赔偿责任法"，这里为方便辨识统称"侵权责任法"——译者注），因为它不仅调整不法行为（Delikt），也调整危险责任。在德文中有时也被称为"关于侵害权利所生责任的法律"（"Gesetz über die Haftung für die Verletzung von Rechten"）或者简称为"侵权行为法"（"Deliktsrechtsgesetz"）。

② 《侵权责任法》英文翻译版本参见 JETL 1（2010），362 ff. 。

③ *Yuanshi Bu*, Einführung in das Recht Chinas, 2009, § 10, Rn. 9.

④ 关于中国侵权法的历史：*Helmut Koziol/Yan Zhu*, Background and Key Contents of the New Chinese Tort Liability Law, JETL 1（2010），328 ff. 。

⑤ 详见下文第三至第七部分。

⑥ *Bu*, Recht Chinas, § 14, Rn. 3. 官方的咨询建议程序始于 1993 年（*Hinrich Julius*, China auf dem Weg zu einem Zivilgesetzbuch: Zur Nichtverabschiedung des Sachenrechtsgesetzes, ZChinR 2006, 270 ff. ），共耗时 14 年。关于物权法立法过程直观生动的报告：*Julius*, a. a. O. , pp. 270 - 276。

⑦ 立法过程：*Koziol/Zhu*, JETL 1（2010），328, 332 ff. 。

（一）法政策背景

中国现在面临着《物权法》中艰难的意识形态问题：法律如今也将私人所有权宣示性地置于物权法的中心地位,[①] 同时仍然保留了传统的集体所有权和国家所有权的形式，它们如过往一样在中国法中规定着国家的根本性质。[②] 侵权法的改革自然也并不容易。因为与欧洲的情况相比，中国的侵权法更大程度上面临经济的和政治意识形态的困难，其功能也被寄予了更高的期待。社会保险体系经常与强制责任保险一样并不能起到应有作用，后者常常由于过低的补偿数额而失去其意义；因此在中国侵权法中实际上比欧洲更经常涉及的问题是，谁应当最终承担巨额的损失，而这并不仅仅指保险的负担。侵权法在中国遭遇的困难时常会抛出具有社会政策象征意义的问题，例如看上去不能接受的情形是，对事故中死者的家属仅给予所丧失生活费的补偿,[③] 因为这会导致典型的现象：高收入的城市居民与低收入的农村居民相比可以获得更多的补偿金。这意味着一个从立法者的立场出发很难接受的结构性的差异对待：他们不能允许通过此种方式使得城市居民的生命比不发达地区农村居民的更加值钱。对此，中国的立法者并不想认同的一个论点是，其实这里已经与评估逝去生命的价值或者说补偿精神损失无关，而是要对当事人遭受的不同财产损害进行补偿性的矫正。因此，对于中国法而言，德国关于侵权法的观点——减轻其功能性的压力，仅以私法的公正赔偿标准为导向——或许是脱离实际的。

---

① 实际上在早先的许多法律中无疑已经有许多与关键的市场经济要素相关的规定：*Julius*, ZChinR 2006, 270, 276。

② 概览：*Bu*, Recht Chinas, § 14, Rn. 11 ff.。

③ 参见《侵权责任法》第17条："因同一侵权行为造成多人死亡的，可以以相同数额确定死亡赔偿金。"

（二）咨询建议情况

与此同时，中国的立法委员会听到的是来自欧洲相对多样的意见。显然早先就已经确定的是——或许也出于政治原因——要以欧洲法尤其是德国法的模式为导向；这其实符合在新法生效以前其规定相对而言层次并不分明的[1]中国侵权法的传统。[2] 德国技术合作公司（GTZ）为此从最初就做了咨询建议的工作，并在中国和德国组织了一些学术研讨会（本文作者也曾参加过其中的一些会议）。然而，欧洲在现阶段并不能提供一个统一的图景：欧洲民法典研究小组和欧洲侵权法小组为此呈现出的是两份有竞争意味的草案。[3] 两个小组在立法过程期间都拥有杰出的代表人物（民法典小组的克里斯蒂安·冯·巴尔（Christian von Bar）和侵权法小组的赫尔穆特·科

---

① 这里的法律基础——除《中华人民共和国民法通则》和与此相关的《最高人民法院关于贯彻执行中华人民共和国民法通则若干问题的意见（试行）》之外——还有于 1993 年颁布并在后来经过修改的《中华人民共和国产品质量法》《中华人民共和国消费者权益保护法》《中华人民共和国道路交通安全法》以及许多进一步由最高人民法院颁布的一般抽象的司法解释［关于它们的法学质量参见伯阳：《中华人民共和国最高人民法院的司法解释——对 2007 年最新规定的分析》（*Björn Ahl*, Die Justizauslegung durch das Oberste Volksgericht der VR China – Eine Analyse der neuen Bestimmungen des Jahres 2007, ZChinR 2007, 251 ff. m. w. N.）］，此外还有《最高人民法院关于审理名誉权案件若干问题的解释》《最高人民法院关于确定民事侵权精神损害赔偿责任若干问题的解释》《最高人民法院关于审理人身损害赔偿案件适用法律若干问题的解释》《最高人民法院关于民事、行政诉讼中司法赔偿若干问题的解释》）。

② 关于中国法在 20 世纪前半叶对德国法的间接继受的概况：*Bu*, Recht Chinas, § 10, Rn. 7。

③ Siehe *Christian von Bar*, *Eric Clive*（Hg.）, Principles, Definitions and Model Rules of European Private Law: Draft Common Frame of Reference（DCFR）, Full Edition, 2009（hier Book VI: Non - contractual liability arising out of damage caused to another）; *European Group on Tort Law*, Principles of European Tort Law. Text and Commentary, 2005（PETL）. 关于上述草案的批评性分析：*Gerhard Wagner*, The Project of Harmonizing European Tort Law, CMLR 42（2005）, 1269 ff.; *Martin Schmidt - Kessel*, Reform des Schadenersatzrechts, Bd. I: Europäische Vorgaben und Vorbilder, 2006; *Jansen*, Principles of European Tort Law? Grundwertungen und Systembildung im europäischen Haftungsrecht, RabelsZ 70（2006）, 732 ff.。

齐奥尔（Helmut Koziol）），因此他们很自然地并不想在所有问题上支持相同的看法。同时，也曾参与过中国侵权法立法商讨的格特·布吕格迈耶尔先生（Gert Brüggemeier）和他的中国学生朱岩提交了一份学术性的"中国侵权法草案"，[①] 这份草案大部分以布吕格迈耶尔先生过去的侵权法研究成果作为基础，这些成果自身显现出一种独立的面貌。[②] 从以上这些意见中，并不能得出一个关于现代侵权法清晰、一致的欧洲法上的观点。同时衍生出的另一困难是，这些草案中相对抽象的规则构造，使得它们也许不能被直接移植到一个法律之中，而在这个法律中，应当——也至少是——涉及完全具体的、经常发生的侵权类型，比如说在无安全保障的建筑工地发生的事故，交通事故或者产品责任事故。

（三）内容概览

《侵权责任法》通过采取——当然并未公开说明地——总则和分则这一总分结构的形式，既囊括了抽象的一般性构成要件和归责原则，又对具体问题进行了详细规定，从而满足了这两种反向的要求。新法在形式上被划分为十二章，其中前四章规定一般性问题：第一章是关于侵权法功能和基本价值的"一般规定"，第二章在标题"责任构成和责任方式"之下规定了侵权法的基本构成要件，两人以上侵权的问题（第8条及以下）以及承担侵权责任的一般方式（第15条及以下）。第三章有些不协调地规定了诸种"不承担责任和减轻责任的情形"，如与有过错、不可抗力、正当防卫和紧急避险，并且第

---

① 德文文本：*Gert Brüggemeier*, *Zhu Yan*, Entwurf für ein chinesisches Haftungsgesetz, 2009。

② 尤其是：Gert Brüggemeier, Deliktsrecht. Ein Lehr – und Handbuch, 1986；ders., Prinzipien des Haftungsrechts. Eine systematische Darstellung auf rechtsvergleichender Grundlage, 1999；ders., Haftungsrecht: Struktur, Prinzipien, Schutzbereich, 2006。

四章最终在"关于责任主体的特殊规定"标题之下，规定了
侵权责任能力，对他人（被监护人）不法行为的责任以及企
业责任（Unternehmenshaftung）。相较而言，前四章的规定基
本上围绕在每一生活领域都会发生的损害，第五至第十一章①
则包括了分门别类的特殊规定：有关产品责任（第五章），有
关道路交通责任（第六章），有关医疗责任（第七章），有关
环境污染责任（第八章），有关其他重要的特殊危险源（第九
章），有关动物饲养人责任（第十章）以及最后有关危险
的——或者说以危险方式被保管的——物件的责任（第十一
章）；比如，这里规定的情形有对于公路上无安全防护的坑的
责任②，以及罗马法上 actio de deiectis vel effusis（因抛掷物或
倾倒物而生的诉权）③罕见的再生：居民要对被从窗户抛掷出
的物品承担严格责任，④这显然是基于与前人一样的预防性考
虑，正如他们在超过两千年前向罗马裁判官给出的理由，要建
立一个刑法上的危险责任：人们想要禁止，有东西被从建筑内
扔出或者它们没有被充分地固定在建筑上，由此在很大程度上
威胁到了路人。⑤新法中这一总分则的结构，使得一种并立的
模式得以产生：它包括了同样存在于欧洲法典中的极其抽象的
规范，⑥同时也有特别专门的详细规定；这一并立模式是中国

---

① 第十二章是附则。

② 《侵权责任法》第91条。

③ Ulpian D. 9, 3. 在欧洲的各个法典中这一诉权大多被一般性条款所囊括。

④ 参见《侵权责任法》第85条："建筑物、构筑物或者其他设施及其搁置
物、悬挂物发生脱落、坠落造成他人损害，所有人、管理人或者使用人不能证明
自己没有过错的，应当承担侵权责任。"相似条款参见该法第86条至第90条。

⑤ Ulpian D. 9, 3, 1, 1. Summa cum utilitate id praetorem edixisse nemo est qui
neget: publice enim utile est sine metu et periculo per itinera commeari；关于法律政策
背景的进一步说明：*Reinhard Zimmermann*, Effusum vel deiectum, in: Festschrift für
Hermann Lange, 1992, 301 ff. m. w. N.。

⑥ 参见《侵权责任法》第6条："行为人因过错侵害他人民事权益，应当承
担侵权责任。"

新的《侵权责任法》一个显著的特征。

二、新侵权法的基本结构 (《侵权责任 法》第一至第三章)

尽管存在上述困难和一些法律技术上的缺陷①,这部新法却也完全展示了一系列现代性的或者说从欧洲角度而言具前瞻性的结构特征。侵权法首先作出的调整是将保护的对象指向了民事权利和受法律保护的利益:不是义务的违反,而是对个体法地位的侵害构成侵权法要件结构的出发点(《侵权责任法》第 1、2 条)。②在法律中不再有"违法"或者类似的概念。这与一种流行于欧洲的、以法律转向保护个体权益为基础的侵权法教义学相符合,并且不仅在当下欧洲不言自明的基本权利列表中,也特别在侵权法的宪法化中得到了体现。③这一理念支撑着跨国侵权法重述④中的规则构造,同时也构成了布吕格迈耶尔/朱岩版草案贯穿始终的基础。⑤

另一现代性的结构特征是这样一种观点:从因真正的自己不法(过错)而承担责任逐渐向着或多或少的严格责任转变。⑥

---

① 详见本文第三至第七部分。

② 当然这一保护个体法益的含义在该法的多个条文中并不十分明确,这里本可以更加清楚地予以表述。然而鉴于对开篇条款内容的理解基本没有异议,这一理念其实支撑起了整部法律。在新法中很有意义的规定是,将被保护的法益的范围设置成开放式的,该范围囊括了如在第 2 条第 2 款中被规定的监护权和继承权等法益,然而至少从德国的角度来讲,它们并不能通过侵权法的方式得到有意义的保护。

③ *Jansen*, Die Struktur des Haftungsrechts. Geschichte, Theorie und Dogmatik außervertraglicher Ansprüche auf Schadensersatz, 2003, 466 ff., 476 ff., 524 ff., 542 ff., 570 ff., 635 ff.; *ders.*, RabelsZ 70 (2006), 736 ff.

④ Siehe nur die Artt. 2: 101 f. PETL.

⑤ Artt. 1: 101 ff. des Entwurfs *Brüggemeier/Yan*.

⑥ Vgl. auch *Koziol/Zhu*, JETL 1 (2010), 339.

中国民法

这同样符合流行于欧洲的侵权法教义学,[①] 也愈来愈多地体现在国际法律重述中。[②] 尽管在布吕格迈耶尔/朱岩的草案[③]中仍然可以见到从前的"双轨的侵权法"的观点,但它由此已经被逾越。虽然中国侵权法仍然在术语上坚持实际亦很难被替代的对过错责任和无关过错的严格责任的区分(第6条及以下)。并且第26条及其以下的条文中有关与有过错和不可抗力免责的一般规定显然原则上是适用于所有侵权情形的,[④] 从而仍然给人以侵权法"双轨"结构的印象。但是,在对特殊危险责任情形的规定中却特别地对上述一般规定的适用进行了加强的限制;并且最重要的是,推定过错和分级被加重的侵权责任要件贯穿于《侵权责任法》始终。例子之一是,第34条规定用人单位对它工作人员的侵权行为应承担严格的企业责任;另一个例子是,第41条规定生产者对产品缺陷应承担无过错责任(相反,销售者的侵权责任始因过错才得成立,第42条)。第55条第2款和第57条规定,医疗机构对于违反法律规定的说明义务和违反客观诊疗标准的行为,应承担无过错责任;[⑤] 以及

---

① *Cees van Dam*, European Tort Law, 2006, Rn. 1005; *Jansen*, Haftungsrecht, 551 ff.; *ders.*, RabelsZ 70 (2006), 742 ff., 749 f.; *Franz Werro*, *Vernon V. Palmer*, *Anne - Catherine Hahn*, Synthesis and survey of the cases and results, in: Werro/Palmer (Hg.), The Boundaries of Strict Liability in European Tort Law, 2004, 387, 406 ff., 409 ff., 446 ff.; *Helmut Koziol*, Grundfragen des Schadensersatzrechts, 2010, Rn. 1/20, 6/188 ff.

② 这里特别针对 Principles of European Tort Law: Text and Commentary, 但是在其中仅规定了对过错的举证责任倒置 (vgl. Art. 4: 201 f.); *Jansen*, RabelsZ 70 (2006), 766 ff.

③ Siehe Artt. 2: 101 ff., 4: 101 ff. des Entwurfs *Brüggemeier/Zhu*. 这部草案建构于侵权法三级结构的基础上(故意—过失—危险责任)。

④ 尽管第26条是以侵害方存在过错为前提的("也"),然而从体系上的位置可以得出结论,这一规范也应当适用于危险责任情形。在立法讨论中,这一理解被理所当然地作为了前提性条件。因此这也引起了批评的声音: *Koziol/Zhu*, JETL 1 (2010), 345 f. 。

⑤ 也可参见《侵权责任法》第58条: 对于法律规定的医疗义务之违反适用不可反驳的过错推定(英译"constructive fault")。

188

第 65 条和第 66 条规定，对环境污染不仅适用严格责任，并且在因果关系（的证明上）实行举证责任倒置。这一分级加重责任的理念尤其体现于第 69 条及其以下的条文中，它们规定了在一系列重要的高度危险情形下的严格责任：核事故中的侵权责任仅因受害人故意或战争情形被排除，航空责任的免责事由（除法律原文规定外）显然还要加上不可抗力（第 71 条—第 29 条），除此以外，在更多的侵权情形中侵权责任可以由于受害人的重大过失而被减轻，并且根据第 85 条及其以下的规定，在抛掷（倾倒）物致人损害或类似的危险情形下，对过错实行举证责任倒置。

对于中国侵权法进一步的发展而言，一个重要的问题是，上述对侵权责任的加重是否是可类推适用的。法律对此没有给出明确的答案，一些意见认为它们是可以类推适用于其他领域的。鉴于中国的立法者事实上将侵权法的进一步发展交在司法机关手中，最高人民法院被赋予了进行一般抽象性的法律续造的任务并且它显然也很自觉地接受了，[1] 因此这里亟需最高司法机关的解释。这尤其显得重要，还因为许多被加重的侵权责任在体系上看起来并未做到全面的考虑。[2] 这些存在于个别问题上的技术性瑕疵，当然并不足以改变由于立法者正确选择了法律的基础结构而在上文对此作出的积极评价。

---

[1] 最高人民法院在侵权法领域颁布的一系列一般抽象性的司法解释可说明这一点，参见本文第一章第二节的第一个脚注。

[2] 比如，《侵权责任法》第 43 条第 1 款给人的感觉是——有悖于第 42 条的原文——销售者应对产品的缺陷承担无过错责任。此外同样不清楚的是，第 55 条第 2 款、第 57 条和第 58 条对医疗责任的加重，与着眼于过错的第 54 条基础性规定的关系。此外呈开放性的问题是，不可抗力是否免除责任，因为个别条款在规定因受害人故意导致损害时的普遍性的责任免除时（第 27 条），却没有重申第 29 条所规定的不可抗力情形对责任的免除，同时在其他规定中，如第 72 条，却又完全出现了对第 29 条复述。

《侵权责任法》大体上令人信服的另一理念有关企业责任，这首先指向的是应承担严格责任的用人"单位"（第34条）。[①] 这一立场同样适用于医疗机构对于诊疗失误和履行说明义务瑕疵需要承担侵权责任的情形（第54条、第55条第2款、第57条、第58条）；但是，这里假设推定医疗机构有过错的努力其实是多余的（第58条）。上述规定显然是基于这样一种思想，即企业责任的产生不应只是因为它必须为其雇员个人的不法行为承担责任。更确切地讲，在此之外也同样关系到法律思想上无关个人的不法行为，而是对企业运营缺陷应承担的侵权责任；[②] 相应地，布吕格迈耶尔/朱岩也曾在他们的草案中通过对《欧洲侵权法原则》（第4：202条）恰当的提示对这样一条规定给出过建议。[③] 同时这里的个别条款显然也存在困难和问题。比如《侵权责任法》第34条的规定就有些过头：[④] 此处缺少了不恰当的职务行为这一要件，而它本来对于企业责任是必需的，[⑤] 确切而言，即雇员自身的不法行为这一要件是必需的。因此，接下来会以一些条款为例进行细致的分析。

三、责任主体

《侵权责任法》第四章被冠以标题"关于责任主体的特殊规定"。在其之下却包含了五花八门极其迥异的各类规定。其中所涉问题有：他人致害行为的责任归属（如第32条第1款、第34条第1款和第2款、第35条），侵权责任能力（第32条第2款、第33条），因有隶属关系的工作人员致他人损害时的

---

① 同样参见《侵权责任法》第41条对产品责任的规定。
② *Brüggemeier/Zhu*, Entwurf, 61 f.
③ Artt. 3：101 ff. des Entwurfs *Brüggemeier/Zhu*.
④ 参见《侵权责任法》第39条。
⑤ Vgl. Art. 3：101 I des Entwurfs *Brüggemeier/Zhu*.

侵权责任（第34条、第35条），在公共开放空间和设施发生损害时的侵权责任（第37条）以及损害特别发生在幼儿园、学校或其他教育机构时的侵权责任（第38—40条）。然而这一章的规定还涉及了由于对安全保障义务（Verkehrssicherungspflicht）的违反从而单独地（第37条第1款，39条）或者与第三方侵权行为共同地（第36条、第37条第2款、第40条第2款）导致损害发生时的侵权责任。

如果认为在"关于责任主体的特殊规定"标题之下首先会是对侵权责任能力的规定，那么事实会使人失望。相反，这一章是以"民事行为能力"、"无民事行为能力"和"限制行为能力"作为前提预设的；有关无民事行为能力人引起的损害被规定在《侵权责任法》第32条和第33条。关于民事行为能力的关键性规定——人们必须知道，因为（在新法中）缺乏明确的参照——存在于侵权法之外的对行为能力的一般规定中：[①] 据此，未满10周岁的儿童是无行为能力人，10周岁以上未满18周岁的未成年人是限制行为能力人。18周岁以上的具有完全行为能力。患有精神疾病的一般为无民事行为能力人。

原本被期待的基础性规定，即原则上无民事行为能力人对由他引起的损害不承担侵权责任，在新法中却被更直接的表述取代：第32条第1款第1句规定，由监护人对无民事行为能力人和限制民事行为能力人的侵权行为承担责任。从中当然可以得出相反表述的结论，即无民事行为能力人和限制行为能力人在侵权法中原则上不承担责任。侵权法却未给出直接回答，谁是在此条规定意义上替代他们承担责任的"监护人"。对此

[①] 《中华人民共和国民法通则》第11条及以下；vgl. auch *Koziol/Zhu*, JETL 1（2010），328，346 f.；*Gert Brüggemeier*, Neues Gesetz über das Deliktsrecht der VR China, PHi 2010，92，95。

也存在疑问，将显然作为前提的《中华人民共和国民法通则》
的规定（第14条、第16—18条）适用于侵权法上的监管义务
是否是适当的。① 而且，这种监护人对于被监护人行为原则上
应承担的无过错责任实属罕见。尽管这一责任因第32条第1
款第2句在监护人尽到监护义务的情形下得以被减轻，当然并
未被排除。然而如果监护人并不存在不法行为，在德国法的因
果关系原则背景下，这样仅仅减轻责任的做法却是不够的。该
条第2款从另一方面对不完全民事行为能力人不充分的自己责
任予以限制，并体现了衡平责任的观点②，据此，被监护人造
成损害的首先从其本人财产中支付赔偿，监护人财产的支付仅
是辅助性的。

第33条对暂时无民事行为能力人责任的规定与《德国民
法典》第827条和第829条的规定相似：因行为人自身过错使
自己陷入暂时无意识或失控状态的，行为人对因此而产生的损
害承担侵权责任（第1款第1条）。根据该条第2款，这同样
适用于行为人因醉酒、滥用麻醉或精神药品而无意识或失控的
情形。没有过错的，第1款第2句规定了衡平责任：行为人应
根据其经济状况给予受害人补偿。这一纯粹的衡平责任是否也
适用于非因过错而因酒精、毒品或精神药品导致失控或无意识
的情形，是有疑问的。从规则的体系性角度考虑，会认为在此
种情形应当适用不受限制的侵权责任，尽管这样给予有过错的
无行为能力人和无过错的无行为能力人同等的对待并非是没有
问题的。

第34条和第35条规定了在雇员造成他人损害情形的侵权

---

① *Brüggemeier*, PHi 2010, 92, 95. 这篇文章将此条做了扩张解释，即认为这
里是监管义务人的责任。然而这种理解与这一在术语上无疑与《中华人民共和国
民法通则》相关联的条文的技术性表述却并不相符。

② Dazu *Brüggemeier*, PHi 2010, 92, 95.

责任：第 34 条第 1 款和第 35 条第 1 句前一种情形关系到他人受损时的责任：对于侵害人的行为，单位（第 34 条第 1 款）或者雇主（第 35 条第 1 句前一种情形）承担侵权责任。侵害人本人并不承担侵权责任。① 并未明确的是，上述规定是否只是纯粹的归属规范，即仅限于将雇员的侵权行为归于雇主，或是除此之外还创立了对雇主侵权责任独立的请求权基础。对上述疑问不同回答的意义在于，其所导致的两种情形存在区别：在第一种情形，所有一般性的侵权责任要件，尤其指第 6 条和第 7 条规定的过错，对于请求权的成立是必备的；在第二种情形，与此相反，与是否存在雇员过错、雇主自己的过错或雇主自己的侵权行为并无关系，雇主对其雇员造成损害的所有行为均应承担侵权责任。在法条中"用人单位承担侵权责任"或"接受劳务一方承担侵权责任"的表述，更接近上述第二种情形的意思，然而此种理解却看上去走得过远了。这取决于最高人民法院未来怎样通过解释将其进一步明确。

第 35 条第 1 句后一种情形规定了在劳务关系中并非第三方而是雇员自己遭受损害的特殊情形。此时应当由雇主和雇员根据双方各自的过错承担相应的责任。这一条的规定并不成功。它已经不只是侵权规则，而是关系到对法律关系的定位。因为这里与其说是侵权责任的问题，不如说是与劳动合同有关的问题。另外，在雇员受损的情形下将侵权责任归于双方，却使得受损害的雇员为自己承担侵权责任，实属罕见。立法者想要表达的意思或许是，雇员必须只能在考虑了自己在与有过错中所占的原因力大小后，请求对方承担相应的责任（参见第26 条）。依该条，最终的侵权责任要依照双方的过错程度确认。然而为何仅在此种情形才依过错承担侵权责任，而在面对

---

① *Brüggemeier*, PHi 2010, 92, 95.

第三方时根据第35条第1句前一种情形的规定就要无论是否有过错都要承担责任，是很难让人理解的。

第34条第2款特别规定了劳务派遣人员引起的损害：对他人造成损害的，由接受劳务派遣的用工单位承担侵权责任（该款前一种情形）。这一规定同样可以被理解为不仅是归属规范，还是侵权责任规范，从而使得接受劳务派遣一方——和第34条第1款和第35条第1句前一种情形规定的用人单位（雇主）一样——在并不存在自己的侵权行为或自己的过错或被派遣的人员的过错时，仍要承担侵权责任。这一理解的危险性不亚于第34条第1款和第35条前一种情形所规定的雇主的无过错责任。第34条第2款后一种情形进一步规定，劳务派遣单位也有过错的，承担补充责任。这显然指的是一种辅助责任。然而，为何与接受派遣单位相比劳务派遣单位被区别对待，即仅在有过错时才承担侵权责任，立法者对此并未给出合理的解释。

第36条规定了——从体系结构来说令人意外的——网络服务提供者的侵权责任：根据第1款，网络服务提供者需对因网络用户引起的"侵害他人民事权益"承担责任。网络服务提供者承担的是与用户一起的连带责任。根据行文此处的侵权责任看起来无关过错，[1] 然而这一规定是危险的，尤其当考虑到技术背景时。同时第3款规定的过错责任也令人困惑：当网络服务提供者已知存在侵权行为却并未采取措施阻止网络用户引起损害的行为时，要承担侵权责任。这一条本不需要作此规定，因为依第1款，所有这些情形下网络服务提供者已经必然要承担责任。《侵权责任法》第2条规定了何种情形可以被看

---

[1] *Brüggemeier*, PHi 2010, 92, 95. 此文认为这里是否指的是无过错责任这一问题是悬而未决的。

作是民事权益受到侵害。依此规定，第 36 条规定的所有损害情形都可直接得出网络用户应当承担侵权责任的结论。依第 36 条第 2 款被侵权人有权要求相关网络平台的网络服务提供者针对网络侵权行为采取必要措施，如删除、屏蔽、断开（第 1 句）。作为请求的唯一可能，这一条实际上没有重要的规则内容。因此将此规定解释为对于相应反措施的请求权基础更为贴切，即可请求停止侵害和排除妨碍，这与《德国民法典》第 823 条和类推适用第 1004 条规定的请求权相似。这一请求权未被实现时，被侵害方有权要求对由此扩大的损害部分的补偿。网络服务提供者因此与直接实施侵害的用户共同承担连带责任（第 36 条第 2 款第 2 句）。这一规定在已经存在第 1 款的前提下同样没有必要，仅具有进一步解释的性质。

第 37 条是有关违反"安全保障义务"（Verkehrspflichten）的特别侵权规范，指在公开的或者公众可进入的建筑和设施中造成他人损害的情形。其中所举的例子包括宾馆、商场、银行、车站、公园和娱乐场所等，然而这一列举是不能穷尽的。应承担侵权责任的是不同情形中的"管理人"。根据此条，"组织者"同样也要对"群众性活动"导致的损害承担责任——这是一条极具现实意义的条款，正如发生在德国杜伊斯堡的 Loveparade 惨案中所显现的那样。此处规定的责任明显与过错无关，这就存在与前述相同的问题。另外存疑的是，"管理人"与"组织者"是否是合适的侵权责任人。依德国的一般理解——且不限于德国——对于危险源负有责任的或者从设施中获取了经济收益的，也应当承担由此带来的责任风险。而管理人或组织者并不总是与此相关联。因此更好的表述应是：建筑物的所有人或者建筑物维修负责人对于建筑物的风险，或者设施的经营者对于设施运行中发生的损害，或者群体活动的组织者对于由此产生的损害，应当承担侵权责任。与此相对，

中国民法

应当被肯定的是与"安全保障义务"相连结的侵权责任。法律并未解决的问题是，此项义务具体因为什么而产生以及它的内容和范围。然而鉴于这一问题在实际案例中的多样性，这种处理方式可以被接受，正如德国法上对于违反安全保障义务情形的处理方式一样，从而给予了司法判决必要的裁量空间。值得期待的解释当然是，仅违反此项义务就可以引发侵权责任，这刚好有助于保护受侵害方的利益。因此未来有必要通过司法判决对此进行目的性限缩。该条第2款明确了因第三人造成的损害由第三人承担责任（第1句）。然而并不十分清楚的是，该款的性质究竟为何，它是否只是个解释性条款，因此第三人仍应当依一般侵权要件承担侵权责任（第6条）；抑或它创建了一个特有的侵权责任，那么这一责任就与过错无关。若依后一种理解，显然会产生危险的价值冲突。此外根据该款第2句，在此种情形下管理人和组织者承担的是"补充责任"。

第38条至第40条极其详尽地规定了损害发生在幼儿园、学校以及其他教育机构时的侵权责任：损害无民事行为能力人（10周岁以下）的适用推定过错责任（第38条），损害限制民事行为能力人（18周岁以下）的适用过错责任（第39条），因教育机构以外的第三方导致损害发生的适用过错责任并仅在第三方侵权责任以外承担"补充"的责任（第40条）。在上述规定中永远仅需要对人身损害承担侵权责任，法律对由此产生的财产损害的侵权责任问题并未给出回答。这些规定显然是将教育机构与儿童和青少年的照顾看护关系纳入了侵权法范畴。因此，对于损害有必要被特殊照顾的无民事行为能力人的，相较于损害限制民事行为能力人的，要承担更严格的侵权责任。需要解释清楚的是，对义务的违反从而导致过错，必须是人身损害产生的原因，并且被违反的义务必须指向了对受侵害人的个体保护。目前的法律中缺乏这种解释，建议在司法判

196

决中进行相应的目的性限缩。鉴于已有第 38 条和第 39 条，第 40 条的规定实际是多余的：因为根据前面的规定，当教育机构违反义务时已经需要承担侵权责任。同时第三方侵权人的侵权责任大体上依据第 6 条已可成立。是否可以认为第 40 条不仅要解释上述内容，而且也规定了一个第三方独立的无过错责任，是有疑问的。然而，在照顾看护的视角下，由于第三方与受侵害人并不存在此种关联，这种解释也是没有充分理由的。

四、产品责任

《侵权责任法》的分则部分（第五章及以下）以对产品责任的特别规定（第 41—47 条）作为开端。这部分继承了在 2000 年曾进行修正的《产品质量法》，并对这部法律予以具体化和更新。[1] 第 41 条的规定首先被视为基础性的责任条款：因产品缺陷造成的损害，生产者应承担无过错责任。对一些核心性概念的定义，如"产品"、"缺陷"、"生产者"以及"损害"，要等待最高人民法院未来的解释。在这以前可以依照产品质量法的规定。[2] 第 42 条补充了第 41 条关于生产者侵权责任的规定，明确因销售者的过错使产品产生缺陷时由销售者（而非生产者）承担侵权责任。销售者不能指明生产者也不能指明供货者时，销售者承担无过错责任，这和必要时生产者要承担的责任一样（第 42 条第 2 款）。

这个协调的责任体系却被第 43 条的规定打乱。该条规定

---

[1] *Brüggemeier*, PHi 2010, 92, 96；*Winfried Huck*, Neuere Entwicklungen zum Produkthaftungsrecht und zur Produktsicherheit in China, PHi 2010, 68, 70.

[2] *Brüggemeier*, PHi 2010, 92, 96. "产品"是指经过加工、制作，用于销售的产品（《产品质量法》第 2 条第 2 款）；"缺陷"是指产品存在危及人身、他人财产安全的不合理的危险（《产品质量法》第 46 条前半句）；"损害"包括人身损害和缺陷产品以外的其他财产的损害（《产品质量法》第 41 条第 1 款）；何为"生产者"在《产品质量法》中也没有明确定义。

中国民法

明显陷入了矛盾：依第 1 款生产者和销售者对产品缺陷承担与
过错无关的侵权责任。第 41 条对于生产者的侵权责任采取过
与这一条相同的规定，同时第 42 条却将存在过错作为原则上
销售者承担侵权责任的前提。因此第 43 条的侵权责任规范仅
在满足以下条件时才得以稳固：或是将它限缩解释成对生产者
与销售者的连带责任的规定，或是除去第 41 条和第 42 条的规
定。若只将第 43 条解释成是对谁应当被视为侵权责任请求权
对象的规定，那么这一侵权责任就以第 41 条和第 42 条的规定
作为前提，这仍需要司法判决的解释给予说明。第 43 条第 2
款和第 3 款的规定是在生产者和销售者之间的内部平衡。据
此，连带责任中的任意一方均可享有追偿权，对销售者的追偿
权在条文中被明确规定与过错相关。因此第 41 条和第 42 条对
于这个内部平衡条款而言其实也是多余的。[①] 第 44 条规定了
另一个追偿权：由第三人（运输人、仓储人，等等）引起产
品缺陷，对此生产者和销售者在对外关系中必须承担责任后，
有权向第三人追偿。在损害赔偿责任之外，法律还补充规定了
（潜在）被侵权人的（预防性的）停止侵害和排除妨碍请求
权：被侵权人有权请求生产者和销售者排除对人身财产存在威
胁的危险和障碍。

第 46 条在法律上引入了产品后续观察义务：[②] 产品投入
流通后发现存在缺陷的，生产者、销售者应当及时采取警示、
召回等补救措施（第 1 句）。未履行此义务或补救措施不力仍
造成损害的，生产者和销售者承担无过错责任（第 2 句）。这
是一个值得关注的现代性条款，它提供了全面的消费者保护，
因此当然也对于西方的法律规则具有模范意义。

---

① A. A. *Brüggemeier*, PHi 2010, 92, 96.
② *Brüggemeier*, PHi 2010, 92, 96；*Huck*, PHi 2010, 68, 70.

若明知产品有缺陷却仍然生产、销售并因此造成他人死亡或者严重损害健康的，根据第47条的规定，被侵权人有权请求惩罚性赔偿。更多的细节尚未明确，尤其还不清楚的是，与第43条规定的补偿性的损害赔偿相比，惩罚性赔偿应如何计算。同时法律也尚未确定惩罚性赔偿的最上限。这就为后续的司法判决的具体化提供了广阔的空间。这条规定出台的背景显然是在中国发生的引人注目的食品安全丑闻，从德国法角度而言这一规定却是僵化的且在法政策上不妥的。[①] 中国的立法者虽然寄希望于一个纯粹致力于补偿性的侵权法，然而显然这里并不限于此。

五、道路交通责任

第六章仅用6个法条规定了"机动车交通事故责任"。然而，法律仅限于规定机动车所有人或使用人侵权责任的这一做法并非没有问题。忽视与日俱增并且根据经验常常造成重大伤害的发生于骑车人之间或者骑车人和行人之间的交通事故，从而使得这些情形仅能适用一般性的侵权法规定，这是绝对难以令人信服的。就此而言，第26条所规定的与有过错的适用（范围）同样也是有问题的。[②] 此外从德国法角度出发，考虑到法律规则的明确性，第48条中对于参见"道路交通安全法的有关规定"的规定是失败的，特别是，这首先使得在道路交通领域究竟是适用过错责任抑或严格责任这一问题悬而未决。[③] 最后，法律中缺少对机动车的定义或者参照其他法律中相关定义的规定。这需要尽可能快地将法律予以具体化。

从欧洲角度看另一值得注意的事情是，一系列的侵权法基

[①] 批评的声音：*Koziol/Zhu*, JETL 1 (2010), 328, 336 f., 351 f. 。

[②] 参见本文第二章相关讨论。

[③] *Koziol/Zhu*, JETL 1 (2010), 328, 352 ff.

础性问题依据第一章和第二章的规定都不能或只能不充分地被解决；这仍需要最高司法机关通过一般性的指导条例作出解释。要特别提出的是以下几点：尽管第 29 条已经对不可抗力情形作出规定，但仍不明确的是，与道路交通相关联的法律背景下应如何理解不可抗力。在德国的司法判决中将不可抗力定义为：非因行为人，而是因外界不可抗的自然力（如山体滑坡）或者由于第三人的行为（如自杀尝试）而引起的结果；依常人的经验不可预见的；依经济上可承受的方式并且极其谨慎地仍然不能避免或者使其无害地发生的；并且并不因它的频繁性可以被忍耐。① 这一定义看起来是可以普遍化的。

以这一定义为基础，在立法咨询建议过程中曾被反复提到②的情形——当交通事故对于当事人是不可避免的，也就是说在最谨慎注意的情形仍然不能被阻止时③——在新法中却并未有相应的规定。

法律最终仍然缺少详尽的对责任分配的解决办法。交通事故发生于机动车之间并且双方均无过错的，则可考虑依照第24 条的规定"根据双方的实际情况"分担损失。也许更合理恰当的处理方式是，依据交通工具的运行风险（Betriebsgefahr）分配责任；这同样需要最高法院将抽象的侵权法予以具体化，以应用于实践。

应当肯定第 49 条对于所有人和使用人（依德国法术语是持有人）的区分以及原则上由使用人承担责任的规定，该条第 2 句的规定同时提出了一个在《侵权责任法》中迄今仍未被回答的问题：相对于对保险公司以及使用人的请求权而言，对所有人的请求权实际应如何行使。合理的方法也许是对于所

---

① BGHZ 62, 351, 354.

② Vgl. die Conclusions Nr. 28, 30, 56 bzw. Ⅶ, 1 lit. a und 2 lit. a) der Chinesisch – Deutschen Symposien zum Deliktsrecht vom 04. /05. 04. 2005 und vom 23. / 24. 07. 2007 in Beijing.

③ 参见德国《道路交通法》（StVG）第 17 条第 3 款的规定。

有人和使用人的关系适用第 14 条的连带责任的规定。

第 51 条设定的情形"拼装或报废的机动车"不足以令人信服：依法律的说法"拼装的"机动车（具体含义不清）的转让人也承担连带责任，也就是说即使在机动车仍适合被用于交通并因此并非交通事故的原因时，仍适用上述规定，然而这当然并不合理。因此值得建议的是，对句子中"拼装"的部分进行目的性限缩解释：只有在对机动车的改装提高了运行风险时，这一额外的转让人责任方可适用。此时可以考虑将证明责任的负担加给转让人，他需要证明自己的改装并没有提高运行风险。

第 52 条规定了交通事故由被偷盗的机动车引起时的侵权责任。然而这一条却欠缺如第 49 条第 2 句后半段那样的规定，即当机动车能被驾驶人使用是由于所有人自己的过错（盗窃是基于不完善的安全措施）使其变得可能时，由所有人承担连带责任。第 53 条规定了机动车发生交通事故后逃逸的情形；此规定中社会团体的辅助性责任也与欧洲法中的已知规定相符；"道路交通事故社会救助基金"等同于德国法上依《强制保险法》（PflVG）第 12 条规定的由交通事故受害者扶助协会管理的保护基金。

六、医疗和医生责任

第七章（第 54 条至第 64 条）囊括了有关医疗责任的特别规定，这个问题在德国刚好是有趣的，因为当前正在进行与医师责任法[1]法律规定相关的法政策的讨论。医疗责任在中国首

---

[1] Dazu *Christian Katzenmeier*, Individuelle Patientenrechte – Selbstbindung oder Gesetz, JR 2002, 444 ff.; *Erich Steffen*, Mehr Schutz für die Patientenrechte durch ein Patienten – Schutzgesetz oder eine Patienten – Charta? MedR 2002, 190 ff.; *Hans – Georg Bollweg/Katrin Brahms*, Patientenrechte in Deutschland – Neue Patientencharta, NJW 2003, 1505 ff.; Koalitionsvertrag, 17. Legislaturperiode, Rn. 4102; Antrag der SPD – Bundestagsfraktion, Für ein modernes Patientenrechtegesetz vom 3. März 2010, BT – Drs. 17/907.

先被视为是侵权法的问题，然而医疗责任在德国是作为特殊的服务合同责任首先被规定在合同法中的，尤其通过《第二次损害赔偿法修订法》，立法者想要将精神损害赔偿扩展到合同责任中并以此加强合同法上的医疗责任。①

第54条是对医疗错误（检查和治疗中引起的损害）的规定，若损害是由于医疗机构或者其工作人员的过错引起的，由医疗机构承担侵权责任。法律没有定义"医疗机构"和"医务人员"，也没有规定医生或者非医生的医务人员自己的责任。这与第34条规定的雇主责任相似，仅仅是机构而不是直接行为人承担侵权责任，② 从而排除了第6条及其以下的一般侵权规范的适用。然而这并不使人信服，仍要取决于最高司法机关的解释说明。不明确的还有，当进行诊疗的医生并不属于任何医疗机构时，应由谁承担侵权责任。可能当下中国的私人执业医生还不像德国的那样具有现实意义，所以这里存在一个规则漏洞，大体上对于上述的情形至少不能直接适用侵权法的一般规定。

从第57条可知何时存在医疗错误，这一条的构造很像一个独立的侵权责任规范：依此规定，医务人员未尽到与当时的医疗水平相应的诊疗义务的会引发责任。尽管第54条规定的是过错责任，然而第58条通过推定过错减弱了证明责任的困难。但是这一推定并非普遍地而是仅在该条所规定的三种情形可以适用：违反法律、行政法规、规章以及其他有关诊疗规范的规定（第1点），隐匿或者拒绝提供与纠纷有关的病历资料（第2点），以及伪造、篡改病历资料（第3点）。第2点很有趣，它正符合了当下德国对医师责任法法律文本的法政策讨论

---

① Vgl. *Hans – Georg Bollweg/Matthias Hellmann*, Das neue Schadensersatzrecht, 2002, 59; *Brüggemeier*, PHi 2010, 92, 97.

② *Brüggemeier*, PHi 2010, 92, 97.

框架中的一种呼声。① 然而此种呼声并未考虑的是，病历资料不应当用于证明而应当用于诊疗，尤其是应提供给共同医治或后续医治的医生有关病人的必要信息，以及记录迄今为止的诊治措施。相反地，在中国病历资料也应当服务于证明目的，这也是为什么最终这一规定在中国并未遭致批评。

第55条规定了告知义务和作为要件的同意。首先值得注意的是，同意与侵权责任并无教义上的关联（近似于违法性阻却事由），说明义务也与同意无关（近似于生效要件）。详细的规则如下：

依第55条第1款第1句，在每个诊疗活动中医务人员应当对病情的诊断和采取的医疗措施予以说明。需要手术以及"特殊检查"和"特殊治疗"（这里所指的显然不是常规性的检查和治疗，特别地指侵入式治疗）时，医务人员的说明还必须满足其他要求：被说明的应当是医疗风险、替代医疗方案和其他相关情况。此外依该条第2句第一种情形，在这种特殊诊疗情形还需要患者的（书面）同意。"不宜"向患者说明的，应当向患者的近亲属说明并取得其（书面）同意。然而此规定所指向的情形究竟是怎么样的仍不明确。可以认为立法者在这里考虑的不仅是欠缺民事行为能力的情形，显然还会有其他情形出现，医生可以认为，在某些时候是不适宜对患者作出说明的。这无疑仍需要最高司法机关作出解释。

说明义务所指向的是"医务人员"，这不仅包括（诊治的）医生，显然还包括非医生的人员。法律并没有规定说明的时间和形式，可以理解为，在实施手术和其他特殊医疗措施时医务人员应当刻不容缓地进行说明。关于同意的形式法律规

① 德国社会民主党－联邦议会党团提案："为了一个现代性的患者权利法"，2010年3月3日，BT－Drs. 17/907, S. 5。

定需以书面进行。

欠缺同意和说明并不始终引发侵权责任。根据第 55 条第 2 款，侵权责任仅在因上述要件的欠缺从而造成患者损害时才成立。不清楚的是，损害的成立究竟取决于哪一点。是否这已经足够，当对患者身体的侵害是通过损害他的自我决定权而发生时；还是说在此之外仍需有医疗错误的存在。同样不清楚的是，因果关系应满足哪些条件。德国的司法判决使这一系列复杂问题得以明晰；① 在中国这一问题的解释明晰要依靠司法机关。

第 56 条允许了一种同意可以被替代的情形，当然这要受严格的条件制约：存在"紧急情况"并且不能取得患者或者其近亲属意见的，在"医疗机构负责人"或者"授权的负责人"——即医院领导或者受其聘任的负责人——批准的情况下，可以在没有患者同意的情况下仍然实施救治。对"批准"的判断标准是开放的。同意要件仅在事实上确实紧急的情形下才可以此种方式替代，法律为了对此作出说明所举的例子是抢救生命垂危的患者的情形。虽然如此，根据德国法对自我决定权的理解，这一——尽管是非常受限的——对同意的可替代性的规定仍是令人担忧的。只有在病人无法回应和医疗措施不可延误的情况下才可以不要求病人明确的同意。

第 59 条规定了因药品和医疗制品而生的侵权责任，然而从体系上这应当归于第五章的产品责任范畴。因药品、消毒药剂、医疗器械或者血液的缺陷造成患者损害的，患者可以选择向生产者或者医疗机构请求其承担侵权责任（第 1 句）。医疗机构赔偿后可以向生产者追偿（第 2 句）。这里的侵权责任是

---

① *Karlmann Geiβ/Hans − Peter Greiner*, Arzthaftpflichtrecht, 6. Aufl., 2009, Rn. 137 ff., m. w. N.

无过错责任。每一种药品都会不可避免地具有负作用，因此药品何时是有缺陷的以及怎样从侵权法层面对事实加以考虑，是仍然悬而未决的困难问题。① 值得期待的进一步解释应当将侵权责任限缩在如下的情形：可归因于生产和研发，并且在产品投入流通时问题已经存在，并非因为不适当的运输或者仓储而产生的缺陷（参看德国《药品法》（AMG）第 84 条第 3 款）。此外应被解释的是，仅在对药品的使用符合说明却仍然产生问题时才产生侵权责任。这里存在许多留给最高司法机关予以具体化的空间。另外，德国《药品法》第 84 条第 1 款第 2 点所规定的因错误的使用说明而生的侵权责任，是《侵权责任法》中没有规定的。同样缺少的规定是类似于第 46 条所规定的产品后续观察义务，以及必要时的警示、召回义务。此种在药品和医疗制品领域的规定显然要比对非医疗产品的规定更具紧迫性。这里可以考虑类推适用第 46 条。除生产者以外，医疗机构也对药品和医疗制品的缺陷承担责任，虽然是有利于患者一方的，然而鉴于二者处于不同的责任领域，这一规定同样并不具有说服力。若将此解释为生产者和医疗机构作为连带责任人承担侵权责任，或许对于每种情况都是有益的，对此援引适用第 13 条的规定已经足够。假定依此解释，那么根据第 59 条第 2 句归属于医疗机构的可向生产者行使的追偿权，就应当被理解为是关于连带责任内部平衡的规定。

第 60 条最终规定了免除侵权责任的事由，它们既可适用于医疗侵权责任，也可适用于药品和医疗制品的侵权责任。免除责任一方面可以因为患者和其近亲属不配合诊疗（第 1 款第 1 点）——除非医务人员也有过错（第 2 款），另一方面可以

---

① 因此在德国法上适用对不可容忍性矫正的理论（Korrektiv der Nichtvertret-barkeit）[《药品法》（AMG）第 84 条第 1 款第 1 点]。

因为医务人员已经尽到合理的诊疗义务（第 1 款第 2 点）以及限于当时的医疗水平难以诊疗的情形（第 1 款第 3 点）。此规定看上去——至少就其关涉到第 54 条而言——首先是解释性的条款：在第 1 款第 2 点和第 3 点规定的情形中，医疗错误已经被排除（第 54 条、第 57 条）；并且在第 1 款第 1 点规定的情形中，患者的过错经常是主要的，因此根据第 26 条的规定就可以排除（医疗机构）的责任。然而第 60 条的规定隐藏了一个错误解释所能带来的危险，也就是——也许是立法者的无心之举——假定对于过错的举证责任倒置，或者反过来说，在非紧急处置的情形下，即使尽到了注意义务，医疗机构仍要承担侵权责任（第 1 款第 2 点）。

第 61 条第 1 款指定医务人员和医疗机构有保管病历资料的义务。根据该条第 2 款患者有权要求查阅、复制病历资料。这也与德国当下关于医生责任标准化讨论中的一种要求相符。①

医生的保密义务被规定在第 62 条中。这个义务涉及医务人员以及医疗机构，禁止他们泄露患者的隐私和公开诊治资料。由此造成患者损害的，应承担侵权责任，显然这一责任与过错无关。无疑仍待解释的是，哪些损害应当被补偿，尤其是对隐私的侵害是否已经足以构成这种损害；以及，在侵权情形下的责任人仅指医疗机构还是也包括医务人员。

第 63 条是禁止不必要检查的规定。鉴于对医生的警告功能以及在卫生领域抑制高费用的功能——至少从德国自费病人的角度来讲是绝对有意义的——这一规定从而显得极具革新性。虽然如此，它在侵权法上的意义却并不清晰。只要这种

---

① 德国社会民主党 – 联邦议会党团提案："为了一个现代性的患者权利法"，2010 年 3 月 3 日，BT – Drs. 17/907, S. 5。

（不必要）检查已经构成医疗错误，那么按照第 54 条和第 57 条侵权责任就已经能够成立。假如并非上述情形，此条规定同样与私法的关联性很弱，违反此条规定的义务时会产生怎样的法律后果是不清楚的。同样地，这一章最后的第 64 条也具有宣示性，它规定，干扰医疗秩序，妨害医务人员工作、生活的，应当依法承担法律责任。显然这一条所指向的不仅仅是病人，并且它自身明显不包括侵权责任基础，而是必须参考一般规定。这一规定究竟是否有必要被置于此处，是应当被怀疑的。

七、危险责任

对于一些高度危险作业（第 69 条）的特殊危险责任被规定在第九章；其中包括民用航空器侵权责任（第 71 条），民用核设施侵权责任（第 70 条），易爆和放射性物质侵权责任（第 72 条），高空、高压、地下挖掘活动和铁路运输的侵权责任（第 73 条）以及其他高度危险物的侵权责任（第 74 条及以下）。这一章的责任标准是分层级的；此外仍有许多问题悬而未决。

对环境污染责任更详细的规定却位于第八章；但是这些规定并不成熟。[①] 第 65 条规定的是无过错责任。具体何种污染环境的行为会引发侵权责任，以及究竟对何种损害应当承担责任，这些问题尚不清楚。这里仍有许多需要最高法院解释说明的问题：当第 65 条将因环境污染造成损害作为侵权责任的前提要件，并且没有对这一环境污染作进一步说明时，这种侵权责任肯定指向的是每一损害环境的行为，可以是水体或土地污染，可以是通过排放设施引起的，或者其他某一种与环境相关

---

① *Brüggemeier*, PHi 2010, 92, 98 f.

的行为。这种可能的纯粹因果责任，相较于如德国这样的对环境法律保护尤其敏感的国家的做法，要走得更远。这一相当开放的侵权责任要件在现实中是会继续维持原状，还是会通过具体化的（官方的）环境法规范或是通过司法判决被加以限制，是未来可期待的事情。① 对另一问题的回答，即这一侵权责任所指的是哪种损害，当然是第 2 条意义上的个体损害。这一结论的得出不只是源于体系，也因为第 65 条针对的是对权利的侵害。这指向的是被纳入《侵权责任法》保护范围的个体民事权益，而不是实际上并不被《侵权责任法》保护的集体权益，如生活空间或生态环境自身。②

第 66 条规定的是对行为和损害之间因果关系的举证责任的倒置。这一规定使得原本就严格的环境侵权责任被进一步扩张：若请求赔偿方已证明了环境污染的存在，则污染者就必须从消极方面证明他污染环境的行为并不是导致请求赔偿方的损害的原因。这意味着环境污染本身就可以说明其与损害之间存在因果关系。法律从而全面地考虑到了被侵权人提供证明的困难性，由于缺乏对侵权方领域的进程（如生产和运营流程）的了解，在实践中被侵权人只在极罕见的情形才能够提供对因果关系的证明。德国法同样也承认这一举证困难，却通过规定推定因果关系 [《环境责任法》（UmweltHG）第 6 条、第 7 条] 和信息请求权（《环境责任法》第 8 条、第 9 条）的方式予以平衡。此外中国《侵权责任法》第 66 条还把对免除责任或减轻责任理由的举证责任强加给污染者，然而这条仅是再次重申了一下不言自明的内容。

根据第 67 条的规定，多个污染者根据各自的原因力大小

---

① *Brüggemeier*, PHi 2010, 92, 98 f.

② A. A. *Brüggemeier*, PHi 2010, 92, 98 f.

承担责任。这一规定却导致了棘手的问题，它所指的究竟是在面向被损害方时的外部关系，还是指根据第 65 条需要承担责任的多个责任人内部的平衡。尽管从语义上说更符合前一种判断，然而这一在外部关系中根据原因力大小分配责任的做法在中国《侵权责任法》中极其罕见。无论是在第 8 条及其以下的一般规定中还是在特殊侵权责任的许多规定中，都是以连带侵权责任作为出发点的。仅在多个责任人引起环境污染的情况下适用另一种规则，显然很难被认同。第 67 条的规定仍然应当——尤其考虑到第 13 条及以下的规定——被解释成限于连带责任的内部平衡。与第 14 条的规定不同，此处污染物的种类和排放量以及其他相关因素是决定性的。

第 68 条所规定的内容同样相当不清楚：由于第 65 条规定了纯粹因果责任，如第 68 条所规定的对第三方污染人的责任安排——这不同于类似设施责任时的情形——就显得意义不大了。难以说明的是，在纯粹因果责任中谁应作为第三方。而当对于第三方如第 68 条所规定的一样仅适用过错责任时，完全不清楚的是谁（作为第二方）要依第 65 条为其污染环境的行为承担无过错责任，谁（作为第三方）要依第 68 条仅在有过错时为其污染环境的行为承担责任。因此可以确认的是，第 65 条的规定走得过远了：只有在存在一个引起环境危险并应当承担侵权责任的人时，——可能是某设施的经营者——才使得对引起污染第三方的侵权责任的规定有其存在价值。当然，这些侵权人要承担共同的连带责任，并且被适用了危险责任的一方，有权向有过错的引起污染的第三方追偿。这种通过参引第 13 条得出的解释是无害的。

相对而言第十章的 7 个条款对动物饲养人责任进行了比较详尽的规定。这里却没有一个统揽性的解决办法，因为立法者对于饲养或管理动物引起的侵权责任并未简单地决定采取一个责任条款（如《德国民法典》第 833 条第 1 句或者《瑞士债法典》第 56 条第 1 款一样），而仅仅是逐一列举了特别的规定。从欧洲的角度看来第 84 条是尤其罕见的规定，因为这条规定的内容如法律未规定的许多一样是不言自明的（规范的对象必须遵守规范）。该条是从法律角度要求尊重社会公德的命令；它抛出了一个基本的法律理论问题，鉴于动物饲养人责任相对平常的内容，并没有支持这一社会性规范存在的明显特别的理由，——很奇怪的是，在第五到第八章和第十一章却没有类似的规定。

比较重要的是第 78 条，在它规定的第一种情形中，因动物造成损害的应当由饲养人或者管理人对损害承担危险责任。对应此处侵权责任的是所有在人类控制或照管下的动物，由此可见这并不仅限于家养的宠物——它的英文翻译（domestic animal）是易产生误导的。该条第二种情形是对第 27 条的延伸，它规定因被侵权人故意或重大过失而引起损害的，可以免除或减轻相对方的侵权责任。

第 79 条规定的因违反安全管理规定饲养动物应承担的侵权责任，要么在第 78 条以外显得多余；要么是作为几乎很难辨认出的之于第 78 条的例外规定，也就是说，如果能够证明遵守了安全管理规定，则可免除危险责任。第二种理解是在瑞士法中被开创的（然而并非以危险责任，而是以所谓的简单的因果责任作为出发点[1]），在《瑞士债法典》第 56 条第 1 款中规定了动物饲养人应承担责任的情形："他不能证明，在饲养监管中已经尽到了依客观条件所应当尽到的全部注意义务，或者即使尽到了上述注意义务损害仍会发生。"这一免责的可

---

[1] Vgl. näher *Martina Wittibschlager*, Einführung in das schweizerische Recht, 2000, Rn. 454 m. w. N.

能性对于中国这部新的法律也并不陌生，正如第 81 条所示的——然而是针对推定过错而言——动物园"能够证明尽到管理职责"的不承担责任。

第 80 条规定因危险动物（作为例子被指出的是"禁止饲养的烈性犬"）引发的侵权责任，它的内容与第 78 条的一般规范之间的关系并不清楚。第 78 条确实已经规定了动物饲养人责任，因此看上去可以将第 80 条理解为排除了（如第 78 条一样需以特殊要件为前提的）与有过错抗辩的可能，但是这种理解几乎不具备合理性。类似的问题也出现在第 81 条关于动物园动物引发的侵权责任中，这一规定实际上导致动物园被赋予了特权。

第 82 条的规定恰当地明确了，对饲养和管理的放弃并不能免除（原饲养人或管理人的）责任。① 这里正确指向了动物而非家养宠物。在第 83 条规定的情形中，因第三人的过错导致动物侵害他人的，由此产生——也许是连带责任的——第三人和动物饲养人的侵权责任。这种波及面广的侵权责任看上去却并不恰当：为何即使在动物饲养人暂时将他并不危险的狗交付给另一个成年人，而该成年人完全出乎意料地教唆狗去咬人时，动物饲养人仍要承担侵权责任？在德国法上，动物饲养人在此种状况无论如何无需承担责任；仅在他本人具有过错的情形下考虑他的侵权责任，亦即依《德国民法典》第 823 条第 1 和第 2 款的规定。②

八、结论

总体而言，新的《侵权责任法》是中国民法法典化道路上的重要一步。然而，这部法律从欧洲的角度看来仍然给人以

---

① 相关的德国法部分：BGH NJW 1965, 2397。
② 详细内容参见 *Staudinger/Eberl – Borges*, BGB, Bearbeitung 2008, § 833, Rn. 56 – 57。

明显冲突的印象。即使认为起草具体化的指导条例是司法机关的任务，这部法律在立法技术上仍有很大的进步空间，其中许多规定是相互矛盾或者非常不明确的。同时，这部法律又在许多关键点上显示出了现代化的成果。可期待的是，这些成果并不会被技术上的瑕疵掩盖，并且司法判决会在实际应用中将法律予以具体化。

《侵权责任法》：前进了一大步？[*]

苏里亚·德瓦[**] 文

余小伟[***] 译

简目

一、前言

二、为何要制定《侵权责任法》？

三、归责原则及有效的抗辩事由

四、替代责任

五、产品责任与医疗损害责任

六、环境污染责任与高度危险责任

七、结论

2010 年 7 月 1 日，《中华人民共和国侵权责任法》（以下简称《侵权责任法》）正式生效。本篇评论批判性地解读了《侵权责任法》上一些重要的条文。除了将既有的有关民事责任的原则法典化外，《侵权责任法》拓宽了受保护权益的范

---

　* Surya Deva, "The PRC Tort Law: A Big Step Forward?", *City University of Hong Kong Law Review*, Vol. 2（2010），pp. 383 – 395. 本文的翻译与出版已获得作者授权。

　** 苏里亚·德瓦，香港城市大学法学院副教授。

　*** 余小伟，荷兰马斯特里赫特大学法学博士，荷兰马斯特里赫特大学博士后研究员。

围。《侵权责任法》也让监护人对"无民事行为能力人"或"限制民事行为能力人"对他人所造成的侵权承担责任，并且在产品责任中引入了"产品召回"与"惩罚性赔偿"的概念。《侵权责任法》加强了对环境污染与高度危险活动的严格责任原则。尽管这些条文使人们乐观地认为《侵权责任法》能够保护公民的权利（人权），但人们也必须注意到，由于缺乏司法独立，并且中国政府在敏感性案件不鼓励提起诉讼，《侵权责任法》在这方面的作用也是有限的。

一、前言

《侵权责任法》[①] 是中华人民共和国于 2010 年实施的最重要的法律之一。本篇评论旨在批判性地审视《侵权责任法》一些最重要的条文。这一审视依托于宏观与微观两种视角。虽然《侵权责任法》主要是将既有的原则法典化，[②] 但从宏观视角看，该法亦可被视为中国政府寻求构建法治社会的努力的一部分。为实现这一目标，当前中国政府所采纳的方式是制定越来越多的法律。[③] 这一方法可谓是与"人治"相对的法治的文义体现——法律的存在本身即暗示着对法治的遵守，因为是法律而非某些人在统治国家。2008 年，中国政府在其发布的《中国的法治建设》白皮书中慎重声明："有法可依是建设社

---

① 《中华人民共和国侵权责任法》已由中华人民共和国第十一届全国人民代表大会常务委员会第十二次会议于 2009 年 12 月 26 日通过，自 2010 年 7 月 1 日起施行。

② 有人指出，"该法将先前散见于各类法律、法规以及司法解释中的许多条文与原则集中于一部法律中规定，而非完全是新法"。R Weir, "Everyone is Fair Game for a Lawsuit", (2010) 7/8 *China Business Law Journal* 37. FH Cheung et al., "PRC Tort Liability Law" (13 January 2010), http: //www. allenovery. com/AOWEB/Knowledge/Editorial. aspx? content TypeID = 1&contentSubTypeID = 7944&itemID = 54378&prefLangID = 410 (last visited 15 February 2011).

③ See S Deva, "Justice, on Paper Only", *South China Morning Post*, Hong Kong, 22 January 2011, A13.

会主义法治国家的前提。"①

从微观视角来看，《侵权责任法》的条文是可以与普通法系的侵权法原则相比较的。撇开实际的技术问题不谈，我们惊奇地发现，《侵权责任法》的条文与其他国家法官创设的侵权法原则是如此地类似。因此，普通法系与大陆法系之间的鸿沟未必如同人们通常所想像得那般不可逾越，或者说，这条鸿沟正在被日渐填平。②

我将提出这样的主张，即尽管《侵权责任法》在正确的方向上前进了一步，但至少在不久的将来，它在保护人民权益方面的实效性还是有限的。这种悲观主义情绪可以通过两个主要理由来解释：一是《侵权责任法》无法解决一些严重的（体制性）缺陷（例如司法独立之欠缺、腐败以及有限的职业培训），而这些缺陷会削弱人民法院在权利保护方面的能力与意愿；③二是面对涉及大量群体的敏感性案件，中国政府惯用的政策便是将争议当作行政问题处理。④《侵仅责任法》能否削弱这种政策，这令我们非常怀疑。

二、为何要制定《侵权责任法》？

《侵权责任法》旨在实现多个目标。首先，它通过将某些行为明确界定为侵权行为，旨在保护人民的民事权益。⑤ 该法

---

① State Council Information Office, China's Efforts and Achievements in Promoting the Rule of Law, White Paper (28 February 2008), http://www.china.org.cn/government/news/2008-02/28/content_11025486_4.htm) (last visited 15 February 2011). 当中国政府被问及是否遵守法治时，中国政府通常会援引所制定法律法规的数量作为进步的证据，参见《中国的法治建设白皮书》。

② 1999 年制定的《合同法》是体现这种趋势的另一个例子。

③ See International Commission of Jurists (ICJ), *Access to Justice: Human Rights Abuses Involving Corporations - The People's Republic of China*, ICJ, Geneva, 2010, pp. 40-43, 46-47.

④ *Ibid.* p. 62, 67, pp. 69-70.

⑤ 《侵权责任法》第1条。

对"民事权益"下了一个十分具有包容性的定义。民事权益指的是:

> ……生命权、健康权、姓名权、名誉权、荣誉权、肖像权、隐私权、婚姻自主权、监护权、所有权、用益物权、担保物权、著作权、专利权、商标专用权、发现权、股权、继承权等人身、财产权益。①

《侵权责任法》保护范围之广,明显地体现于它的兜底条款将民事权益延伸到各种民事的、政治的、社会与经济的权利。②《侵权责任法》甚至保护了一些在普通法系尚未能够保护的权益,隐私权即为一个适当之例。与美国法院不同,英国法院迄今尚未将侵犯隐私权作为独立的侵权加以认可。③ 与此类似,依靠保护婚姻自主权、监护权与继承权等权利,《侵仅责任法》亦开拓了新的权益保护疆域。《侵权责任法》明确地将知识产权纳入保护范围,对以前在中国与盗版艰苦对抗的(西方国家)公司来说,不啻为一种吉兆。2010 年 9 月,在经过差不多一年的审判,微软与中国一家侵犯其软件著作权的网吧达成了调解协议。④ 尽管该案结果并非依据《侵权责任法》作出,但更多类似的案件将会根据生效后的《侵权

---

① 《侵权责任法》第2条。

② 这与侵权法近年来在普通法系与大陆法系的膨胀趋势是一致的。See T Koopmans, "Modern Trends in Tort Law: A Summary", in E Hondius (ed.), *Modern Trends in Tort Law: Dutch and Japanese Law Coompared*, Kluwer Law International, The Hague (1999) 261, pp. 261 –263.

③ R. Heuston and R. Buckkey, *Salmond and Heuston on the Law of Torts*, 5 th Indian Reprint Universal Law Publishing, New Delhi, 2000, pp. 36 –38.

④ B. Perez, "Microsoft Wins Copyright Payout from Web Café", *South China Morning Post*, Hong Kong, 24 November 2010, B1.

责任法》而向法院提起。①

在中国，《侵权责任法》另一重要目标便是促进"社会和谐稳定"②——这是中国政府近年来在处理因贫富差距、腐败与忽视人民权利保护所引发的社会动荡与紧张时所强力追求的目标。③从某种意义上讲，为保护权利而提起的诉讼有可能被视为与构建社会和谐与稳定相悖。但在另一方面，缺乏对人民权益的有效的法律保护也有可能导致群众走上街头去寻求无从捉摸的正义（elusive justice）。④《侵权责任法》旨在克服这种矛盾的形势。

对人权的保障，亦开始受到中国的关切。尽管《侵权责任法》本身没有将人权保障作为其目标之一，但是该法有可能会帮助人们实现一些他们无法通过援引宪法条文得以保护的基本人权。⑤《侵权责任法》在保护与促进人权方面的适当性，

---

① 有学者认为，《侵权责任法》将会加强知识产权在中国的保护力度。Shi Yusheng and Xia Fan, "Impacts of PRC Tort Law on IPR Infringement Trials" (June 2010), http：//www. kingandwood. com/article. aspx? id = Impacts – of – PRC – Tort – Law – on – IPR – Infringement – Trials&language = en （last visited 15 February 2011）.

② 《侵权责任法》第1条。

③ See Yang Xi, "Report：Conflicting Interests Threaten Social Harmony" （16 September 2008）, http：//www. china. org. cn/china/features/content_ 16464246. htm （last visited 15 February 2011）；"China Vows to Address Public Complaints to Maintain Social Stability" （5 March 2009）, http：//news. xinhuanet. com/english/2009 – 03 – 05/content_ 10948151. htm （last visited 15 February 2011）.

④ "中国的工人上街抗议的次数在日渐增长。工人们对他们所受到的严苛待遇感到愤怒，在新的《劳动合同法》的鼓励之下，他们通过开展罢工、设置路障等方式，来表达他们的抗议，并要求政府帮助他们追讨拖欠工资，改善工作条件，甚至主张建立由他们自己管理的工会。"China Labour Bulletin, "Going it Alone：A Report on the State of the Workers' Movement in China" （7 July 2009）, http：// www. clb. org. hk/en/node/100507 （last visited 11 September 2009）. See also Yang Su and Xin He, "Street as Courtroom：State Accommodation of Labour Protest in China", （2010） 44 *Law and Society Review* 157.

⑤ "在缺乏具体的实施性立法时，宪法的条文没有直接的效力。" A. Chen, *An Introduction to the Legal System of the People's Republic of China*, 3rd ed. LexisNexis, Hong Kong, 2004, p. 47. See also T. Kellog, "Constitutionalism with Chinese Characteristics? Constitutional Development and Civil Litigation in China", （2009） 7 *International Journal of Constitutional Law*, p. 215, 217.

亦普遍为其他国家所认可。① 然而，这种乐观局面未必能在中国达到同样的程度，因为中国缺乏司法独立，并且政府在处理人权等敏感性问题时习惯使用行政手段。

除了构成侵权责任，《侵权责任法》认可不法行为亦可能产生行政责任或刑事责任。② 在此情形下，侵权责任与其他潜在类型的法律责任发生了竞合。但是，《侵权责任法》规定，侵权人的财产不足以支付所有责任的，侵权责任优先。③

三、归责原则及有效的抗辩事由

《侵权责任法》第二章（第6条到第25条）规定了基本的归责原则，列举了承担责任的方式，并制定了损害赔偿的计算规则。另外，第三章（第26条到第31条）规定了具体的抗辩事由，即不承担责任和减轻责任的情形。

《侵权责任法》第6条规定"过错"④——这一概念在普通法系引发了学者间的激烈争论⑤——是归责的核心要件："行为人因过错侵害他人民事权益，应当承担侵权责任。"如果法律有特别规定，不论行为人有无过错，侵权责任亦得

---

① 注意到侵权法所保护利益的广泛性，宾厄姆勋爵（Lord Bingham）评论道："……侵权法是保护人权的一项适当的工具。" Lord Bingham of Cornhil, "Tort and Human Rights", in P Cane and J Stapleton (eds.), *The Law of Obligations: Essays in Celebration of John Fleming*, Clarendon Press, Oxford, 1998, p. 1, 3. See also Sir Anthony Mason, "Human Rights and the Law of Torts", in Cane and Stapleton (eds.), *ibid.*, p. 13; J. Wright, *Tort Law and Human Rights*, Hart Publishing, Oxford, 2001; J. Stapleton, "The Golden Thread at the Heart of Tort Law: Protection of the Vulnerable", (2003) 24 *Australian Bar Review*, p. 1.

② 《侵权责任法》第4条。

③ 《侵权责任法》第4条规定："因同一行为应当承担侵权责任和行政责任、刑事责任，侵权人的财产不足以支付的，先承担侵权责任。"

④ "法律上的过错，要么是指行为人未遵守特定的行为标准，要么是指行为人在未遵守特定行为标准时所具有的主观状态。" P. Cane, *Responsibility in Law and Morality*, Hart Publishing, Oxford, 2002, p. 78.

⑤ See Heuston and Buckley, *Salmond and Heuston on the Law of Torts*, pp. 23 - 26; I. Englard, *The Philosophy of Tort Law*, Dartmouth, Aldershot, 1993, pp. 21 - 25.

发生。①受害人和行为人对损害的发生都没有过错的，可以根据实际情况，由双方分担损失。②

如果侵权行为是二人以上共同实施的，《侵权责任法》规定所有的侵权人应当承担连带责任。③ 教唆、帮助他人实施侵权行为的，亦应承担侵权责任。④ 在英国侵权法中，法律并不免除未成年人的侵权责任，父母或者监护人通常亦不用对其未成年的子女对他人造成的侵权损害承担责任。⑤ 然而，《侵权责任法》做法与之不同，其第 9 条规定"该无民事行为能力人、限制民事行为能力人的监护人未尽到监护责任的，应当承担相应的责任"。

《侵权责任法》第 15 条规定了以下八种承担侵权责任的方式：停止侵害；排除妨碍；消除危险；返还财产；恢复原状；赔偿损失；赔礼道歉；消除影响、恢复名誉。以上承担侵权责任的方式，可以单独适用，也可以合并适用。

《侵权责任法》允许受害人对侵害行为所导致的"严重精神损害"提出赔偿请求。⑥《侵权责任法》亦详细开列了在不同情形下可以请求赔偿的损失项目，第 16 条规定：

> 侵害他人造成人身损害的，应当赔偿医疗费、护
> 理费、交通费等为治疗和康复支出的合理费用，以及

---

① 《侵权责任法》第 7 条："行为人损害他人民事权益，不论行为人有无过错，法律规定应当承担侵权责任的，依照其规定。"

② 《侵权责任法》第 24 条。

③ 《侵权责任法》第 8 条。

④ 《侵权责任法》第 9 条。

⑤ See Heuston and Buckley, *Salmond and Heuston on the Law of Torts*, pp. 425 – 429; J. Murphy, *Street on Torts*, 11th ed. First Indian Reprint Oxford University Press, New Delhi, 2006, pp. 649 – 650.

⑥ 《侵权责任法》第 22 条规定："侵害他人人身权益，造成他人严重精神损害的，被侵权人可以请求精神损害赔偿。"

因误工减少的收入。造成残疾的，还应当赔偿残疾生活辅助具费和残疾赔偿金。造成死亡的，还应当赔偿丧葬费和死亡赔偿金。

《侵权责任法》第 17 条进一步规定，"因同一侵权行为造成多人死亡的，可以以相同数额确定死亡赔偿金"。这一规定可以简化大规模侵权案件（mass tort cases）——例如因过失而发生的导致大量矿工死亡的矿难事故——诉讼程序。侵权行为造成他人财产损害的，"财产损失按照损失发生时的市场价格或者其他方式计算"。①

就抗辩事由而言，《侵权责任法》规定如果被侵权人对损害的发生也有过错的，可以减轻侵权人的责任。② 同样地，"损害是因受害人故意造成的，行为人不承担责任"。③ 与普通法系做法相同，不可抗力与第三人不法行为的抗辩事由皆得《侵权责任法》所承认。④《侵权责任法》同样认可作为免责事由的正当防卫与紧急避险。⑤

四、替代责任

与刑法不同，替代责任（vicarious liability）是侵权责任的显著特征之一，因为侵权法重在赔偿受害人而非惩罚侵权人。尽管通说支持替代责任的存在，但对其理论基础有不同意见。法学上对替代责任的正当性论证依据，从法谚"雇主负责（respondeat superior）"的精神出发，延伸到若干公共政策（public policy）的考量，例如雇主拥有"深口袋（deep pock-

① 《侵权责任法》第 19 条。
② 《侵权责任法》第 26 条。
③ 《侵权责任法》第 27 条。
④ 《侵权责任法》第 28、29 条。
⑤ 《侵权责任法》第 30、31 条。

ets）"，法律应当创设促使雇主更加负责的激励，等等。①

《侵权责任法》包含替代责任的法律原则。第34条采纳了由雇主对其雇员在雇佣过程中的侵权行为承担替代责任。它规定："用人单位的工作人员因执行工作任务造成他人损害的，由用人单位承担侵权责任。"大多数时候，替代责任发生于雇主是法人的场合，但并非总是如此。然而，《侵权责任法》将替代责任的承担主体设定为"用人单位"。因此，在雇主与雇员均为自然人的场合，第34条未必适用。

在普通法系，让雇主为其雇员的侵权行为承担替代责任，会遇到许多有争议的问题。② 孰为"雇员"？何谓"在雇佣过程中（in the course of employment）"？③ 当雇员被其雇主出借于另一雇主使用时，应当由哪个雇主承担责任？《侵权责任法》回答了以上争论中的两项。首先，当"被派遣的工作人员"因执行工作任务造成他人损害的，"由接受劳务派遣的用工单位承担侵权责任"。④ 只有在劳务派遣单位有过错时，劳务派遣单位才应当承担"相应的补充责任"。⑤ 其次，个人之间形成劳务关系，提供劳务一方因劳务造成他人损害的，由接受劳务一方承担侵权责任。⑥ "劳务服务（labour services）"这一术语未经定义，但它应当包含在劳务合同项下的

---

① See Heuston and Buckley, *Salmond and Heuston on the Law of Torts*, pp. 444 – 445.

② *Ibid.*, pp. 448 – 465; Murphy, *Street on Torts*, pp. 552 – 575.

③ See Interpretation of the Supreme People's Court Regarding Several Issues on the Application of Law in Adjudicating Personal Injury Compensation Cases（promulgated on 26 December 2003, effective on 1 May 2004）, as analysed in Herbert Smith, "PRC Tort Liability Law: What does it Mean for You?", http://www.herbertsmith.com/NR/rdonlyres/6DDA12C0 – 0B6C – 424C – 98F4 – 5F5CBDF5BA2F0/briefing_ 4.pdf（last visited 15 February 2011）.

④ 《侵权责任法》第34条。

⑤ 同上。

⑥ 《侵权责任法》第35条。

各种正式与非正式的服务。

然而，值得注意的是，《侵权责任法》将替代责任原则扩展到一种新的水平，即监护人亦须对"无民事行为能力人"与"限制行为能力人"对他人所造成的侵权损害承担替代责任。[①] 因此，父母将会对其未成年子女从网络非法下载音乐或对第三人的侮辱诽谤行为承担责任。[②] 当然，《侵权责任法》对监护人的替代责任范围施加了一些限制。例如，如果侵权行为是由"无民事行为能力人"或者"限制民事行为能力人"作出的，损害赔偿先从侵权行为人的财产中支付——监护人只负担不足的部分。[③] 另外，监护人尽到监护责任的，可以减轻（并非完全免除）其侵权责任。[④] 但是，《侵权责任法》并未对监护责任作出界定。因此，中国的法院有可能根据实际的社会需求、其他法律法规以及最高人民法院相关司法解释来界定监护责任的范围。

《侵权责任法》第37条规定，公共场所（如宾馆、商场、银行、车站或娱乐场所）的管理人，未尽到"安全保障义务"，造成他人损害的，应当承担侵权责任。该条款旨在创设一种激励，以促进管理人对受邀来访者或者可预见的顾客的人身安全尽到足够的注意。然而，这在同时亦引发公平性的争论，因为公共场所管理人在维持安全标准方面的自由裁量权，通常要受到其雇主公司（employing companies）的约束。如果让管理人与其雇主公司同时承担责任，则可扭转这种不公平局

---

① 《侵权责任法》第32条："无民事行为能力人、限制民事行为能力人造成他人损害的，由监护人承担侵权责任。监护人尽到监护责任的，可以减轻其侵权责任。"

② 《侵权责任法》规定，学校或其他教育机构应当对"无民事行为能力人"或"限制民事行为能力人"在学习期间遭受的人身损害承担责任，除非学校或其他教育机构能够证明其尽到教育、管理职责。《侵权责任法》第38、39条。

③ 《侵权责任法》第32条。

④ 同上。

面，因为在这种情形下，管理人可以向其雇主公司追偿。①

利用网络侵犯知识产权或其他权利，是一种独特的挑战。《侵权责任法》通过让网络使用者与网络服务提供者共同承担侵权责任，旨在应对这些挑战。第36条规定：

> 网络用户利用网络服务实施侵权行为的，被侵权人有权通知网络服务提供者采取删除、屏蔽、断开链接等必要措施。网络服务提供者接到通知后未及时采取必要措施的，对损害的扩大部分与该网络用户承担连带责任。

此外，如果网络服务提供者知道网络用户利用其网络服务侵害他人民事权益，未采取必要措施的，与该网络用户承担连带责任。② 网络服务提供者责任的控诉要点是对侵权行为的明知——无论是他人告知或者自己发现（acquired or self）——以及未能采取必要措施。这一条款采纳了所谓"通知并删除（notice and remove）"规则，③ 在实质上将替代责任原则施加于网络服务提供者身上。

五、产品责任与医疗损害责任

在产品责任案例中，《侵权责任法》神圣地记载着让生产者为缺陷产品负责的基本原则。④ 另外，如果销售者存在过错，或者销售者不能指明缺陷产品的生产者，也不能指明缺陷

---

① 《侵权责任法》第14条："支付超出自己赔偿数额的连带责任人，有权向其他连带责任人追偿。"
② 《侵权责任法》第36条。
③ Shi and Xia, "Impacts of PRC Tort Law on IPR Infringement Trials".
④ 《侵权责任法》第41条。

产品的供货者的，销售者也应当承担侵权责任。[①]《侵权责任法》第43条规定了一条对受害人十分有利的条款："因产品存在缺陷造成损害的，被侵权人可以向产品的生产者请求赔偿，也可以向产品的销售者请求赔偿。"而在销售者与生产者之间，可以根据具体情况相互追偿。[②]

《侵权责任法》上有两个重要条文应当结合被披露的三聚氰胺牛奶丑闻——2008年，"源产于中国的婴儿配方奶粉及其他液态或粉末奶制品中被检测出存在高浓度的三聚氰胺"——的背景来分析。[③] 据报道，三鹿集团与其他若干家中国公司生产的婴幼儿奶制品中的三聚氰胺含量超出许可范围。这些公司有意在这些奶制品加入了三聚氰胺，[④] 并在最初阶段企图掩盖事实。[⑤] 超过30万儿童被诊断出肾脏疾病，并至少有6名儿童死亡。[⑥] 除了制定一部新的《食品安全法》[⑦] 外，中国政府亦在《侵权责任法》中制定了有关产品召回的专门规定，这一规定在2002年的《侵权责任法》一审稿中未见踪迹。[⑧]

[①] 《侵权责任法》第42条。

[②] 同上。

[③] World Health Organisation, *Toxicological and Health Aspects of Melamine and Cyanuric Acid*, 2009, para 5.3, http：//whqlibdoc. who. int/publications/2009/9789241597951_ eng. pdf（last visited 15 August 2009）.

[④] A. Jacobs, "Chinese Release Increased Numbers in Tainted Milk Scandal", *New York Times*, New York, 2 December 2008, http：//www. nytimes. com/2008/12/03/world/asia/03milk. html? ref = asia（last visited 15 August 2009）.

[⑤] J. Ma, "Sanlu Boss Confesses to Cover - up", *South China Morning Post*, Hong Kong, 1 January 2009, A1. 后来，即使是政府当局也试图对上海一家奶品场的食品安全问题进行保密：Associated Press, "Milk Scandal Kept Secret for a Year", *South China Morning Post*, Hong Kong, 8 January 2010, A7。

[⑥] Hu Yinan and Cui Xiaohuo, "Appeals Sought in Milk Case", *China Daily*, Hong Kong, 25 June 2009, P05.

[⑦] 《中华人民共和国食品安全法》已由中华人民共和国第十一届全国人民代表大会常务委员会第七次会议于2009年2月28日通过，自2009年6月1日起施行。

[⑧] 参见《侵权责任法（草案）》一审稿，in G Conk, "People's Republic of China Civil Code：Tort Liability Law", （2005）5：2 *Private Law Review* 77, http：//papers. ssrn. com/so13/papers. cfm? abstract_ id =892432（last visited 15 February 2011）.

《侵权责任法》第 46 条规定如下：

> 产品投入流通后发现存在缺陷的，生产者、销售
> 者应当及时采取警示、召回等补救措施。未及时采取
> 补救措施或者补救措施不力造成损害的，应当承担侵
> 权责任。

此外，《侵权责任法》引入"惩罚性赔偿"的概念，这一概念将填补损害与惩罚侵权行为相结合，其存在的法理基础亦多有争论。[①] 明知产品存在缺陷仍然生产、销售，造成他人死亡或者严重损害健康的，被侵权人有权请求相应的惩罚性赔偿。[②] 然而，《侵权责任法》并没有明确惩罚性赔偿的计算方法。

《侵权责任法》第七章与医疗损害赔偿责任有关，所规定的条文对保护诸如健康权、隐私权、知情权等重要人权而言具有深远影响。《侵权责任法》第 54 条规定，医疗机构应当对患者在诊疗活动中受到的医疗机构及其医务人员过错所导致的损害，承担替代责任。[③] 《侵权责任法》也要求医务人员在诊疗活动中应当向患者说明病情和医疗措施。另外，如果"需要实施手术、特殊检查、特殊治疗的，医务人员应当及时向患者说明医疗风险、替代医疗方案等情况，并取得其书面同意"。[④]

医疗机构及其医务人员不得"违反诊疗规范实施不必要的检查"，[⑤] 并且应当"对患者的隐私保密"。[⑥] 《侵权责任法》

---

① Englard, *The Philosophy of Tort Law*, pp. 145 – 153.

② 《侵权责任法》第 47 条。

③ 《侵权责任法》第 57 条规定："医务人员在诊疗活动中未尽到与当时的医疗水平相应的诊疗义务，造成患者损害的，医疗机构应当承担赔偿责任。"

④ 《侵权责任法》第 55 条。

⑤ 《侵权责任法》第 63 条。

⑥ 《侵权责任法》第 62 条。

中国民法

第 61 条亦要求医疗机构及其医务人员应当保管病历资料，并且在患者要求时，应当提供相关病历资料。

在某些情形，患者有可能在医院遭受损害，但无法确定是由医务人员的过错行为还是药品的缺陷所造成。大量的报告也证实，因输入不合格的血液会造成许多感染（包括艾滋病）。[①] 为应付这一问题，《侵权责任法》第 59 条允许遭受损害的患者向生产者或者血液提供机构请求赔偿，也可以向医疗机构请求赔偿。医疗机构赔偿后，有权向负有责任的生产者或者血液提供机构追偿。第 59 条因此免去了患者在寻找终局责任承担者以及证明因果关系方面的巨大困难。

六、环境污染责任与高度危险责任

与许多国家一样，中国也面对着环境污染这一重大难题。在环境污染案件中，受害人通常发现自己很难举证证明过错、因果关系的存在以及损害的范围大小，[②] 因此很难打赢官司。不同的法律体系在缓解这些困难时所采用的方法也不尽相同。在许多国家，环境污染责任都与"过错"的概念相脱钩，并与严格（或绝对）责任或证明责任倒置相挂钩。例如，印度的法院通过适用"污染者付费（polluter pays）"原则以及"预防原则（precautionary principle）"将责任施加于环境污染上。[③]

---

① "74 Infected with HIV through Blood Transfusions", *China Daily*, 22 January 2010, http：//www. chinadaily. com. cn/china/2010 - 01/22/content _ 9365182. htm (last visited 15 February 2011); Asia Healthcare Blog, "Blood Money：Why Blood Transfusions are so Dirty in China" (27 April 2010), http：//www. asiahealthcare-blog. com/2010/04/27/blood - money - why - blood - transfusions - are - so - dirty - in - china/ (last visited 15 February 2011).

② A Morishima, "Environmental Liability in Japan", in Hondius (ed.), p. 183, 184.

③ *Indian Council for Enviro - Legal Action v. State of Rajasthan* (1996) 3 SCC, p. 212; *Vellor Citizens Welfare Forum v. Union of India* (1996) 5 SCC, p. 647. See also H. Salve, "Justice between Generations：Environmental and Social Justice", in B Kirpal et al. (eds.), *Supreme but not Infallible：Essays in Honour of the Supreme Court of India*, Oxford University Press, New Delhi, 2000, pp. 369 - 373.

226

在日本，法院已经恢复使用"流行病学的方法（epidemiological approach）"来证明法律上的因果关系（legal causation）。①

在注意到上述受害人面对的挑战以及其他国家的做法，《侵权责任法》制定了一些值得关注的具体规则。

第一，它规定因污染环境造成损害的，污染者应当承担侵权责任。② 因此，责任之成立无需过错的要件，亦不需要违反任何环境法律法规。③

第二，《侵权责任法》规定了证明责任倒置，需要污染者举证证明自己没有责任。第 66 条规定如下：

> 因污染环境发生纠纷，污染者应当就法律规定的
> 不承担责任或者减轻责任的情形及其行为与损害之间
> 不存在因果关系承担举证责任。

第三，当环境污染是由两个或两个以上的污染者造成的，"污染者承担责任的大小，根据污染物的种类、排放量等因素确定"。④ 第 67 条允许受害人对所有潜在的污染人提起诉讼。

第四，《侵权责任法》规定"因第三人的过错污染环境造成损害的，被侵权人可以向污染者请求赔偿，也可以向第三人请求赔偿"。⑤ 在牵涉多个污染源（例如，公司与其子公司、供应商或者独立承包人）并且难以认定何者是主要污染原因的情形，第 68 条对受害人而言大有助益。

---

① Morishima, "Environmental Liability in Japan", p. 186.

② 《侵权责任法》第 65 条。

③ Cheung et al. , "PRC Tort Liability Law"; Norton Rose, "China Insight – Issue 18: The New PRC Tort Liability Law" (Spring 2010), http: //www. nortonrose. com/ knowledge/publications/2010/pub26633. aspx? page = 100223172201&lang = en – gb (last visited 15 February 2011) .

④ 《侵权责任法》第 67 条。

⑤ 《侵权责任法》第 68 条。

《侵权责任法》第九章将严格责任原则延伸到高度危险活动所造成的损害。[①] "高危危险作业"这一术语虽未经定义，但可以确定的是它包括了核设施、民用航空器、易燃易爆物、放射性物质以及高空、高压、地下挖掘活动等。在损害是由高度危险作业造成的情形，《侵权责任法》所承认的抗辩事由极其有限，主要包括战争、不可抗力与受害人故意。[②]

七、结论

随着《侵权责任法》的颁行，中国在保护人民众多权益方面又前进了一大步，即使它也许仅仅是将既有的法律原则统一起来而已。[③] 《侵权责任法》极大地拓宽了受保护权益的范围，并且当这些权益受到侵犯时，《侵权责任法》提供了广泛的法律救济措施。《侵权责任法》不仅认可了替代责任原则，而且进一步将该原则扩展适用于监护人对"无民事行为能力人"或"限制民事行为能力人"造成第三人损害所负的责任。这一独特的监护人替代责任，或许可以从亚洲人对家庭与集体的价值观中找到答案。在经历 2008 年三聚氰胺牛奶丑闻后，《侵权责任法》在产品责任中引入了"产品召回"与"惩罚性赔偿"制度。最后，《侵权责任法》在环境污染与高度危险作业情形加强了严格责任的规制。

法律的制定对于任何声称恪守法治的国家来说都是必不可少的。但同样重要的是，法律的执行与实施必须以客观

---

① 《侵权责任法》第 69 条规定："从事高度危险作业造成他人损害的，应当承担侵权责任。"

② 《侵权责任法》第 70 条到第 73 条。

③ "这一新法律不仅更加清晰地展示中国侵权法的框架，也是对散见于不同法律、行政法规、规章中的侵权规则的重要统一。"Deacons, "A Clearer Page of Tort Liability: Recent Legislation Changes to Civil Tort Liability" (July 2010), http://www.deacons.com.hk/upload/other/20100707_ PRCTortLiabilityLaw.pdf (last visited 15 February 2011).

的、公正的方式来进行。经过多年的努力，在制定足够的法律来调整各种关系与应对各种场合方面，中国取得了长足的进步①——最近的《侵权责任法》即为适例。然而，在法律的执行与实施方面，仍然存在着众所周知的漏洞。这一点当前亦为官方所承认。全国人大常委会委员长吴邦国，最近着重强调了法律实施的重要性："任何组织与个人都不能凌驾于宪法与法律之上。一切违反宪法和法律的行为，都必须依法追究。"② 中国及其《侵权责任法》所面对的挑战，便是如何让吴邦国所说的话成为现实。惟有时间，才能见证中国在这个方向能够取得多大的进步。

---

① 在中国政府的官方文件或声明中，经常可以发现如下典型的宣称："到 2010 年底，我国已制定现行有效法律 236 件、行政法规 690 多件、地方性法规 8600 多件，形成了多层次的中国特色社会主义法律体系，是中国特色社会主义法律体系发展中的伟大成就。""Top Legislator Calls for Effective Law Enforcement" (27 January 2011)，http：//www. npc. gov. cn/englishnpc/news/Legislation/2011 – 01/27/content_ 1618092. htm（last visited 15 February 2011）.

② *Ibid.*

法治与中国侵权法的实施[*]

文森特·R. 约翰逊[**]　文

余小伟[***]　译

简目：

一、"流行观念（COMMON CURRENCY）"

二、美国联邦最高法院判例中的法治

（一）透明性

（二）一贯性

（三）待遇平等

（四）官员职责

（五）公民责任

（六）制度可崇敬性

（七）对人类尊严的敬重

（八）对美国视角的总结

三、中国侵权法的实施

---

[*]　Vincent R. Johnson, "The Rule of Law and Enforcement of Chinese Tort Law", *Thomas Jefferson Law Review*, Vol. 34 (2011), pp. 43 – 93. 本文的翻译与出版已获得作者授权。

[**]　文森特·R. 约翰逊，圣文森学院文学士、法学博士（B. A. , LL. D. ）；圣母大学法律博士（J. D. ）；耶鲁大学法学硕士（LL. M. ）；现任美国得克萨斯州圣安东尼市圣玛丽大学法学院法学教授，中国法律与商事研究所主任。

[***]　余小伟，荷兰马斯特里赫特大学法学博士，荷兰马斯特里赫特大学博士后研究员。

（一）中华人民共和国的侵权法

（二）根深蒂固的障碍

四、结论

尽管美国一直以来信赖法治，但（传统上）中国却依赖人治，即由朝廷以及它所任命的地方总督来统治。

——利尔·莱博维茨（Liel Leibovitz），马修·米勒（Matthew Miller）①

在法律的王国，同时存在着许多我们这个时代最隐秘的弱点与最大的希望。

——杰弗里·D. 萨克斯（Jeffrey D. Sachs）②

一、"流行观念（Common Currency）"

"法治（Rule of Law）"是个深奥的术语，过去主要为哲学家与法学家所使用。③ 但现今，该词汇同时为专家与大众所熟知。报纸就构建法治的基本条件发表过社论。④ 经济学家要求

---

① Liel Leibovitz & Matthew Miller, *Fortunate Sons*：*The 120 Chinese Boys who Came to America*，*Went to School*，*and Revolutionized an Ancient Civilization*. WW Norton & Company, 2011.

② Jeffrey D. Sachs, Galen L. Stone Professor of Int'l Trade, Harvard Univ.，"Remarks at Yale Law School Alumni Weekend：Globalization and the Rule of Law（Oct. 16, 1998）"，in *Yale Law Sch. Occasional Papers*（1998）.

③ 在本文中，"法治（Rule of Law）"使用英文首字母大写，旨在强调该术语表示一个重要且连贯的概念——后文中的"正当程序（Due Process）"与"平等保护（Equal Protection）"亦时而使用大写，表达同样的意旨。

④ See Editorial，"'Big Stick 306' and China's Contempt for the Law"，*N. Y. Times*，May 6, 2011, at A26，*available at* 2011 WLNR 8863788（该文认为"如果律师的执业权利难以确保，则中国很难声称自己对法治是认真的"）。

将恪守法治作为国际贷款的条件。① 中东的抗议者声称，（政府）胆敢漠视法治，（我们）就有理由推翻它！② 此外，非政府项目组织的志愿者，例如那些在美国律师协会（American Bar Association）、③ 开放社会研究所（Open Society Institute）④ 以及萨尔茨堡的国际法律研究中心（Center for International Legal Studies)⑤ 指导下工作的人，正在全球范围掀起构建法治的狂潮。

当代对法治的提及往往植根于较高的标准与伟大的理念。但是，现代社会对法治这一术语的广泛使用，并未表明它已经获得一个固定而精准的定义。事实上，那些援引这一术语的人往往对这一术语的理解并不一致。大多数情形下，很少有人尽力去指出法治是否同义于、近义于或可区别于"宪政（constitutionalism）"、⑥

---

① See "Economics and the Rule of Law: Order in the Jungle", *Economist*, Mar. 15, 2008, at 12. *available at* 2008 WLNR 5068416 （"在经济学上，法治已经变得十分重要"）。

② See Editorial, "Syria Gets the Message", *Toronto Star*, May 11, 2011, at A26, *available at* 2011 WLNR 9328819 （探讨了抗议者对可靠的选举、问责以及法治的要求）。

③ See "ABA Rule of Law Initiative", *American Bar Association*, http://apps. americanbar. org/rol/ (last visited May 11, 2011) （提供了美国律师协会倡议推动法治在国外发展的有关信息）。

④ See "Call for Proposals: Equality and Justice Under the Rule of Law", *Open Society Foundations* (Dec. 16, 2009), http://www. soros. org/initiatives/women/news/equality - law -20091216; see also Vincent R. Johnson, "Building the Rule of Law Abroad", *San Antonio Lawyer*, Mar. - Apr. 2007, p. 10, pp. 10 - 11 （在乌克兰的研讨作品）。

⑤ 总部位于澳大利亚萨尔茨堡的国际法律研究中心，负责安排法学访问教授前往东欧以及苏联加盟共和国的机构进行研究，已逾 20 年。See "Visiting Professorships for Senior Lawyers", *Center For International Legal Studies*, http://www. cils. org/2010/sl/index. php (last visited Sept. 6, 2011).

⑥ 在一个推翻一项由菲律宾群岛某法院作出的有罪判决的案例中，戴（Day）法官援引了一则总统声明。在很大程度上，该声明将法治等同于美国联邦宪法所保证的各项权利。声明如下："某些伟大的政体原则（principles of government），被设定为我们政府体制的基础，被我们视作构建法治之不可或缺的条件……因此，菲律宾政府的每个部门与分支机构都必须实施这些不可侵犯的规则：'未经正当程序（due process of law），任何人之生命、自由或者财产都不应当被剥夺；未经公正补偿（just compensation），任何私有财产都不应被征作公共用途；在所有的刑事诉讼中，犯罪嫌疑人都应当有权接受迅速而公开的审判，有权被告知控诉的性质与案由，有权与指控他的目击证人当面对质，有权通过强制性传票（compulsory process）程序获得对其有利的目击证人，并有权获得律师之协助为其辩护；法庭不应当收取超额保释金（excessive bail），不应当判处超额罚金（excessive fines），也不应当施加残忍与极端的刑罚；任何人都不应当因同一犯罪行为而面临遭

"平等保护（equal protection）"、[①] 自然法（natural law）、[②] 宗教准则（religious principles）、[③] "民主政体（democracy）"，[④] 甚或

受两次追诉的危险，也不应当在任何刑事案件中，被强制要求自证其罪；任何人之免于不合理的搜查与拘禁的权利不得被侵犯；无论是奴隶制还是非自愿的劳役制皆不得存在，除非其作为一项刑罚；无论是褫夺公民权法案（bill of attainder）还是有溯及力的法律（ex post facto law）皆不得通过；任何减损言论自由、出版自由或者人民通过和平集会与请愿的方式向政府表达不满（redress of grievances）之权利的法律皆不得通过；不得制定任何支持确立国教（establishment of religion）的法律，也不得制定任何法律去禁止宗教的自由运作，对宗教职业与崇拜仪式的自由运作与享有的权利，既不受歧视，也不受偏爱，这一点应当永远得到保障。'" *Kepner v. U. S.* , 195 U. S. p. 100, pp. 122 - 123（1904）; see also Craig M. Jacobs, Comment, "The Constitutionality of Collateral Post - Conviction Claims of Actual Innocence", 42 *St. Mary'S L. J.* p. 455, 466（2011）（评论了法治与美国宪法原则的关系）。

① Cf. *Beard v. Banks*, 548 U. S. 521, 542（2006）（Steven, J. , dissenting）. ("通过对美国宪法第十四条修正案的批准，我们的社会努力地将法治推广适用于所有人——即使是那些因违反社会与法律义务之罪大恶极者。")

② Cf. Ellis Washington, "Natural Law Considerations of Juvenile Law", 32 *Whittier L. Rev.* p. 57, pp. 81 - 82（2010）. ["自然法与作为其判断的基础假定——如正义、遵照上帝之律法（《圣经》）以及法治——已经为持进步论的改革者奉若神明的悲天悯人（deified compassion）的精神所代替。"]

③ 圣母大学（Notre Dame）的托马斯·L. 谢弗（Thomas L. Shaffer）教授一直以来都在努力解决如何将上帝之要求与法律之要求相区别的问题。谢弗写道："布拉克顿（Bracton）在13世纪提出了如下大胆观点：'不是国王，而是上帝与法律在统治（Not under the King, but under God and the law）。'请留意这个观点的后续发展。在法学院念书的时代，我们通过拉丁语学到了这个观点。它被雕刻于法院大楼的门上。对于这些建造法院大楼的人而言，上帝与法律是同一的。但是布拉克顿或许本打算将上帝与法律置于一种紧张状态：上帝与法律——二者必居其一。他甚或暗示了一种在结果上（in results）或者道德回答上（in moral answers）的不同。果若如此，可以说美国的法律人已经消除了这种紧张状态。我们将上帝与法律合二为一。我们将布拉克顿的著述转化为了美国的民间宗教（civil religion）。" Thomas L. Shaffer, "Nuclear Weapons, Lethal Infection, and American Catholics：Faith Confronting American Civil Religion", 14 *Notre Dame J. L. Ethics & Pub. Pol'Y*, p. 7, 11（2000）. 在阐述这一话题时，谢弗作了如下解释："*存在三种看法，而非两种。国王当受制于法律人所宣称的'法治'（在当今美国已成为一种民间宗教的信仰）；国王与法律皆顺从于上帝；尽管法律因上帝而得以存在并得到信徒的尊重，但法律并不能可靠地表达上帝的意旨。*" Id. at 11 n. 18; see also Thomas L. Shaffer, "Should a Christian Lawyer Sign up for Simon's Practice of Justice?", 51 *Stan. L. Rev.* , p. 903, 904（1999）("圣经的正义并非来源于'法治'")。 Thomas L. Shaffer, "Faith Tends to Subvert Legal Order", 66 *Fordham L. Rev.* , p. 1089, 1093（1998）("信徒所属之教会通过非暴力的方式追随耶稣。这将趋向于推翻法律秩序……它们不会……反对法律；它们的颠覆性的影响是不接受法律的意识形态——法治")。

④ Cf. Consolidate Version of the Treaty on European Union are. 2, Sep. 5, 2008, 2008 O. J.（C 115），p. 17（"欧盟建基于一系列价值之上，包括对人类尊严、自由、民主、平等与法治的尊重，以及对人权的重视……"）。

中国民法

人类 "尊严 (decency)"。①

法治往往要求在司法裁判中采纳 "最佳实践 (best practices)"。但 "最佳实践" 这一术语同样（也是模糊的），也可能被用来掩饰该法律体系中的严重缺陷，从而使得法治这一术语涵义更加不确定。布赖恩·Z. 塔玛纳哈（Brian Z. Tamanaha）教授对此作出了如下恰当论述：

> 对法治一词涵义的意见分歧，既存在于该词汇的非正式使用者间，也存在于政府官员间，还存在于理论工作者间。这一严重的不确定性带来了这样一种危险——法治有可能退化为一个空洞的概念，缺乏准确的内涵，以至于它有可能遭到恶意政府对其进行肆无忌惮的解读。②

在对历史、政治与法治理论的跨文化研究中，塔玛纳哈提出探讨法治必须涵盖三个主题：一是 "有限政府（government limited by law）"；③ 二是 "形式合法性（formal legality）"；④ 三是 "法治" 与 "人治" 的区分（rule of law, not man）。⑤

本文所要探究的问题是：中国《侵权责任法》是否符合法治的标准；或者说，就中国人民为了发展建立在法治基础上

---

① Cf. Daniel Mahoney, "Conservative Liberalism or Liberal Conservatism?", *First Things*: *Monthly J. Religion & Pub. Life*, Mar. 1, 2011, p. 6, *available at* 2011 WLNR 3547645（文中主张，在 20 世纪，"许多保守主义的基督徒重新思考了他们对自由主义的强硬反对……并且更加充分地认识到宪政与法治是一个自由、体面的社会所不可或缺的支柱"）。
② Brian Z. Tamanaha, *On The Rule Of Law*: *History*, p. 114 (2004).
③ Id. pp. 114-119.
④ Id. pp. 119-122.
⑤ Id. pp. 122-126.

之法律体系的目标而言，①《侵权责任法》是否取得了重大进步。塔玛纳哈的评论有助于引起人们对法治核心内容的关注。然而，本文将采用一种不同的进路——既非放眼全球也非探求本质，而是一个基于文化并关注文化细微差异的视角。更具体地说，中国《侵权责任法》的评判参照物将是美国法——涉及有关法治涵义的原始资料即美国联邦最高法院已公开的裁判文书。

虽然这一研究进路深具启发性，但这并不意味着美国的实践就是恪守法治的典范，也不意味着中国的制度应当以美国的标准来评价。相反，这一研究进路植根于这样一种理念——美国联邦最高法院的判决意见（opinion）或许可以提供一些有关法治在实践中所指为何的深刻见解。

有关法治的探讨往往显得暧昧、空洞与抽象，这很令人沮丧。相比之下，美国联邦最高法院仅仅在发生真实案例与争议时才发表意见，② 且从不提供咨询意见（advisory opinion）。因此，无论大法官们的词藻多么华丽、多么崇高，美国联邦最高法院对法治所提出的任何见解，都与具体案件事实有着紧密的联系。因此，大法官们的声明也许会与"真实世界"的经验教训产生共鸣。这也许是一项优势，一剂诊治法治涵义模糊的良方。

美国历史的时间跨度，足以让人深入领悟到美国最高法院

---

① 许多年来，中国都将推动法治的进步作为自己的目标。See e. g. , Vincent R. Johnson, "Chinese Law and American Legal education", 31 *St. Mary'S L. J.* 1 *N.* , p. 4（1999）.（"法制改革的主题在中华人民共和国庆祝其五十周年纪念中扮演了一个突出的角色。为此，中国共产党发布了五十条官方标语来高调宣扬这一主题，包括……'依法治国'和'建设社会主义法治国家'！"）

② See *Lujan v. Defenders of Wildlife*, 504 U. S. , p. 555, 560（1992）.［主张由相关判例所确立的"不可缩减的宪法性最低司法救济请求权（irreducible constitutional minimum of standing）"要求原告必须遭受了"事实上的损害（injury in fact）"。事实上的损害是指一个受法律保护的利益（a legally protected interest）受到了侵害。这一利益必须是（a）"具体的与特定的（concrete and particularized）"，并且是（b）"实际的或者迫在眉睫的（actual or imminent）"，而非是"推断的（conjectural）"或者"假设的（hypothetical）"］。

判例对法治的理解。美利坚合众国最高法院诞生于 1790 年，①
经历过美国的战争与和平，见证过美国的衰退与繁荣，目睹过
美国各届总统的平庸与伟大。美国联邦最高法院对法治所发表
的任何判决意见，能够反映出经过两个多世纪磨砺而形成的多
元化法律经验的复杂性。尽管美国联邦最高法院的判决意见仅
仅对美国产生拘束力，但是在一定程度上，这些判决意见持续
地获得来自于其他国家的尊重。② 这也从一个侧面解释了为何到
访美国的外国政要常常要求访问美国联邦最高法院，③ 并由大法
官（Justice）或最高法院实践人员（Supreme Court Fellow）④

---

① See e. g. , "The Court as an Institution", *Supreme Court of the United States*, http：//www. supremecourt. gov/about/institution. aspx（last visited Sept. 6, 2011）. ［"1790 年 2 月 1 日，美国最高法院首次召集于纽约市的商交所大厦（Merchants Exchange Building），然后迁驻国家首都……在最早的会期（session）中，最高法院忙于制定组织程序。在其建立后第二年，最高法院受理了最初的案件。大法官们于 1792 年作出了他们的首次判决意见。"］

② See Adam Liptak, "U. S. Court Is Now Guiding Fewer Nations", *N. Y. Times* （Sept. 17, 2008）, http：//www. nytimes. com/2008/09/18/us/18legal. html（提供了有关加拿大与澳大利亚引述美国最高法院判决意见的频率的数据，并提到"美国的宪法已经在澳大利亚、加拿大、德国、印度、日本、新西兰、南非以及其他国家法院所作出的无数判决中得到引用与探讨"）. Claire L' Heureux – Dube, "The Importance of Dialogue：Globalization and the International Impact of the Rehnquist Court", 34 *Tulsa L. J.* , p. 15, 20（1998）（提出了"美国最高法院的全球影响力"，并表示"诸如 *Miranda v. Arizona* 与 *Brown v. Board of Education* 一类的判例已经对全球人权保护的精神与发展产生了巨大影响"）.

③ See e. g. , William H. Rehnquist, C. J. , "2001 Year – End Report on the Federal Judiciary"（Jan. 1, 2002）, http：//www. supremecourt. gov/publicinfo/year – end/2001year – endreport. aspx. （"2001 年，800 多名来自 40 多个外国司法系统的代表正式访问了美国最高法院，并寻获得了有关美国法律体系方面的信息。"）

④ See generally "Supreme Court Fellows Program", Supreme Court Of The United States, http：//www. supremecourt, gov/fellows（last visited May 16, 2011）［"自 1973 年以来，在最高法院实践人员项目（Supreme Court Fellows Program）中，许多非常优异的人积极辅助美国最高法院、联邦司法中心（Federal Judicial Center）、美国法院行政办公室（Administrative Office of the United States Courts）以及新近的美国量刑委员会（United States Sentencing Commission）的工作"］. "Supreme Court Fellows Program", Supreme Court of the United States, http：//www. supremecourt. gov/fellows/fellowships. html（last visited May 16, 2011）（"最高法院的实践人员既参与长期的项目，也参与日常行政事务，并且……负责向访问法院的著名人士简要介绍美国司法体系与美国最高法院的运作"）. Vincent R. Hohnson, Rehnquist, Innsbruck, and St. Mary's University, 38 *St. Mary'S L. J.* , p. 1, pp. 10 – 11 & n. 38（2006）（探讨了最高法院实践人员项目，以及为来访的外国政要所准备的简要介绍）.

为其简要介绍法院在美国政府中所扮演的角色。

二、美国联邦最高法院判例中的法治

美国联邦最高法院经常在其判决意见中提及法治的理念。然而，各个判决的具体语境却是千差万别的。因此，全面归纳出该术语的定义是非常困难的。[①] 事实上，援引法治的法官，往往是表达反对意见（dissenting opinion）或同意意见（concurring opinion）的大法官，而非为处于多数一致（majority）或者全体一致（unanimous）之判决意见阵营的大法官。

在某些情形下，除了可以帮助判案的大法官对美国联邦最高法院的裁判或者推理论证表达强烈的质疑外，对法治的援引看起来并无多少实质意义。[②] 另外，诸如界定"法治"这一术

---

① 如前所述，笔者将"法治（Rule of Law）"首字母进行大写化处理，旨在强调这一术语表达一个重要且连贯的概念。然而，在参考美国最高法院有关法治的判决时，"法治"的首字母却未被大写。试图对美国最高法院判决中提及的法治进行全面的查阅，这几乎是不可能的。事实确实如此，在 Westlaw 数据库中，单单搜索"rule of law（法治）"——引号之内的部分——亦会输出"rules of law（法律规则）"的搜索结果。因此，这种搜索方式极大地扩张了检索结果。Westlaw 的参考文献管理人员指出，目前没有任何途径去避免这种结果。此外，检索条件必须仔细地限定，以避免出现一些无用的检索结果，例如出现该术语的变形："applicable rule of law（可适用的法律规则）"、"general rule of law（法律的一般规则）"、"a rule of law（一项法律规则）"、"any rule of law（任何法律规则）"、"better rule of law（更佳的法律规则）"、"state rule of law（州的法律规则）"、"new rule of law（新的法律规则）"、"different rule of law（不同的法律规则）"、"no rule of law（没有法律规则）"、"controlling rule of law（支配性的法律规则）"、"erroneous rule of law（错误的法律规则）"、"fixed rule of law（固定的法律规则）"、"traditional rule of law（传统的法律规则）"、"pre‑existing rule of law（既存的法律规则）"、"the rule of law governing（统治性的法律规则）"、"the rule of law applicable（可适用的法律规则）"与"rule of law which（某法律规则）"。笔者发现，没有办法将冠词"the"设置为一个检索"the rule of law（法治）"的不可或缺的条件。

② See e. g., *United States v. Leon*, 468 U. S. p. 897, 963（1984）（Stevens, J., concurring in part, dissenting in part）.［"尽管看起来最高法院宽泛的裁决（broad holding）将会通过强制人们遵守法治的方式来维护公共利益，就我而言，我坚信'确保人们遵守既存的并受尊奉的程序才是对我们共同体的秩序的最佳维护'。"］

语涵义的问题几乎从未被讨论过。通常，援引法治的判决只是少数。① 而且，一个大法官或其团队对法治的援引，往往也不会遭到其他大法官的批判。这是美国联邦最高法院裁判的一大特色。

然而在某些案件中，大法官们声称他们的同僚误解了法治的涵义。例如，在 *United States v. United States Coin & Currency*② 一案中，小威廉·布伦南（William J. Brennan, Jr.）大法官主张：

> 持反对意见（的法官）试图通过如下理由来解释其观点：即使本法院有权宣称某些个人行为不在政府禁止之列，政府仍然会在本法院作出这些活动受宪法保护的宣称前，通过处罚这些参与活动之人的方式，来"维持法治，并表达出不会让这些蔑视法律的人逍遥法外（的态度）"。这一论据其实与法治没有任何关系。一个被控犯叛逆罪（lèse-majesté）的被告，在本院法庭上主张他的行为受宪法保护。在本法院核准对其实施刑罚前，我们需要确认被告是否拥有从事该活动的合宪性基础（以决定是否对其施加刑罚）。通过这种方式，所提升的仅仅是法官统治（rule of judges）的权威，而非法治的地位。③

---

① But see *Planned Parenthood of S. E. Pa. v. Casey*, 505 U. S. p. 833（1992）（包含大量的参考文献）。

② 401 U. S. p. 715（1971）.

③ Id. p. 727（Brennan, J., concurring）（citations omitted）（quoting id. p. 735）（White, J., dissenting）. 韦伯斯特词典（Webster）将"叛逆罪（lèse-majesté）"定义为"伤害国家最高权力机关的一种犯罪（如叛国罪）"或者"损害某位代表国家最高权力的统治者尊严的犯罪"。Lèse-majesté, *Merriam-Webster*, http://www.merriam-webster.com/dictionary（在搜索栏输入"lèse-majesté"）（last visited Aug. 23, 2011）。

近几十年来，美国联邦最高法院对法治的提及比其早先更加频繁。然而，这些援引似乎植根于一个逝去已久的时代。在那个时代，自然法的原则在最高法院的法律哲学（jurisprudence）中扮演着更为重要的角色。对法治的援引召示着永恒的、不可改变的原则的权威，也引发了一些在各种文化间产生共鸣的关切。因此，当约翰·保罗·史蒂文斯（John Paul Stevens）大法官在 *United States v. Alvarez － Machain*① 一案中提醒他的同僚，让他们注意到他们的判决可能会对美国境外的法治产生影响时，这一点并不令人感到惊讶。史蒂文斯大法官在反对意见中提到：

> 正如本法院在判决意见书刚开头所论述的，（我们）有理由相信被上诉人曾参与了一起对一名美国执法人员（law enforcement agent）的极其残忍的谋杀活动。这一事件，如果是真的，就可以用来解释为何行政部门如此强烈地要求本法院对被上诉人施加刑罚。然而，这一解释并未提供任何足以让本法院抛弃应予恪守的法治的正当理由……确实，复仇的欲望施加了一种压力……在这种压力面前，即使是完好确立的法律原则也会折腰，但，恰恰在这种关头，我们更应当谨记我们的职责，并在其指引下依法作出公平的、冷静的判决……在这类案例中，我们履行此等职责的方式，成为了一个得为他国法院所效法的榜样。
>
> 文明世界的大多数法院将会深受本法院在今日所作出的"怪异（monstrous）"判决的困扰。因为每个想要维护法治的国家，将会直接地或间接地受到这类判决的影响。正如托马斯·潘恩

---

① 504 U. S. p. 655 (1992).

（Thomas Paine）所警告的那样，"对自由而言"，一种"对刑罚的贪求总是危险的"，因为它将导致一个国家"随意歪曲、曲解并错误适用法律——即使是最好的法律"。①

司法判例中对法治理念的提及往往十分零散。想要从中探寻出法治这一术语的涵义，存在着诸多困难。尽管如此，在审读美国联邦最高法院判决意见的过程中，还是可以发现某些核心的要素。大法官们的著述间接表明，法治的核心要素包括透明性（transparency）、② 一贯性（consistency）、③ 待遇平等（equality of treatment）、④ 官员职责（official accountability）、⑤ 公民责任（citizen responsibility）、⑥ 制度可崇敬性（institutional respectability）⑦ 以及对人类尊严的敬重（respect for human dignity）。⑧

（一）透明性

法治要求司法裁判过程应当具有透明性，以便于律师和其他人能够行使对法院行为的监督权。⑨ 在 *Gannett Co. , Inc. v. DePasquale*⑩ 一案中，哈里·布莱克门（Harry Blackmun）大

---

① 504 U. S. pp. 686–688 (Stevens, J., dissenting) (footnotes omitted) (citations omitted) (some internal quotation marks omitted) .

② 参见本文第二章第一节。

③ 参见本文第二节第（二）部分。

④ 参见本文第二节第（三）部分。

⑤ 参见本文第二节第（四）部分。

⑥ 参见本文第二节第（五）部分。

⑦ 参见本文第二节第（六）部分。

⑧ 参见本文第二节第（七）部分。

⑨ Cf. Michael S. Ariens, "American Legal Ethics in an Age of Anxiety", 40 *St. Mary'S L. J.* p. 343, pp. 344–345 (2008) . （"法治限制着立法者……来自外部的限制之一，便是那双日常法律事务的从事者——律师的警惕性的眼睛。"）

⑩ 443 U. S. p. 368, pp. 391–393 (1979) . （该案主张，在美国宪法第六条修正案与第十四条修正案项下，公民不享有出席刑事审判的宪法性权利；将公众或新闻媒体成员排除出审前制止证据出示听证会（suppression hearing），并且临时拒绝给予其接近庭审记录之机会的命令，并不违反新闻媒体成员在第一条修正案与第十四条修正案项下所享有的出席刑事审判的权利。）

法官论道：

> 有人说，公开性"是司法的灵魂"。（J. Bentham, *A Treatise on Judicial Evidence* 67, 1825）在许多方面，公开性表现为：司法程序的公开，尤其在刑事诉讼领域，以保护被告不受审判、检察、警察机关滥用职权的侵害；为公民获取有关刑事司法制度与公职人员履职表现的信息，提供了一种途径；捍卫着法院的廉洁与正直。对于维持公众对法治及法院运作的信心而言，公开性起着至关重要的作用。只有在极其罕见的场合，这一原则才与刑事被告获得公正审判的权利（rights to a fair trial）相冲突，从而排除其适用。①

布伦南大法官在 *Nebraska Press Association v. Stuart*② 一案中表达了类似观点，他说道：

> 无拘无束的、猛烈的新闻报道、批评与争论，能够促进公众对法治、对整个刑事司法制度功能的理解；新闻报道（exposure）与公众问责（public accountability）相结合，也能促进刑事司法制度的发展与完善。③

（二）一贯性

法治要求一贯性，拒绝恣意性。因此，在 *McCleskey v. Kemp*④

---

① 443 U. S. p. 448（Blackmun, J., concurring in part, dissenting in part）（emphasis added）.

② 427 U. S. p. 539（1976）.

③ Id. p. 587（Brennan, J., concurring）.

④ 481 U. S. p. 279（1987）.

一案中，布伦南大法官主张："防止恣意刑罚的施行，是任何声称恪守法治的国家的基本理念。"① 在 *McCreary County, Kentucky v. ACLU of Kentucky*② 一案中，安东宁·斯卡利亚（Antonin Scalia）大法官亦生动论道："最高法院的多数意见之所以没有成为流变不羁的独裁性判决，是因为它遵循了一个法治所必不可少的要求——判决意见应当依照一贯适用的法律原则来作出。"③

在思考法治与恣意性的利害关系时，布伦南大法官在 *McGautha v. California*④ 一案中论道：

> 急需我们回答的问题是，法治……与最高刑为死刑的审判程序（capital sentencing procedures）之间是否存在根本性的矛盾，即一方面，这种程序允许在一案与另一案之间存在最大限度的变动；另一方面，却没有提供任何防止法官随机或恣意作出最大限度变动的机制。⑤

布伦南大法官因此得出如下结论：可资适用的法律原则呼唤这样的程序——"它既能防止纯粹恣意行为（的发生），又能提供足够多的（法院）案卷（record），以保证联邦司法审查制度能够顺畅运作"。⑥

1. 遵循先例

法治对一贯性的要求，反映于英美法上的遵循先例原则

---

① 481 U. S. p. 339 (Brennan, J., dissenting).
② 545 U. S. p. 844 (2005).
③ Id. pp. 890–891 (Scalia, J., dissenting).
④ 402 U. S. p. 183 (1971).
⑤ Id. p. 248 (Brennan, J., dissenting).
⑥ Id. p. 287 (Brennan, J., dissenting).

（*Stare Decisis*）。① 杰拉尔德·S. 雷米（Gerald S. Reamey）教授对此作出如下解释:

> 一贯性是任何追求合法正当性（legitimacy）的法律体系的核心要素。随机的、完全为形势所需而临时作出的（ad hoc）判决, 将会迅速瓦解人民对他们法院的信心, 并且不太可能获得人们的容忍。在美国法院, 可预测性（predictability）这一概念, 系从遵循先例这一原则发展而来, 通常指先前法院的判例应当得到遵守。②

在美国法律体系中, 遵循先例原则占据至高无上的地位, 这一点毋庸置疑。正如桑德拉·戴·奥康纳（Sandra Day O'Connor）、安东尼·肯尼迪（Anthony Kennedy）与戴维·H. 苏特（David H. Souter）大法官在 *Planned Parenthood of Southeastern Pennsylvania v. Casey*③ 一案中所作出的联合判决意见中所称的, "作为我们宪法基础的法治概念, 长期以来一直要求（裁判具有）连续性, 且依其定义, 对先例的尊重不可或缺"。④ 在 *Patterson v. McLean Credit Union*⑤ 一案中, 肯尼迪大法官写

---

① 遵循先例被定义为"一种先例原则, 在该原则下, 当相同的争议点再次出现于诉讼中时, 法院必须因循先前之司法判决"。*Black's Law Dictionary*, p. 1537（9th ed. 2009）.

② Gerald S. Reamey, "Innovation or Renovation in Criminal Procedure: Is the World Moving Toward a New Model of Adjudication?", 27 *Ariz. J. Int'L & Comp. L.* pp. 693, 704（2010）.

③ 505 U. S. p. 833（1992）.

④ Id. p. 854. See generally *Harris v. United States*, 536 U. S. p. 545, pp. 556–557（2002）（Kennedy, J.）. "遵循先例并非一条'冷酷无情的命令'……但是, 该原则对法治而言, '具有根本上的重要性'。" [quoting *Welch v. Tex. Dept. of Highways & Public Transp.*, 483 U. S. pp. 468, 494（1987）]

⑤ 491 U. S. p. 164（1989）.

道："本法院多次申明并极力强调，遵循先例原则对法治而言具有根本上的重要性……我们已经声明过，任何对遵循先例原则的偏离，都必须要有特别的正当理由。"①

在一个流变的世界中，遵循先例的做法保证了法律的连续性，这对于法治而言非常重要。正如拜伦·怀特（Byron White）法官在 *Irwin v. Department of Veterans Affairs*② 一案中所论述的那样，"遵循先例之所以'对法治而言具有根本上的重要性'，是因为除了其他贡献外，它既促进了（法律的）稳定性，又保护了（人民对法律可预测性的）期待"。③ 在 *CBOCS West, Inc. v. Humphries*④ 一案中，斯蒂芬·布雷耶（Stephen Breyer）大法官对此进一步阐释道："遵循先例原则……要求不论司法解释的方法如何变化，都要对先例予以尊重。若不然，这些原则将无法实现它们所追寻的以法治为依赖的法律的稳定性（legal stability）。"⑤

在 *FCC v. Fox TV Stations, Inc.*⑥ 一案中，斯蒂芬大法官

---

① 491 U. S. pp. 172 – 173（emphasis added）（citations omitted）（internal quotation marks omitted）; see also *Montejo v. Louisiana*, 129 S. Ct. pp. 2079, 2101（2009）（Stevens, J., dissenting）（辩称，对先前判例之推翻不仅依赖于"一个有缺陷的学说前提"，而且其所期待获得的"令人可疑的益处"，也被它对法治所造成的损害"远远超越"）. *Arizona v. Fulminante*, 499 U. S. p. 279, 295（1991）; "遵循先例'对法治而言具有根本上的重要性'……"[quoting *Welch v. Tex. Dept. of Highways & Public Transp.*, 483 U. S. p. 468, 494（1987）] *Solem v. Helm*, 463 U. S. p. 277, pp. 311 – 312（1983）（Burger, C. J., dissenting）. "遵循先例之原则，尽管也许永远无法对一个宪法性问题产生完全之说服力，但在一个法治社会，该原则要求必须尊重法治。"[quoting *City of Akron v. Akron Crt. for Reprod. Health, Inc.*, 462 U. S. p. 416, pp. 419 – 420（1983）]

② 498 U. S. p. 89（1990）.

③ Id. p. 100 n. 3（1990）（White, J., concurring in part, dissenting in part）（citations omitted）; see also *Morrissey v. Brewer*, 408 U. S. 471, p. 499（1972）（Douglas, J., dissenting in part）（"法治在维护社会稳定方面具有重要作用。在撤销假释方面的恣意行为，只会妨碍并损害现代刑罚学所强调之改过自新功能的实现"）.

④ 553 U. S. p. 442（2008）.

⑤ Id. p. 457.

⑥ 129 S. Ct. p. 1800（2009）.

表达了类似的观点，认为本案中存在一个强有力的推定——联邦通讯委员会（Federal Communications Commission）最初所表达的观点，亦反映了将权力委托给该委员会的国会（Congress）之观点，因为除了其他事项，"法治……所偏袒的是稳定性，而非行政上的突发奇想（administrative whim）"。①

（1）发展中的法律构造

有时，对先例的遵守与对发展中的法律构造的忠诚之间会发生冲突。因此，在 *Arkansas Electric Co - operative Corp. v. Arkansas Public Service Commission*② 一案中，布伦南大法官对为何（在该案中）偏离某先例规则作了如下说明：

> 无论在本案还是在他案，遵循先例原则告诫我们，不要轻率地推翻我们在 Attleboro 案中所发现的那种具体指导规则。尽管如此，对法治的尊重，不但要求我们随着时间的流逝去谋求（裁判的）一贯性，而且要求我们在进行更多的深思熟虑后，于任何特定时间点在某法律领域的解释中谋求一贯性。因此，近年来，本法院明确地废弃了一系列形式主义的区分……这些区分曾被用来界定并控制"商业条款原则（Commerce Clause doctrine）"的方方面面。
>
> ……在协调 Attleboro 与现代的商业条款原则方面的困难性早已不言而喻，它是如此明显，以至于我们对其续存的合理性产生了怀疑……我们认为，今日对 Attleboro 案所形成的呆板方针（mechanical line）的否决，并不会对重大信赖利益产生威胁。③

---

① 129 S. Ct. p. 1826 (Stevens, J. , dissenting) .

② 461 U. S. p. 375 (1983) .

③ Id. pp. 391 - 392 [探讨 *Pub. Utils. Comm'n v. Attleboro Steam & Elec. Co.* , 273 U. S. p. 83 (1927) 一案]。

小约翰·G. 罗伯茨（John G. Roberts, Jr.）首席大法官在 *Citizens United v. Federal Election Commission*① 一案中，亦作出如下阐释：

> 遵循先例本身并非终极目标。相反，它是"一种为我们所用的工具，用以确保法律不要仅有不规律的变动，而要以有原则的（principled）、可理解的（intelligible）方式向前发展"。它最大的目标，即在于满足一个宪法性理念——法治——的需要。因此，在例外情形，当对任何特定先例的遵守将会给法治这一宪法性理念带来更多损害时，我们必须做好背离那个先例的准备。②

（2）变更的正当化

当一个先前判决未得到遵守时，③ 法治要求（法官）必须在判决中澄清理由。④ 因此，在 *Welch v. Texas Department of Highways & Public Transportation*⑤ 一案中，小刘易斯·F. 鲍威尔（Lewis F. Powell, Jr.）大法官论道："大体上说，法治依赖于对遵循先例原则的坚守。事实上，该原则是'依我们制度的性质经自然演化而产生'的。故而，'任何对遵循先例原

---

① 130 S. Ct. p. 876（2010）.

② Id. pp. 920-921（Roberts, C. J., concurring）（citations omitted）.

③ See e. g. *Ring v. Arizona*, 536 U. S. p. 584（2002）. 在该案中，金斯伯格（Ginsburg）大法官写道："尽管遵循先例之原则对法治而言具有根本上的重要性……我们的先例并非神圣不可侵犯的。当必要性与适当性得以确立时，我们将推翻先前判例。我们一致认为，本案即是此一情形。"Id. p. 608（alterations in original）（citations omitted）（internal quotation marks omitted）.

④ See Citizens United, 130 S. Ct. at p. 938（Stevens, J. dissenting）.（"如果遵循先例原则旨在积极支持法治之实现，那么它必须要求在五名大法官的偏好之外，存在足以推翻既定原则之重大正当理由。"）

⑤ 483 U. S. p. 468（1987）.

则的背离必须有特别的正当理由'。"① 或者说，诚如斯卡利亚
大法官在 *Boumediene v. Bush*② 一案中所悲叹的那样，"对法治
而言，如果哪一天……在没有辩解、更不要说道歉的前提下，
一项重要的宪法先例便被抛弃了，那将是不幸的一天"。③

2. 客观性、中立性原则与逻辑上的一贯性

法治要求裁判具有客观性。因此，在 *First National City
Bank v. Banco Nacional de Cuba*④ 一案中，布伦南大法官宣称：
"只有依照法律原则作出不偏不倚的判决意见，我们法院的
判决才能获得他人尊重。对这一目标的关切，其重要性并不
亚于对个别诉讼当事人公平及平等待遇（fair and equal treat-
ment）的保障。若对此有任何轻视，则不足以满足法治的
要求。"⑤

在 *TXO Production Corp. v. Alliance Resources Corp.* ⑥ 一案
中，奥康纳大法官认为，"一些包括反复无常、情绪激动、偏
见、成见等在内的影响因素，与法治是对立的"。⑦

*Harmelin v. Michigan*⑧ 一案处理强制性徒刑（mandatory
prison sentence）的合宪性问题。在该案中，肯尼迪大法官阐
释道："如果刑罚的施加没有任何合理理由，而仅仅是因为宣
判法官主观上的反应，则法治将陷于危险之中。"⑨ *Maryland
v. Wilson*⑩ 一案是一则有关警察拦截汽车的案例。在该案中，

---

① 483 U. S. pp. 478 – 479（citations omitted）.
② 553 U. S. p. 723（2008）.
③ Id. p. 842（Scalia, J. , dissenting）.
④ 406 U. S. p. 759（1972）.
⑤ Id. p. 793（Brennan, J. , dissenting）.
⑥ 509 U. S. p. 443（1993）.
⑦ Id. p. 475（O'Connor, J. , dissenting）.
⑧ 501 U. S. p. 957（1991）.
⑨ Id. p. 1007（Kennedy, J. , concurring in part, concurring the judgment）.
⑩ 519 U. S. p. 408（1997）.

肯尼迪大法官表达了相同观点："坚守中立性原则，是法治的根本前提。"①

当外行人在法律体系中扮演一定角色时，对客观性的关切也会随之发生。正如威廉·H. 伦奎斯特（William H. Rehnquist）大法官在 *Lockhart v. McCree*② 一案中代表最高法院所论述的，陪审员必须"出于对法治的尊重，暂时将其个人价值观束之高阁"。③ 布莱克门（Blackmun）大法官将该原则适用于 *Buchanan v. Kentucky*④ 一案（该案涉及有关死刑的争议），并代表最高法院作出阐释："出于对法治的尊重，而愿意将其个人价值观暂时搁置的人，可以充任陪审员。"⑤

法治暗示着对合乎逻辑的判决过程的偏好。因此，斯卡利亚大法官在 *Hein v. Freedom from Religion Foundation, Inc.*⑥ 一案中竭力敦促："如果本法院想要依照法治而非举手表决来裁判案件，那么我们必须屈从于逻辑。"⑦ 在对此点作了进一步阐明后，他宣称："强迫律师与法官作出削弱法律灵魂（即逻辑与理性）的论证，恰是帮了法治的倒忙。"⑧

然而，逻辑推理的价值也是有限的。在 *N. L. R. B. v. International Brotherhood of Electrical Workers, Local 340*⑨ 一案中，斯卡利亚大法官抱怨道："如果出发点是错误的，那么作为在司法上恪守法治的一般机制，逻辑推理将会执拗地将本法院带

---

① 519 U. S. p. 423 (Kennedy, J. , dissenting) .

② 476 U. S. p. 402 (1987) .

③ Id. p. 176; see also *Uttecht v. Brown*, 551 U. S. p. 1, 38 (2007) (Stevens, J. , dissenting) (quoting *Lockhart*, 476 U. S. p. 176) .

④ 483 U. S. p. 402 (1987) .

⑤ Id. p.416; see also *Gray v. Mississippi*, 481 U. S. p. 648, 658 (1987) （表达了类似观点并引用了 *Lockhart*, 476 U. S. p. 176）。

⑥ 551 U. S. p. 587 (2007) .

⑦ Id. p. 618 (Scalia, J. , concurring) .

⑧ Id. p. 633 (Scalia, J. , concurring) .

⑨ 481 U. S. p. 573 (1987) .

入一个离制定法涵义越来越远的境地。"①

3. 正确性

法治要求裁判程序的运行，既能使错误发生的风险最小化，又能够纠正严重的错误。布莱克门大法官对此进行思考后，在 *Barclay v. Florida*② 一案（死刑案）中表达了反对意见，他的主张如下：

> 当某个州选择施加死刑时……必须符合法治的要求……在本案中，无论是因故意还是其他原因所造成的错误及失策，几近使得佛罗里达州的制定法形同儿戏，对我而言，这是无法宽恕的。③

未能纠正法律程序中的错误，并不能简单地以便利或高效为借口。因此，在 *McMann v. Richardson*④ 一案中，布伦南大法官持反对意见，他不赞同在上诉法院（Court of Appeals）庭审中持同意意见的法官之观点，理由如下：

> 一方面，（该法官）认可先前 *Jackson v. Dennon* 一案中的旨在质疑囚犯在法庭上所作自认的合法性之程序具有不健全性，但一方面，却仅仅因为提供新的审判会给州政府带来更多麻烦，而拒不给予这些错误地自认有罪之人诉诸司法程序的机会，这是极不公平的，这实在是对法治的诋毁与抹黑。⑤

---

① 481 U.S. p. 598 (Scalia, J., concurring).
② 463 U.S. p. 939 (1983)，被如下判例推翻：*Payne v. Tennessee*, 501 U.S. 808, 830 (1991)。
③ Id. p. 991 (Blackmun, J., dissenting).
④ 397 U.S. p. 759 (1970).
⑤ Id. p. 786 (Brennan, J., dissenting).

纠正法律在实体上的错误，亦推动着法治的进步。在某种程度上，这意味着有错误的规则必须被推翻。因此，斯卡利亚大法官在 *South Carolina v. Gathers*① 一案中主张，"通过废弃"一项由最近一则错案所确立的先例，"我们为法治提供了更大程度的确信"。② 在探讨推翻先例可能会削弱遵循先例原则这一问题时，③ 斯卡利亚大法官论述道："更正这个错误，将使该先例丧失接受已久的实践（long‐established practice）所能获得的尊重。建议（本法院）在州与联邦法律及实践适应该先例前，立马抓住机会去纠正这个错误。"④

（1）司法可审查性与对平权政府分支机构的尊重

法治关注正确性，并要求对法律上的重大政府决定进行司法审查（judicial review）。例如，在 *Federal Maritime Board v. Isbrandtsen Co.*⑤ 一案中，费利克斯·法兰克福特（Felix Frankfurter）大法官持反对意见，并作出如下解释：

> 行政机关的决定，应当受所谓的司法上的法治（judicial Rule of Law）的制约。法院受理上诉，应当查明行政机关的行为是否在其法定职权限度内，是否建立在合理性证据之上，是否最终满足了有关正当程序（due process）的宪法性要求。⑥

然而在美国的制衡体制下，（联邦最高法院）必须要将在

① 490 U. S. p. 805（1989）.
② Id. p. 825（Scalia, J., dissenting）.
③ 参见本文第二节第（二）部分第 1 小节（探讨遵循先例之问题）。
④ *Gathers*, 490 U. S. p. 824（Scalia, J., dissenting）.
⑤ 356 U. S. p. 481（1958）.
⑥ Id. p. 520（Frankfurter, J., dissenting）.

开展司法审查所带来的益处与尊重平权政府分支机构的原则之间进行权衡。① 在 *Heckler v. Chaney*② 一案中，联邦最高法院判决认为存在一项假定——行政机关放弃（forgo）提起申请强制执行诉讼（enforcement actions）的决定是不可审查的。③ 瑟古德（Thurgood）大法官虽对判决结果持同意意见，但他另有主张如下：

> 这一"不可审查的假定"与牢牢植根于我们法学之中的法治原则之间，存在着根本上的不调和……仅希望将它理解为一个特殊事实环境下的残留物。在这种环境中，既不能发现、也不能从中推断出存在这种假定。④

在 *Weinberger v. Romero – Barcelo*⑤ 一案中，联邦最高法院认为，《清洁水法案》（Clean Water Act）的条文并未要求签发禁制令。⑥ 史蒂文斯大法官持反对意见，并作如下主张：

> 本法院委派能自由思考的联邦法官……在审查委员会任职。（任何事物）对我们的水供应以及国家安全的潜在危害性，都需要经过评估。将此种评估职责委托给非司法决策人（nonjudicial decision makers），须遵循严密的法定程序。然而，本法院没有要求

---

① Cf. Vincent R. Johnson & Alan Gunn, *Studies in American Tort Law*, p. 9 (4th ed. 2009)（注意到，美国侵权法之形成，受到了如下观念之影响，即"法院应当对互相平权之政府分支保有适当的尊重"）。

② 470 U. S. p. 821 (1985).

③ Id. p. 837.

④ Id. p. 840 (Marshall, J., concurring).

⑤ 456 U. S. p. 305 (1982).

⑥ Id. p. 314.

（非司法决定人）遵循这样的程序，相当于用首席行
政官的笨拙之脚（chancellor's clumsy foot）代替了法
治，这既没有必要，也令人感到意外。①

（2）正确性与遵循先例之间的冲突

很明显，遵循先例原则与纠正法律错误的司法职责之间存
在着紧张关系。在探讨这一紧张关系时，奥康纳、肯尼迪与苏
特大法官在 *Planned Parenthood of Southeastern Pennsylvania v.
Casey*② 一案中论述如下：

> 遵循先例的义务以有必要性（necessity）为始，
> 以无必要性（contrary necessity）为终……如果对每
> 个案件中所提起的争议点进行重新审视，任何司法系
> 统都无法实现其社会职能。事实上，作为我们宪法基
> 础的法治观念，要求具备一种跨越时间的连续性——
> 依其定义，对先例的尊重是必不可少的。在另一方
> 面，如果一个先前的司法判决明显有错，则没有必要
> 继续遵循这个判决。③

但是，在 *Citizens United v. Federal Election Commission*④ 一
案中，罗伯茨首席大法官却表达了如下不同观点：

> 在审理一起起诉政府的案件中，本法院需要重新
> 审视、确认……一则早期的判决。……遵循先例的原
> 则，旨在维持而非转变。它劝告我们要尊重过去的错

---

① 456 U. S. p. 335（Stevens, J. , dissenting）.
② 505 U. S. p. 833（1992）.
③ Id. p. 854（citations omitted）.
④ 130 S. Ct. p. 876（2010）.

误，但也没有提供制造新错误的正当理由。因此，本法院不能因为新的推理论证碰巧支持同一结论（该结论亦由已经被废弃、被怀疑的过去的理由所支持），而赋予该未曾接受过的推理论证先例的权威。

若不如此，则作为遵循先例的正当性基础法治的价值将遭受削弱。这一做法将会强烈地诱导本法院仅仅为了使其过去的错误合理化，而发明与接受新的宪法性原则，却不去恰当地分析这些原则本身是否具有长处或法律依据。这一进路将容许本法院在过去的错误基础上，创造大量未来的错误，从而削弱遵循先例原则旨在保护的法治价值。①

（三）待遇平等

法治要求待遇平等。因此，在 *Smith v. United States*② 一案中，威廉·O. 道格拉斯（William O. Douglas）大法官宣称："所有宪法上的保障，既覆盖富人，亦覆盖穷人；既覆盖臭名昭著之人，亦覆盖正直的模范公民。法治之下的政权，不能容忍在宪法上作出任何上述区分。"③

在 *Codd v. Velger*④ 一案中，史蒂文斯大法官明确表示，在一个珍视法治的社会，"无论是有罪之人还是清白之人，都有权获得公正的审判"。⑤

*Alderman v. United States*⑥ 一案是一则有关搜查和扣押（search - and - seizure）的案例。在该案中，阿贝·福塔斯

---

① 130 S. Ct. p. 924 (Roberts, C. J. , concurring).

② 423 U. S. p. 1303 (1975).

③ Id. pp. 1307 - 1308 [道格拉斯（Douglas, J.）之裁决，授予了临时居留许可]。

④ 429 U. S. p. 624 (1977).

⑤ Id. p. 632 (1977) (Stevens, J. , dissenting) [quoting *Anti - Fascist Comm. v. McGrath*, 341 U. S. p. 123, 179 (1951) (Douglas, J. , concurring)].

⑥ 394 U. S. p. 165 (1969).

(Abe Fortas) 大法官主张如下：

> 美国宪法第四条修正案……赋予了个人一项人身
> 权利……即有权坚决主张，国家只能使用合法的诉讼
> 程序手段去对付他。该条修正案向所有人保证，政府
> 在行使逮捕与侦查方面的强大国家权力时，必须服从
> 于法治的要求。①

1. 程序性保障措施

在司法系统中，必须采取相应的程序性保障措施才能实现待
遇平等的目的。在思考这些概念相互间的错综复杂性后，布伦南
大法官在 *Richmond Newspapers, Inc. v. Virginia*② 一案中写下：

> 一个建立在俨然有序的自由原则（principles of
> ordered liberty）之上的文明想要生存与繁荣，它的人
> 民必须拥有一个共同的信念——他们被平等地统治
> 着。这一自然规律……强烈地要求建立一个能够向我
> 们的公民展示法律之公正性的司法体系。除了所伴随
> 的程序性保护以及明显的对法治的尊重外，审判的主
> 要功能之一便是完成这一展示。③

在 *Joint Anti - Fascist Refugee Committe v. McGrath*④ 一案中，
道格拉斯大法官评论道："在《人权法案》（Bill of Rights）中，
大部分条款都是程序性的。但这并非没有重大意义，因为依法
统治（rule by law）与依冲动或反复无常统治（rule by whim or

---

① 394 U. S. p. 206 (Fortas, J., concurring in part, dissenting in part).
② 448 U. S. p. 555 (1980).
③ Id. pp. 594 - 595 (Brennan, J., concurring).
④ 341 U. S. p. 123 (1951).

caprice）之间的大部分差异都体现在程序上。"①

2. 合理告知

告知法律有什么要求，是法治的重要方面之一。因此，在 *Exxon Shipping Co. v. Baker*② 一案中，布雷耶大法官写道："存在一种植根于法治本身的需要，它确保惩罚性损害赔偿金（punitive damages）将会依照富有意义的标准而作出；这样的标准，既能对某些行为将会遭受何等严厉惩罚进行告知，又有助于确保身处类似情形下的人能够获得统一的待遇。"③

在 *Sewell v. Georgia*④ 一案中，联邦最高法院驳回了一则对有罪判决的上诉。该有罪判决是依据一项据称非常含糊的处理性玩具的淫秽制定法而作出。布伦南大法官持反对意见，他主张如下：

> ……很难想像还有比这更完全（stark）表面的（prima facie）案例了，即"一项含糊的制定法，未经许可地（impermissibly）将基本的政策问题交给警察、法官以及陪审员，让其在特别情形（ad hoc）下主观地解决（for resolution）"。在法治拥有至高无上地位的社会，无论这些人的行当是多么的不光彩（ignoble）或者可耻（ignoble），不能仅仅因为受州政府支持的警察与陪审员能够在其脑海中浮现出性玩

---

① 341 U. S. p. 179 (Douglas, J., concurring); see also *Wisconsin v. Constantineau*, 400 U. S. p. 436 (1971) ["在《人权法案》中，大部分条款都是程序性的，这并非没有重大意义。因为，正是程序标明了依法统治（rule by law）与依命令统治（rule by fiat）之间的大部分差异"]. *McGarva v. United States*, 406 U. S. pp. 953, 954 (1972) (Douglas, J., dissenting) (quoting *Constantineau*, 400 U. S. p. 436).

② 554 U. S. p. 471 (2008).

③ Id. p. 525 (Breyer, J., concurring in part, dissenting in part).

④ 435 U. S. p. 982 (1987).

具在其中扮演重要角色的性刺激情景，就轻易地定犯
罪嫌疑人的罪。①

对合理告知的要求，在刑事案例中尤其显得突出。在
*Cheney v. United District Court for the District of Columbia*② 一案
中，肯尼迪大法官论道：

> 刑事诉讼程序与民事诉讼程序之间的差异，并非
> 仅仅是一个形式主义（formalism）问题。在刑事诉讼
> 中，对信息的需求更为重大，因为"我们有史可稽
> 的对法治的致力奉献，深深地反映于我们的观点之
> 中，即刑事司法的两重目标是：有罪者必不能逃脱，
> 无罪者必不能受罚"。③

3. 听证权

在程序层面，听证权为法治的重要内容之一。在 *Kenyeres
v. Ashcroft*④ 一案中，肯尼迪大法官作了如下阐释：

> 将自己有法律价值的冤情提交给法院这一机会，
> 支持着一个法定制度（statutory regime）的合法正当
> 性与公众可接受度（public acceptance）。在移民情
> 形，尤其如此。寻求庇护之人以及遭受迫害的难民期

---

① 435 U. S. p. 988（Brennan, J., dissenting）（citations omitted）.
② 542 U. S. p. 367（2004）.
③ Id. p. 384［quoting United States v. Nixon, 418 U. S. 683, 708–09（1974）（alterations in original）］. 在该案中，最高法院判决认定，支持总统通话及通信保密性的"推定的特权（presumptive privilege）"，应当"依照我们有史可稽的对法治之致力奉献"作出解释。*Nixon*, 418 U. S. p. 708.
④ 538 U. S. p. 1301（2003）.

待能享有依照法治原则所获得的待遇。而他们所逃离
的国家往往缺乏法治原则。①

或者，正如肯尼迪大法官在另一案例，即 *Romer v. Evans*②
一案中所述的那样，"对法治观念以及平等保护而言最核心的
原则是：政府及其每个下属分支都应当在公正之条件下，对所
有寻求帮忙者保持开放"。③

当然，如果权利没有法律救济措施作为后盾，即使能够获
得诉诸法庭的机会，意义也不大。因此，在 *Alden v. Maine*④
一案中，苏特大法官悲叹道："如果一个宪法体制（constitu-
tional structure）出于对州（States）的极度牵就（delicacy）而
限制实施联邦法上的权利，那么这一体制就用（对州的）礼
让（politeness）取代了对法治的尊重。"⑤

4. 程序及可预测性

法治要求法律具有可预测性。例如，在 *Lassiter v. Depart-
ment of Social Services of Durham County, North Carolina*⑥ 一案
中，联邦最高法院认为，根据本案之事实，在一个旨在终止父
母地位（parental status）的诉讼程序中，没有为该贫穷父母指
派诉讼代理人并不违反正当程序。⑦ 布莱克门（Blackmun）大
法官持反对意见，并主张如下：

程序性法规保证诉讼当事人免受不可预测（un-

---

① 538 U. S. p. 1305（Kennedy, J.，充任巡回法官）。
② 517 U. S. p. 620（1996）.
③ Id. p. 633.
④ 527 U. S. p. 706（1999）.
⑤ Id. p. 803（Souter, J., dissenting）.
⑥ 452 U. S. p. 18（1981）.
⑦ Id. pp. 31–33.

predictable）及未经审查（unchecked）的不利政府行为的影响。长久的审判经验，使我们吸取到一些有关如何才能确保公正对待（fair play）的教训。这些经验教训通常被认为具有普适性，可以确保法律的可预见性与统一性，促进了法治的发展。反之，如果本法院对每个被告父母的庭审记录进行溯及审查，则恰恰削弱了作为这一般公平（general fairness）概念基础的正当理由（rationale）。①

5. 实体上的限制

采纳以规则为基础的机制（rule‑based mechanisms），或可进一步加强个人对公正与平等待遇的享有。因此，在 *United States v. Winstar Corp.* ② 一案［探讨了主权行为学说（sovereign acts doctrine）③ 的范围］中，戴维·苏特（David Scouter）大法官评论道，早期案例所确立的"'公共及一般行为（public and general act）'标准……反映了传统上对'法治'的假定，即使用概括性的授权术语，将会有助于防止对权力的滥用，防止不正当地给少数人带来负担或者好处"。④

创设并实施法律规则的目的，主要在于对个人财产利益进行保护，也可进一步增强法治在预防官员权力滥用方面的效力。因此，在 *Wyman v. James*⑤ 一案中，道格拉斯大法官写道：

公民的社会保障退休金（social security retirement

---

① 452 U. S. p. 50（Blackmun, J. , dissenting）.
② 518 U. S. p. 839（1996）.
③ Id. pp. 891 – 895.
④ Id. p. 897.
⑤ 400 U. S. p. 309（1971）.

benefits）也许是他最重要的资源。那么，他的这一最重要的权利，应当获得比他的其他利益更低的保护吗？法治因此而承担一项任务，即保护此一新的退休金"权利"免受恣意的政府行为的侵害。这就要求综合采取实体与程序方面的保障措施，并且保证这些措施与保护传统财产权利的措施一样有效。①

（四）官员职责

法治要求政府官员行事正当。诚如美国前司法部长拉姆齐·克拉克（Ramsey Clark）所述："没有正直的公仆，法治将成为一纸空文。"②

通过对高标准的强调，并且让官员为其有瑕疵的行为负责任，可以促进官员责任目标的实现。在近期的 *Caperton v. A. T. Massey Coal Co. , Inc.* ③一案中，最高法院论及，司法的"行为规范（codes of conduct）担当着维护司法机关廉洁性与守护法治的重任"。④ 在早期，汤姆·C. 克拉克（Tom C. Clark）大法官就曾发现，个人权利能否获得法治保障与法官的道德性高低息息相关。正如一位评论家所言：

> 克拉克认为保护被告宪法性权利的职责应当落在个体法官的肩上："个人权利的最终看守人是法治，其最重要的方面便是司法独立。法官以王室的权威来执掌司法；除了上帝与他自己的良心之外，他不对任何人负责

---

① 400 U. S. p. 334（Douglas, J. , dissenting）.

② Ramsey Clark, Foreword to Mimi S. Gronlund, *Supreme Court Justice Tom C. Clark: A Life of Service*, p. xiii（2009）, reviewed by Vincent R. Johnson, Book Review, 56 – DEC Fed. Law. p. 76（2009）.

③ 129 S. Ct. p. 2252（2009）.

④ Id. p. 2266.

……"克拉克将其信心赋予给法官，这种信心引导着他将高于警察的行为标准施加于法官身上。①

此外，联邦最高法院大法官们认为，部分政府官员承担着这样的责任——他不仅应当行事正当（act properly），而且应当努力促进法治的实现。例如，在 *Communist Party of Indiana v. Whitcomb*② 一案中，鲍威尔大法官强调："政府行政首脑负有实施法治的责任。"③

*Rumsfeld v. Padilla*④ 一案起因于 911 事件⑤。在该案中，史蒂文斯大法官主张："法治施加于行政机关（Executive）身上的限制与拘束的性质，比总统的选举方式还要来得重要。"⑥ 布伦南大法官在 *Perez v. Ledesma*⑦ 一案中注意到，查尔斯·艾伦·莱特（Charles Alan Wright）教授曾写道："对于建立宪政政府与法治而言，'涉及扬的非诉案（*Ex parte Young*）'原则看来是必不可少的。"⑧ 20 世纪早期一则案例确立了"涉及扬的非

---

① Mark Srere, Note, "Justice Tom C. Clark's Unconditional Approach to Individual Rights in the Courtroom", 64 *Tex. L. Rev.* p. 421, 441 (1985) (omission in original) (footnote omitted).

② 414 U. S. p. 441 (1974).

③ Id. p. 452 n. 3 (Powell, J., concurring).

④ 542 U. S. p. 426 (2004).

⑤ Id. pp. 430 – 432.

⑥ Id. p. 465 (Stevens, J., dissenting).

⑦ 401 U. S. p. 82, 110 (1971).

⑧ Id. p. 110 (Brennan, J., concurring in part, dissenting in part); see also *Employees of Dep't. of Pub. Health & Welfare, Mo. v. Dep't. of Pub. Health & Welfare, Mo.*, 411 U. S. p. 279, 323 (1973) (Brenna, J., dissenting) [quoting Charles Wright, *Handbook of the Law of Federal Courts*, p. 186 (2d ed. 1970)]. ["单方诉讼（*ex parte*）（拉丁文，'为……利益'）：该短语通常指不预先通知对方当事人或者对方当事人不参加听审的诉讼。当该短语作一个案件的标题时，如'涉及扬的非诉案'（*ex parte Young*）（1908），表明诉讼是为了标题所指之人的利益而进行的。"克米特·L. 霍尔主编：《牛津美国联邦最高法院指南》（第二版），许明月、夏登峻等译，北京大学出版社 2009 年版，第 290 页。——译者注]

诉案"原则①——尽管州拥有主权豁免（sovereign immunity），联邦法官仍可以受理对有违宪行为的州官员所提起的诉讼。②

在 *Shalala v. Illinois Council on Long Term Care, Inc.* ③一案中，克拉伦斯·托马斯（Clarence Thomas）大法官提出建议，认为"除非存在足够理由让人相信这是国会的旨意，否则对行政行为的司法审查不会被中断"。④ 这一存在已久的准则（canon），部分地植根于"体现于正当程序条款之中的法治考量"。⑤

在 *Alden v. Maine*⑥一案中，苏特大法官针对一个类似主题作出如下论述：

> 当州的法官，依照至上条款（Supremacy Clause）的要求，实施针对州的官员的联邦法律时，他们对州的行政机关的对抗程度，并不会超越当我们将联邦法律适用于合众国时对联邦行政机关的对抗程度——这仅仅是出于对法治的维护。⑦

1. 非法证据排除规则

在某些情形下，从审判中排除某些证据，可以促进官员职责（与法治）的发展。因此，在 *Sherman v. United States*⑧一

---

① 209 U. S. p. 123（1908）.
② Id. pp. 159 – 160.
③ 529 U. S. p. 1, 44（2000）.
④ Id. at p. 43（Thomas, J. , dissenting）（citations omitted）（internal quotation marks omitted）.
⑤ Id. p. 44（Thomas, J. , dissenting）（quoting S. Breyer, R. Stewart, C. Sunstein & M. Spitzer, *Administrative Law And Regulatory Policy*, p. 832（4th ed. 1999）.
⑥ 527 U. S. p. 706（1999）.
⑦ Id. p. 801 n. 34（Souter, J. , dissenting）.
⑧ 356 U. S. p. 369（1958）.

案中，法兰克福特大法官主张如下：

> 联邦法官承担这样一种职责——他们必须反对
> （行政机关）以非法手段或者违反合理证实的正义标
> 准之手段来实施法律，并且有义务拒绝维持这些手段
> 的有效性。在联邦法院，联邦法官行使公认的司法管
> 辖权，创设并适用合适的标准来实施联邦刑事法律。
> 这种职责超越了在个案中对被告的定罪。法治所最终
> 依赖的基础价值之一便是公众对公正的信心和对司法
> 的崇敬，这是一种需要精心呵护的超越价值（tran-
> scending value）。①

法治要求公共官员的行为必须具有合法性，并（通过责
任的施加）威慑着官员的不法行为。在 *United States v.
Mechanik*② 一案中，马歇尔大法官作出如下解释：

> 法治要求即使在定罪后，不恰当提起的公诉也应
> 当被撤销，因为"在现代，所有的刑事检控都操纵
> 于官员手中。只有通过推翻基于非法证据所作出的定
> 罪，才能使得检察官的狂热被限制在法律的边界之
> 内，正义由此而得以确保"。③

2. 司法独立

在美国，法治的概念特别强调司法独立的重要性，这并

---

① 356 U. S. p. 380（Frankfurter, J., concurring）（citations omitted）（internal
quotation marks omitted）.

② 475 U. S. p. 66（1986）.

③ Id. p. 84（Marshall, J., dissenting）［quoting *United States v. Remington*, 208
F. 2d 567, 574（2d Cir. 1953）（L. Hand, J., dissenting）］.

不令人感到意外。没有其他理念能够像法治一样与美国的司法体系联系如此紧密。① 正如伦奎斯特首席大法官所评论的那样：

> 将对……个人权利的保障写入成文宪法，并由独立的司法机关来实施，这一主意是美国对政府统治技术（art of government）的独特贡献。由宪法所保障的权利将由独立于行政机关的法官来实施，这一观念在当时各国政府体系中是独一无二的。这是美国对政府治理理论与实践所作出的非凡贡献。②

在法国恐怖统治时期（Reign of Terror），法治之所以被背叛，其原因之一便是法国法院的法官尤其是巴黎革命法庭（Revolutionary Tribunal of Paris）的法官，根本就不是独立的。③ 一方面，司法裁判的决定过程受到其他政府部门操纵。④ 另一方面，法官在依法作出职务行为后，却没有获得免遭报复

---

① See e. g., Vincent R. Johnson, "The Ethical Foundations of American Judicial Independence", 29 *Fordham Urb. L. J.* 1007, 1014 (2002)［hereinafter *Ethical Foundations*］.［"可以简单地将整个司法行为规范（Code of Judicial Conduct）解读为对司法独立原则之崇敬。的确，其前言第一句即为：'我们的法律体系建立于这样一个基础之上，即统治我们的法律将由一个独立、公正与能胜任的司法机关来解释与适用。'"］

② Chief Justice William H. Rehnquist, *Address at Northern Illinois School of Law* (Oct. 20, 1988)（由作者记录在档）。

③ See Vincent Robert Johnson, "The French Declaration of the Rights of Man and of Citizens of 1789, the Reign of Terror, and the Revolutionary Tribunal of Paris", 13 *B. C. Int'L & Comp. L. Rev.* p. 1, 22 (1989).（探讨对法官职责之干预）［恐怖统治时期（法语：Terreur），又称雅各宾专政，指法国大革命时，1793 年到 1794 年间由罗伯斯庇尔领导的雅各宾派统治法国的时期。在该时期，雅各宾政权将数千有嫌疑的反革命者送上断头台。吕一民：《法国通史》，上海社会科学院出版社 2007 年版，第 120－127 页。——译者注］

④ See id. p. 24.（探讨法官是如何与检察官"站在同一阵营"的，而检察官自己也是立法者之傀儡）。

（retribution）的保护。① 因此，司法机关仅仅是滥用权力的革命者的走卒而已。

恪守法治，有时意味着法官必须作出令人失望——即便是令那些提拔他的人也感到失望——的表决（vote）。例如，汤姆·C. 克拉克（Tom C. Clark）大法官热衷于法治，曾多次伤害、惹怒或者疏远了"几乎对他而言最亲近的人或组织"，包括哈里·S. 杜鲁门（Harry S. Truman）总统。②

在 *Republican Party of Minnesota v. White*③ 一案中，史蒂文斯大法官引述一位当选法官（elected judge）之言，论道：

> 对法治的忠诚，要求法官在作出裁判时要凌驾于政治时局（political moment）之上。仅仅出于政治主张不同而对裁判后果表示不满，并因此而批判法院的裁决与法官个人，这很令人恼怒，因为它暴露了一个彻底被误导的信念——司法机关应当像另一个受选区牵制的政府的分支机构一样运作，并获得同样的待遇。法官不应当拥有"政治选区（political constituencies）"。相反，法官必须忠实于法治的实施，而不应当受到民意（popular will）的左右。④

对此，金斯伯格大法官在同一案中增述如下：

> 与政府分支中的其他平行部门不同，法院不得去

---

① See Vincent Robert Johnson, "The French Declaration of the Rights of Man and of Citizens of 1789, the Reign of Terror, and the Revolutionary Tribunal of Paris", p. 19（探讨"缺乏对……职务行为之豁免"以及"因不忠行为而被检控之预期"）。

② See Clark, Foreword to Mimi S. Gronlund, *Supreme Court Justice Tom C. Clark: A Life of Service*, pp. xiii – xiv.

③ 536 U. S. p. 765 (2002).

④ Id. p. 803 (Stevens, J., dissenting) [quoting De Muniz, "Politicizing State Judicial Elections: A Threat to Judicial Independence", 38 *Willamette L. Rev.*, p. 367, 387 (2002)] (internal quotation marks omitted).

迎合特定选区的意愿，也不得在对抗性展示（adver-
sarial presentation）之前公开表明自己的观点。他们
的任务仅限于通过中立地适用法律原则，在个别案卷
记录的基础上裁决案件、解决争议，并且在有必要
时，能够勇敢面对并抵抗民主政体下的至高无上
者——民意。

能够履行此项职责的司法机关，不会专门对任何
个人或组织尽忠。这是英美法上一项由来已久的传统，
是宪政政府的基础壁垒，也是法治恒久的守护神。[1]

3. 公务豁免

官员对因履行职务行为而承担个人后果充满着恐惧，这有
可能导致官员不能尽全力去履行法治所施加的职责。在思考这
一利害关系时，奥康纳大法官在 *Forrester v. White*[2] 一案中，
代表最高法院写道：

当官员意识到自己要为其职务行为负个人责任
时，他们因而感受到威胁，在行事时也许会变得过度
小心，而不能依客观与独立标准尽到他们本应尽到的
职责。如果将政府官员暴露于与普通公民所面临的同
样的法律风险之下，法治的价值将会遭受减损，而非
提高。[3]

针对恰当平衡官员职责与公务豁免之间的关系这一问题，

---

① 536 U. S. pp. 803 – 804（Ginsburg, J. , dissenting）（citations omitted）（in-
ternal quotation marks omitted）.

② 484 U. S. p. 219（1988）.

③ Id. p. 223.

奥康纳大法官如此论道:"意识到个人责任的威胁所具有的有益效果……以及不可否认的存在于公务豁免与法治理念之间的紧张关系,本法院不应当轻易地认可如下主张:政府官员不应当承担在法院为其行为进行辩护的义务。"①

在 *Pulliam v. Allen*② 一案中,鲍威尔大法官论述了司法豁免(judicial immunity)与司法独立之间的关系。据称,一位基层司法官员从事了违反宪法的行为,法院因此签发了针对该司法官员的禁制令。鲍威尔大法官不赞同此项判决,并作出如下阐释:

> 我找不到任何有力的理由来解释,为何司法豁免可以阻止提起针对法官的损害赔偿诉讼,而不能阻止禁制令诉讼。对司法官员提供此项保护的根本理由——不仅早已为英国判例所清楚表达,亦为本法院所多次强调——应当平等地适用于这两类救济形式的诉讼。对法治而言,确保司法的客观与独立是至关重要的。③

(五) 公民责任

法治要求公民以及政府行动者(governmental actors)对其行为负责。与此相应,苏特大法官在 *Seminole Tribe of Florida v. Florida*④ 一案中写道:"议会至上(parliamentary)与法治已被视为公理,是普通法中的核心原则。它们要求所有社会成员,无论是政府官员还是平民,平等地承担法律责任,并且……平等地服从于普通法院的管辖。"⑤

---

① 484 U. S. pp. 223 – 224.

② 466 U. S. p. 522 (1984).

③ Id. p. 557 (Powell, J., dissenting).

④ 517 U. S. p. 44 (1996).

⑤ Id. p. 136 n. 32 (Souter, J., dissenting) (citations omitted) (internal quotation marks omitted).

公民要为其自己行为的法律后果承担，但法院不太情愿轻易地将禁止反言（estoppel）原则适用于政府。在 *Heckler v. Community Health Services of Crawford County, Inc.* [1] 一案中，史蒂文斯大法官代表法院写下如下论述：

> 政府的代理人作了错误的承诺，如果适用禁止反言原则，则政府将无法正确地实施法律，会危害到全体公民恪守法治的利益。基于这个特定理由，将禁止反言原则适用于政府时，其构成要件比适用于其他诉讼当事人时更加严格。[2]

一旦被告在公正的裁判程序中被定罪量刑，则法治要求这些刑罚必须得到执行。例如，在 *Evans v. Bennett* [3] 一案中，威廉·H. 伦奎斯特大法官写道：

> 依法治原则，刑事被告的权利应当受到法律的保护。在我们的法律体系中，无论在起诉、庭审还是上诉复审（appellate review）中，被告的各项诉讼权利皆依法受到保护。但在法治的另一面，当州政府依照法治的要求采取了所有步骤——作为法治代表的州立法机关授权州法院施加死刑，并且州法院作出并维持死刑判决后，法治的意志必须得到执行。[4]

惩罚的强制执行，不仅是法治的要求，也影响着法律在公

---

[1] 467 U. S. p. 51（1984）.

[2] Id. p. 60. But see *New Hampshire v. Maine*, 532 U. S. 742, 755（2001）（案件涉及缅因州与新罕布什尔州之间的边境线争端，法院裁判认为"在本案中，不容否认原则无须向政府在实施法律方面的利益妥协"）。

[3] 440 U. S. p. 1301（1979）.

[4] Id. p. 1303（Rehnquist, J., 充任巡回大法官）。

众心目中的形象。例如，在 *Coker v. Georgia*①一案中，美国联邦最高法院认为，对强奸成年妇女的行为执行死刑违反了美国宪法第八条修正案（Eighth Amendment）。②伯格（Burger）首席大法官反对这一论断，他表示：

> 如果在下一个十年，强奸案的发生率急剧下降，强奸受害人在对强奸犯的逮捕与检控方面的合作得以加强，并且人民大众表现出来的对法治的信心大为增长，那么乔治亚州仍独自保留对强奸行为施以死刑，则将是令人难以置信的。③

（六）制度可崇敬性

法治要求一个法律体系的运作方式，必须能够博得公众的尊敬。法律用和平的手段代替了私下解决争议的非法形式，法律体系的成功与否，取决于这种替代方式是否具有获得公众认可的合法正当性。

一个法律体系的制度可崇敬性，可以通过多种途径获得提高。例如，在 *Batson v. Kentucky*④一案中，鲍威尔大法官主张："如果我们能确保没有公民将由于其种族缘故而丧失充当陪审员的资格，那么公众对我们刑事司法体系与法治的崇敬将得到加强。"⑤

---

① 433 U. S. p. 584（1977）.

② Id. p. 597.

③ Id. p. 618（Burger, C. J., dissenting）.

④ 476 U. S. p. 79（1986）.

⑤ Id. p. 99；see also *Johnson v. California*, 543 U. S. p. 499, 511（2005）（引用 Batson 对法治之论述）. *Holland v. Illinois*, 493 U. S. pp. 474, 520（1990）（Stevens, J., dissenting）（"如果我们能确保没有公民将因为其种族缘故而丧失充当陪审员的资格，那么公众对我们刑事司法体系与法治的尊敬将得以加强"）. See generally Mikal C. Watts & Emily C. Jeffcott, "A Primer on Batson, Including Discussion of Johnson v. California, Miller – El v. Dretke, Rice v. Collins, & Snyder v. Louisiana", 42 *St. Mary'S L. J.*, p. 337, 343 n. 17（2011）（探讨最高法院的判决是如何寻求改变有关种族方面的陪审员挑选程序的）。

在一个更体系化的层面，法治要求司法应当以这样的方式实施——它必须与科学、技术以及经济的最新发展水平相一致。当克拉克大法官卸掉法官职务后，他成为联邦司法中心的首任主管。联邦司法中心是由林登·B. 约翰逊（Lyndon B. Johnson）总统所创立的一家智囊团，主要用以支持联邦法院体系的运作。① 担当此任后，克拉克大法官曾说过，除非得到适当的司法研究、协调与管理的支持，否则"这个国家的法治将难以持久"。②

1. 对先例的忠诚

前文所探讨的遵循先例原则十分重要，因为它在一定程度上有助于一个法律体系获得（人们的）崇敬。③ 早前，*Roe v. Wade*④ 一案确认了堕胎是妇女所享有的一项宪法性权利。在后来的 *Planned Parenthood of Southeastern Pennsylvania v. Casey*⑤ 一案中，奥康纳，肯尼迪与苏特大法官拒绝推翻 *Roe v. Wade* 所确立的先例原则，并作出如下阐释：

> 就像个人名誉一样，本法院的合法正当性，必须久经时间的考验才能获得。事实上，对于一个人民尊崇法治的国家而言，它的声誉也是必须如此才能获得。本法院受权裁判宪法性案例，在所有其他人面前宣扬自己的宪法理念。人民对法治的信念本身，并不能轻易地与人民对本法院的理解相分离。如果本法院

① See Vincent R. Johnson, "Justice Tom C. Clark's Legacy in the Field of Legal Ethics", 29 *J. Legal Prof.*, p. 33, 35 n. 8 (2004–05)（探讨了联邦司法中心的建立）。

② Mimi S. Gronlund, *Supreme Court Justice Tom C. Clark: A Life of Service*, p. 242 (2009).

③ 参见本文第二节（一）部分第 1 小节。

④ 410 U. S. p. 113 (1973).

⑤ 505 U. S. p. 833 (1992).

的合法正当性被削弱了，那么，本国在洞穿其宪法理念方面的能力也将随之下降。本法院对合法正当性的关注，既是为本法院着想，也是为国家负责。①

之后，三位大法官作出如下总结：

> 在当前的环境下，贸然推翻 Roe 案的核心裁决（essential holding）将会引发重大错误。这种错误将会对本法院的合法正当性与我国对法治的致力奉献，造成极大的、没有必要的损害。因此，必须坚守 Roe 案核心裁决……②

2. 对政治观点的回避

当法官的行为看似带有政治倾向时，人民对法院以及法治的信心将受到威胁。在 *Bush v. Gore*③ 一案中，联邦最高法院对 2000 年那场有争议的总统竞选作出了判决。在该案中，布雷耶大法官注意到，"对保护基本自由以及法治自身的任何成功努力而言"，（人民）对法院的信心"都是极其必要的组成部分"。④ 史蒂文斯大法官表达了类似的观点，他认为"对执掌司法系统的男人与女人们的信心，正是法治赖以生存与发展的基石"。⑤ 他在该案中持反对意见，并悲叹道："尽管我们无从百分百知晓今年总统大选的赢家是谁，但'输家'是谁已经非常明确了，即国家（与人民）对法官作为公正无私的法治守护人的信心。"⑥

---

① 505 U. S. p. 868.
② Id. p. 869.
③ 531 U. S. p. 98 (2000).
④ Id. pp. 157 – 158 (Breyer, J. 1, dissenting).
⑤ Id. p. 128 (Stevens, J. , dissenting).
⑥ Id. pp. 128 – 129 (Stevens, J. , dissenting).

3. 对司法机关的不公正抨击

在某种程度上，法治依赖于占据司法职位之人的名誉。因此，肯尼迪大法官相信："无论国内还是国外，对法治……的保护而言，一个开明（enlightened）法官的作用，其重要性并不亚于其他任何可识别的（identifiable）、与法律相近的事物。"①

对司法机关进行辱骂性的抨击，违背了法治的要求。② 在思考这一问题时，法兰克福特大法官在 *In re Sawyer*③ 一案中写过，美国联邦最高法院作为"被赋予维护法治之重任的最高法庭，应当是对法官以及审判行为的公正性与廉洁性进行抨击并施加宪法性制裁……的最终地点"。④

（七）对人类尊严的敬重

法治要求人类尊严应当受到敬重。因此，法治包含一个重要的道德侧面。⑤ 斯卡利亚大法官主张法治至少部分地植根于宗教传统。故而，他在 *McCreary County, Kentucky v. American Civil Liberties Union of Kentucky*⑥ 一案中写道：

本法院已多次详述过宗教信仰在建国时代弥漫于国家政府的程度，……整个国家的联邦、州与地方政府都已经展现过对十诫（Ten Commandments）的尊崇。最高法院大楼本身，就包含了对摩西（Moses）的描

① Jeffrey Toobin, *The Nine: Inside the Secret World of the Supreme Court*, p. 327 (2007).

② Cf. Hon. Susan Weber Wright, "In Defense of Judicial Independence", 25 *Okla. City U. L. Rev.*, p. 633, 635 (2000).［"一个担心自己作出的裁判将会影响到自己职业生涯的法官，也许会疏忽司法职责最重要的方面：维护法治。"］

③ 360 U. S. p. 622 (1959).

④ Id. p. 669 (Frankfurter, J., dissenting).

⑤ Cf. Blanchette v. Conn. Gen. Ins. Corps. 419 U. S. p. 102, 162 (1974) (Douglas, J., dissenting).［声称他对1874年1月2日颁行的《铁路法案》（Rail Act）的分析，系建立于如下假设基础上，即"道德秩序下的法治，是我们责任之度量衡"。］

⑥ 545 U. S. p. 844 (2005).

述，十诫的文字被雕刻于审判厅（Courtroom）以及法院大楼的东三角楣饰上，十诫的标志也装饰着沿审判厅北侧及南侧的铁门以及通向审判厅的大门。类似的对摩西十诫的描述，遍布于我们国家首都的公共建筑与纪念碑上。这些高频的展示证实了这样一种流行的见解——十诫是法治的基石，也是宗教（信仰）曾经并且继续在我们政府体系中发挥作用的标志。①

法治对敬重人类尊严的要求，意味着刑事被告的清白非常重要。正如肯尼迪大法官在 *Dretke v. Haley*② 一案中所阐释的那样，将清白"仅仅当作一项技术性细节来看……是不得要领的"，因为"在一个致力于建设法治的社会，违反与不违反刑事制定法之间的差异，是不能被当作小细节而被忽视的"。③

在 *United States v. Verdugo - Qrquidez*④ 一案中，布伦面大法官作出如下阐释：

> 通过尊重外国公民的权利，我们鼓励他国亦尊重我国公民的权利。另外，由于我国日益关注国际犯罪对我国国内的影响，所以我们不能忘记，我国执法人员在国外的行动向所有人——无论他们身处何处——传递了有关法治的有力信息。⑤

但是，斯卡利亚大法官认为，某些敬重人类尊严的观念与

---

① 545 U. S. pp. 906 - 907 (Scalia, J., dissenting) (note omitted) (citations omitted) (internal quotation marks omitted).
② 541 U. S. p. 386 (2004).
③ Id. pp. 399 - 400 (Kennedy, J., dissenting).
④ 494 U. S. p. 359 (1990).
⑤ Id. p. 285 (Brennan, J., dissenting).

法治也存在不一致之处。在有关堕胎权的 *Planned Paranthood of Southeastern Pennsylvania v. Casey*① 一案中，奥康纳、肯尼迪与苏特大法官曾联合作出如下判决意见：

> 在婚姻、生殖、避孕、家庭关系、抚养与教育子女等方面，我们的法律为公民的个人决定提供了宪法性保护，因为这些事项所涉及的有可能是人一生中最重要、最私人的选择。这些选择体现了人格尊严与自主决定，是美国宪法第四条修正案所保护的自由。自由的核心，便是有权通过自己来形成对存在、意义、宇宙及人生奥秘等观念的理解。②

针对前述观点，斯卡利亚大法官在 *Lawrence v. Texas* ③ 一案中作出了回应。该案认定，一个将同性两个人之间合意的性行为认定为犯罪的制定法是违宪的。④ 斯卡利亚大法官继续写道："我从未听说过有任何一部法律，试图限制个人对某些观念的'定义权'。如果某项议案的通过，使得政府对个人基于自我形成的'对存在等观念'的理解而作出的行为进行管制的权力备受质疑时，法治即遭到摧毁。"⑤

（八）对美国视角的总结

正如前述各节所示，美国法上对法治的理解相当复杂。在长达两个世纪的历程中，美国联邦最高法院以分散然而却有力的方式明确表达：法治，要求一个法律体系必须具备以下特征：

---

① 505 U. S. p. 833（1992）.
② Id. p. 851（citations omitted）.
③ 539 U. S. p. 558（2003）.
④ Id. p. 578.
⑤ Id. p. 588（Scalia, J. , dissenting）.

中国民法

- 中立性原则，即在关注判决正确性的基础上，进行透明地、[1]一贯地[2]运作；
- 对法律的要求进行公正的告知，[3] 并平等地对待当事人；[4]
- 当政府官员[5]与平民个人[6]有错误行为时，应当负相应的法律责任；
- 通过在实践中对人类尊严展示必要的敬重，[7] 来赢得公众对其之崇敬。[8]

三、中国侵权法的实施

（一）中华人民共和国的侵权法

经过多年的研究与慎重考虑，[9] 中国于 2009 年通过了一部全新的《侵权责任法》（以下简称《侵权法》），并于 2010 年 7 月 1 日起生效实施。[10] 《侵权法》的调整对象覆盖面广泛，[11] 既明确了侵权责任的基本原则，[12] 也创设了若干可适用

---

① 参见本文第二节第（一）部分。
② 参见本文第二节第（二）部分。
③ 参见本文第二节第（三）部分第 2 小节。
④ 参见本文第二节第（三）部分。
⑤ 参见本文第二节第（四）部分。
⑥ 参见本文第二节第（五）部分。
⑦ 参见本文第二节第（七）部分。
⑧ 参见本文第二节第（六）部分。
⑨ See Zhang Lihong, "The Latest Developments in the Codification of Chinese Civil Law", 83 *Tulane L. Rev.*, p. 999, pp. 1024 – 1037（2009）（探讨了中国侵权法的起草过程）; George W. Conk, "A New Tort Code Emerges in China", 30 *Fordham Int'l L. J.*, p. 935（2007）（探讨了一部重要的草案）。
⑩ 《中华人民共和国侵权责任法》已由中华人民共和国第十一届全国人民代表大会常务委员会第十二次会议于 2009 年 12 月 26 日通过，自 2010 年 7 月 1 日起施行。
⑪ See *generally* Helmut Koziol and Yan Zhu, "Background and Key Contents of the New Chinese Tort Liability Law", 1 *J. of European Tort Law*, p. 328（2010）（对中国新《侵权法》进行了深入与细致的解读）。
⑫ 《侵权法》第一章（"一般规定"）与第二章（"责任构成和责任方式"）。

于特定损失类型的规则［例如，建筑物责任（premises liability）、① 产品责任、② 雇主责任、③ 机动车事故责任、④ 医疗损害责任、⑤ 环境污染责任、⑥ 高度危险责任、⑦ 饲养动物损害责任、⑧ 物件责任（如物件从建筑物上脱落或遗撒在公共道路上）⑨］。

《侵权法》的基本责任规则建立于过错之上，⑩ 但在损害由诸如民用航空器、⑪ 高速轨道运输工具⑫以及民用核设施⑬所造成的场合，《侵权法》亦认可某些形式的严格责任。十分有趣的是，在某些课加（严格）责任的条文中，被告可以通过证明自己已经尽到了回避损害结果发生的注意，来减轻自己的责任，但却不能排除自己的责任。从美国法的视角来看，这种证明责任的分配看起来异乎寻常，它主要适用于无民事行为能力人（例如未成年人）的监护人。⑭

新《侵权法》努力解决一些赔偿问题，涉及人身损害⑮（包括精神损害⑯）、财产损失⑰以及不当死亡（wrongful death）⑱的赔偿。惩罚性损害赔偿只适用于有关缺陷产品的情形。⑲ 侵

---

① 《侵权法》第 37 - 40 条、第 85 - 91 条。
② 《侵权法》第 36 条、第 41 - 47 条。
③ 《侵权法》第 34 - 35 条。
④ 《侵权法》第 48 - 53 条。
⑤ 《侵权法》第 54 - 64 条。
⑥ 《侵权法》第 65 - 68 条。
⑦ 《侵权法》第 69 - 77 条。
⑧ 《侵权法》第 78 - 84 条。
⑨ 《侵权法》第 85 - 91 条。
⑩ 《侵权法》第 6 条。
⑪ 《侵权法》第 71 条。
⑫ 《侵权法》第 73 条。
⑬ 《侵权法》第 70 条。
⑭ 《侵权法》第 32 条。
⑮ 《侵权法》第 16 条。
⑯ 《侵权法》第 22 条。
⑰ 《侵权法》第 292 条。
⑱ 《侵权法》第 17 - 18 条。
⑲ 《侵权法》第 47 条。

权责任救济措施包括但不限于不当得利的返还（restitution for unjust enrichment）、① 禁制令救济（injunctive relief）② 以及道歉（apology）。③

新《侵权法》中的一些条文，规定了损害赔偿额的分摊、④ 连带责任⑤以及共同侵权人之间的责任分担。⑥ 有一项条文，允许在一次性支付损害赔偿额有困难的情形下，可以分期支付。⑦

《侵权法》认可基于如下事由的完全或部分抗辩：比较过错、⑧ 不可抗力、⑨ 正当防卫⑩与紧急避险。⑪ 亦可见到其他一些熟悉的规则，如规定财产损失按照损失发生时的（公平）市场价格进行计算。⑫

显然，因醉酒、滥用药品而导致的精神或身体障碍，并不足以成为阻却责任成立的抗辩事由。但颇为微妙的是，如果被告对事故的发生存在过错（例如尽管有癫痫发作史，仍然选择驾驶汽车）或者有支付赔偿额的经济能力时，暂时丧失意识亦不能成为阻却责任成立的事由。⑬

《侵权法》增补了先前处理特定侵权争议的立法（例如修

---

① 《侵权法》第 20 条（在计算损害赔偿额时，允许按照被告所获得的利益而非原告所受的损失来计算）。

② 《侵权法》第 21 条（规定受害人可以请求侵权人承担停止侵害的责任）；《侵权法》第 15 条第 1 项（规定承担侵权责任的方式包括停止侵害）。

③ 《侵权法》第 15 条第 7 项。

④ 《侵权法》第 12 条。

⑤ 《侵权法》第 8 - 10 条、第 14 条。

⑥ 《侵权法》第 14 条。

⑦ 《侵权法》第 25 条。

⑧ 《侵权法》第 26 条。

⑨ 《侵权法》第 29 条。

⑩ 《侵权法》第 30 条。

⑪ 《侵权法》第 31 条。

⑫ 《侵权法》第 19 条。

⑬ 《侵权法》第 33 条。

订后的《产品质量法》①《安全生产法》②《道路交通安全法》③）。当这些特别法律明确对特定情形下的侵权责任采纳了不同标准时，这些特别法律将优先于《侵权法》所确立的一般原则而得以适用。④ 在新《侵权法》制定之前，有关侵权责任的条文可以在"多达 40 部不同的法律法规中"找到踪迹。⑤ 新《侵权法》与"既有法律法规之整合，附带其他难以捉摸的变化，其效果仍有待考查"。⑥ 此外，新《侵权法》中的一些概念也可见于其他国家法上。《侵权法》包含一些相当复杂的因果关系规则，如多个侵权责任人和互负连带责任（multiple fault and alternative liability）、⑦ 相互独立的充分因果关系（independently sufficient causation）、⑧ 教唆与帮助⑨以及协力行为（concerted action），⑩ 这些术语与美国法上对应的规则存在高度的相似性。⑪ 然而，《侵权法》并没有明确规定基本的因

---

① 1993 年 2 月 22 日第七届全国人民代表大会常务委员会第三十次会议通过的《中华人民共和国产品质量法》，根据 2000 年 7 月 8 日第九届全国人民代表大会常务委员会第十六次会议《关于修改〈中华人民共和国产品质量法〉的决定》予以修正。

② 《中华人民共和国安全生产法》已由中华人民共和国第九届全国人民代表大会常务委员会第二十八次会议于 2002 年 6 月 29 日通过，自 2002 年 11 月 1 日起施行。

③ 《全国人民代表大会常务委员会关于修改〈中华人民共和国道路交通安全法〉的决定》已由中华人民共和国第十一届全国人民代表大会常务委员会第二十次会议于 2011 年 4 月 22 日通过，自 2011 年 5 月 1 日起施行。

④ 《侵权法》第 5 条。

⑤ Peter Coles, "Tort Law Reform in the People's Republic of China", *Mondaq*, Jul. 8, 2010, *available at* 2010 WLNR 13661071.

⑥ Zou Weining & Ma Chunsheng, "Protecting the People", *China Law & Practice*, May 12, 2010, *available at* 2010 WLNR 11267808.

⑦ 《侵权法》第 3 条。（疑为作者笔误，不应当为第 3 条，其原意最有可能是第 10 条。——译者注）

⑧ 《侵权法》第 10 条。（疑为作者笔误，不应当为第 10 条，其原意最有可能是第 11 条。——译者注）

⑨ 《侵权法》第 9 条。

⑩ 《侵权法》第 8 条。

⑪ See Vincent R. Johnson, *Mastering Torts: A Student's Guide to the Law of Torts*, pp. 116 – 118, 122 – 124 (4th ed. 2009)（探讨相互独立的充分因果关系、侵权责任人和互负连带责任、帮助与教唆以及协力行为）。

果关系原则，例如在判定事实的因果关系（factual causation）时所使用的"若非，则无（but for）"标准。①

对于中国发展一个建基于法治之上的法律体系的目标而言，新《侵权法》的颁行确实是一大进步。中国目前法治所处的地位，与几十年前相比，已经获得了巨大的进步。② 学者最近将中国《侵权法》颁行之前的状况形容为"未充分开发的侵权制度"。③ 学界在探讨过程中，收获颇丰。在新《侵权法》颁布之前，"因危险产品或场所而受损害的人，在很大程度上，不能利用法院来主张损害赔偿或者要求生产或提供更安全的产品与场所"。④ 这曾经是中国法律体系中的严重缺陷，因为在当代中国，人们会遭受广泛的与产品与活动有关的损害，例如辐射、⑤ 整形手术、⑥ 宾馆火灾、⑦ 交通事故⑧以及产品缺陷⑨所造成的损害。

---

① Vincent R. Johnson, *Mastering Torts: A Student's Guide to the Law of Torts*, p. 115.

② See Johnson, "Chinese Law and American Legal Education", p. 2. （"在中国的'文化大革命'时期（1966 – 1976），法学院校被关停，法律职业被取缔，对法治的遵守也不存在。"）

③ Andrew J. Green, "Tort Reform with Chinese Characteristics: Towards a 'Harmonious Society' in the People's Republic of China", 10 *San Diego Int'L L. J.*, p. 121, 122 (2008).

④ Id. p. 123.

⑤ See e. g., Cui Zheng, "Negligence, Denial and a Family's Radiation Tragedy", *Caixin Online* (Apr. 7, 2011), http://english.caiing.com/2011 – 04 – 07/100245626.html.

⑥ See e. g., Key, "Female Star Dies in Plastic Surgery Accident", *China Hush* (Nov. 26, 2010), http://www.chinahush.com/2010/11/26/female – star – dies – in – plastic – surgery – accident/.

⑦ See e. g., Wen Ya, "Seven Arrested for Negligence in Hotel Fire", *Global Times* (May 4, 2011), http://china.globaltimes.cn/society/2011 – 05/651184.html.

⑧ See e. g., An Baijie, "Subway Stampede Leaves 25 Injured", *Global Times* (Dec. 15, 2010), http://china.globletimes.cn/society/2010 – 12/601741.html.

⑨ See e. g., Li Yao, "Toxic Scare Jumps Over the Straits", *China Daily*, May 28, 2011, p. 1（探讨从中国台湾进口的食品与饮料中含有一种致癌的塑料添加剂）。

美国国务院领事信息表（American State Department's Consular Information Sheet）的中国篇，介绍了在中国很多事情是多么的不一样。在描述中国的公路交通事故处理时，美国国务院对潜在的旅行者作出如下告诫：

> 即使是最轻微的交通事故也可能演化成为公众剧。在某些情形，旁观者们会围住事故现场，并将他们自己任命为特派陪审团（ad hoc jury）。卷入事故的当事人也许会给围观者一些钱，以获得对其有利的照顾。如果没有人身损害，并且财产损害也较少，当事人通常会在现场达成和解协议。如果无法达成和解协议，并且呼叫了警察，警察通常会居中调解，或者在现场展开调查，并要求当事人去派出所签署相关事实声明书（statements）。以上途径未能解决的纠纷，将由法院处理。在造成人身损害的情形，无论肇事司机对事故的发生是否具有过错，他都要（至少部分地）对受害人的医疗费用承担赔偿责任。①

在以前的中国，没有人会遭受大的损失。在计划经济体制时期，人们的生活被组织在单位内。单位提供了生活所需的各项便利与支持条件——工作、生活场所、基本医疗服务、基础教育以及退休生活补贴。② 人们不拥有汽车、公寓或大量的物质财富，甚至连积累财富的希望也没有。在这种环境下，不存

---

① "China Country Specific Travel Information", *Travel. State. Gov*, http：//travel. state. gov/travel/cis_ pa_ tw/cis/cis_ 1089. html#traffic_ safety（last visited Feb. 11, 2012）.

② See Vincent R. Johnson & Brian T. Bagley, "Fighting Epidemics with Information and Laws：The Case of SARS in China", 24 *Penn St. Int'L L. Rev.*, p. 157, 173（2005）.（"在计划经济体制下，单位向中国公民提供从摇篮到坟墓的照管。单位提供住房、医疗服务、教育、工作与退休金——所有这类经济利益在西方各国侵权诉讼中经常处于争议核心。因此，中国在传统上并没有依赖侵权法体系的需求，也很少发生侵权诉讼。"）

在迫在眉睫的需求来建立一个旨在分配损失的侵权法制度。

然而现今，单位所扮演角色已大不如前。在中国，一个繁荣的中产阶级与富裕的上层阶级日渐形成。大众化的产品与交通工具造成越来越多的人身损害，因此产生了对此进行损害赔偿的需求。中国必须处理事故所带来的成本。在一个发展中的市场经济体制中，这些成本往往不可避免地成为了生活的一部分。① 因此，对一个新的、全面的侵权法制度的需求便日渐明显了。

《侵权法》起草者拟定的一些实体性条文，可能得不到一些人的赞同。例如，当网络上的内容并非网络服务提供者原创时，《美国通信正当行为法案》（American Communications Decency Act)② 广泛地将他们与这些内容所引起的侵权责任隔离开了。③ 然而，中国法却采取了不同的进路。网络服务提供者知道网络用户正在侵害他人权利，未采取本可以回避损害后果的合理补救措施的，将与该用户一起承担连带责任。④

中国与美国侵权法在其他方面也存在显著区别。例如，在中国，未满10周岁的儿童通常并不对其侵权行为承担责任，⑤但是他们的父母要对其子女的侵权行为承担严格责任。⑥ 与之比较，美国的普通法规则（受制于重要的成文法更改⑦）完全

---

① See e. g. , David Barboza, "Shanghai Subway Accident Injures Hundreds", *N. Y. Times*, Sept. 28, 2011, at A7, *available at* 2011 WLNR 19592179 （探讨了对271人所造成的人身损害）。

② 47 U. S. C. § 230（c）（1）（2006）.

③ See Vincent R. Johnson, *Advanced Tort Law: A Problem Approach*, pp. 238 - 247（2010）（探讨了《美国通信正当行为法案》）。

④ 《侵权法》第36条。

⑤ 《民法通则》第12条："十周岁以上的未成年人是限制民事行为能力人，可以进行与他的年龄、智力相适应的民事活动；其他民事活动由他的法定代理人代理，或者征得他的法定代理人的同意。"

⑥ 《侵权法》第32条。

⑦ See Johnson & Gunn, *Studies in American Tort Law*, pp. 53 - 54［探讨有关父母赔偿责任（parental liability）的成文法规则］。

相反。美国的未成年人需要为其侵权行为承担责任；① 他们的父母并不会仅仅因为存在亲子关系，而对其子女的不端行为承担责任。②

除了施加过错责任、严格责任与替代责任外，新的中国《侵权法》亦规定了所谓"公平责任（equitable liability）"。③ 依据此一规则，在受害人与被告行为人对损害之发生都没有过错的场合，责任亦有可能仅仅基于这样的事实而发生——被告拥有一个"深口袋（deep pocket）"，有能力支持损害赔偿。事实上，"深口袋"原则的变种，以惊人的频率露面于中国《侵权法》中。例如，当原告对机动车所有人或者使用人有任何请求权时，许多条文要求保险公司在机动车交通事故案件中先行支付损害赔偿。④ 再如，无论是否具有民事行为能力，只要加害人有财产，他都要对其自己对他人造成的损害承担相应的责任。⑤

在中国，成功酬金（contingent fees）（严格地说）是被禁止的，法律没有规定集体诉讼（aggreate litigation）（例如，集团诉讼（class actions），惩罚性损害赔偿也没有得到普遍许可，且缺乏独立的司法机关。⑥ 美国人也许会认为，一个如同中国《侵权法》那样的制度，将很难对事故受害人所受损害提供充分的法律救济。虽然如此，还是可以很明显地观察到，该部新法为一个现代侵权法体系的发展提供了一个充分的法教

---

① See Johnson & Gunn, *Studies in American Tort Law*, pp. 52–53（探讨对未成年人儿童所提起之诉讼）。But see *Restatement（Third）of Torts：Liability for Physical and Emotional Harm*, §10（b）（2010）（推荐这样的规则，即"未满5周岁的儿童不具有过错能力"）。

② See Johnson & Gunn, *Studies in American Tort Law*, p. 53［探讨有关父母赔偿责任（parental liability）的普通法规则］。

③ 《侵权法》第24条。

④ 《侵权法》第49–50条、第53条。

⑤ 《侵权法》第32条。

⑥ 参见第三节第（二）部分第3小节。

义学框架（doctrinal framework）。这个侵权法体系应当具有足够的潜力，不但能够阻止不必要的事故的发生，并且在事故发生后能够公平地分配损失——这些损失的发生，在一个拥有众多人口、商业导向的当代社会中是难以避免的。

（二）根深蒂固的障碍

当然，法治要求的不仅仅是制定于纸上的一系列有条理的法律条文。任何国家都有一部最高法典（grand code），但这个国家是否恪守法治，取决于它是否在实践中严格地依照法律的实体性条文来处理纠纷。

作为构建法治的一项工具，新的中国《侵权法》面临着许多有待克服的困难，包括中国社会根深蒂固的"关系"的实践、偏袒商界的政治压力、缺乏独立的司法机关以及在处理事故赔偿方面没有透明性的传统。这些议题将在以下部分探讨。

1. 关系

送礼与回馈好处，会扭曲官员的决策过程。[①] 这也是为什么西方国家通常会制定相关职业伦理准则（ethics codes），以细致的规范来减少此类有害行为对政府廉洁性的冲击。[②] 然而，中国的文化传统与西方有很大差别。无论在私营部门还是在公共领域，基于私人关系的互惠互利是一条既定的处事之道。"关系"的培养与使用，既受到期待，也得到尊重。因此，当涉及送礼与回馈时，美国与中国之间存在着重大区别。

在中国，利用特殊往来联系与特惠私人关系来谋求一种优

---

① See Vincent R. Johnson, "Ethics in Government at the Local Level", 36 *Seton Hall L. Rev.*, p. 713, pp. 734–736（2006）（探讨送礼是如何威胁到公众官员及雇员的职责履行）。

② Cf. Richard W. Painter, *Getting The Government America Deserves: How Ethics Reform Can Make A Difference*, p. 10（2010）（探讨了联邦层面的职业伦理准则）。

势或者实现一个目标，通常被称为"找关系"。在最恶劣的情形，"找关系"几乎就是徇私舞弊，并且瓦解着对法治的恪守。

然而，由于"关系"通常等同于不诚实或任人唯亲，许多国家通过立法的方式来限制在政府事务上使用"关系"……在这一点上，美国的独特之处在于，美国公众对以下信念持有强烈的感情：法律及其实施机制应当被用来铲除或者减少"关系"对公共部门的影响。当今，许多美国人都期待，通过尽可能地革除任何基于与官员特殊往来联系而获得的不合理优势，法律能够、应当并且将会确保人们在公共生活中被一视同仁。①

如果中国侵权之诉的裁判，乃决定于法官与当事人或其律师之间存在的私人关系，而非中立的法律原则之上，那么新的中国《侵权法》将很难促进法治的进步。更具体地说，为了使新《侵权法》能够促进法治在 13 多亿人口的大国发展，必须要有适当的程序，将保障待遇平等的实践予以制度化。为了防止司法裁判被扭曲，这些程序至少应当能够：禁止向法官及其他法院成员送礼的行为；② 禁止有可能给一方当事人带来不当优势的单方沟通（ex parte communications）行为；③ 避免让与诉讼当事人有紧密联系的法官来审理案件。④

2. 亲商事企业的偏见（Pro - Business Bias）

在中国，官员腐败问题与对商事企业被告人的司法偏袒交

---

① Vincent R. Johnson, "America's Preoccupation with Ethics in Government", 30 *St. Mary'S L. J.*, p. 717, pp. 721 –722 (1999) [hereinafter *America's Preoccupation*].

② See *Ethical Foundations*, pp. 1018 – 1020 （探讨送礼）。

③ See id. pp. 1014 – 1017 （探讨在司法裁判中的单方沟通问题）；Vincent R. Johnson, "Corruption in Education：A Global Legal Challenge", 48 *Santa Clara L. Rev.*, p. 1, pp. 34 –35 （2008）（探讨在学术领域的单方沟通问题）。

④ See *Ethical Foundations*, pp. 1024 – 1026 （探讨有威胁司法独立之虞的令人置疑的关系）。

织在一起。安德鲁·J. 格林（Andrew J. Green）在最近一篇文章中对此作出如下说明：

> 对人身损害赔偿与安全法规……的强制执行与实施，由于地方保护主义与腐败而受到妨碍。地方政府官员倾向于保护产业，因为他们的上司在对他们进行晋升评估时，主要评审的便是经济增长的统计数据。此外，官方通常与地方产业存在经济上的利害关系。这一系统性的腐败，导致了地方治理的机能不良。在许多情形下，中国的地方政府不会特别倾向于保护受害人。①

在论述类似问题时，刘格瑞教授解释了为何地方保护主义危害了从中国进口到美国的食品的安全。② 刘教授写道：

> 20 世纪 80 年代的经济改革，引领着中国走上了经济快速增长之路……随着改革的推进，地方保护主义诞生了。在权力下放的过程中，地方政府在发展地方经济中扮演着主要角色。每一层级的政府官员实际上是由上级官员任命，而非由当地人民选举产生。因

---

① Green, "Tort Reform with Chinese Characteristics: Towards a 'Harmonious Society' in the People's Republic of China", p. 125.

② See Chenglin Liu, "The Obstacles of Outsourcing Imported Food Safety to China", 43 *Cornell Int'L L. J.*, p. 249, 305 (2010)（结论是"食品监管权是不能被授权委托的"）。[刘格瑞教授早年生活于国内，目前在美国圣玛利大学（St. Mary's University）工作，其个人页面（https://www.stmarytx.edu/academics/law/faculty-scholarship/faculty-staff/faculty-liu-gary/）上的全名为 Chenglin（Gary）Liu。译者没有查找到拼音"Chenglin Liu"的中文写法，因此向刘格瑞教授写邮件咨询过此事。刘教授在回信中解释说，他目前在美国的注册姓名为"Gary Liu"，可音译为"刘格瑞"，本文从之。——译者注]

此，地方官员开始变得只对其上一级政府官员负责。①

亲商事企业的偏见伴随着（也许催生了）最近的一种实践——通过调解而非司法裁判来解决纠纷。注意到这一趋势时，有评论家担心，法院的合法正当性将会被削弱。② 诚如史坦利·卢布曼（Stanley Lubman）所述，"尽管经济的发展带来与日俱增的纠纷，但中国的司法体系在面对党、政府与商事企业时，却不能有效地适用程序法（formal law）。这种压力来源，也许解释了从裁判向调解转移的原因"。③

3. 缺乏司法独立

中国既没有恪守司法独立原则的传统，也没有致力于构建司法独立原则的经验。④ 法院并没有被视为国家政权的一个独立分支，从而承担着监督与制衡其他国家政权分支行为的职责；相反，法院被视为执行党和国家政策而设立的准行政机关。只要这一状况继续存在，中国就很难或者说几乎不可能实现真正意义上的恪守法治。

除非法官与律师被要求遵守较高的标准，即既要保护法律服务消费者的利益，又要维护公共利益，否则司法独立是无法繁荣发展的。然而，正如刘格瑞所提及的，"尽管政府在努力惩治腐败官员，但中国仍然要面对……极为严重的腐败问题"。⑤

---

① Chenglin Liu, "The Obstacles of Outsourcing Imported Food Safety to China", pp. 290 – 291.

② See Stanley Lubman, "Civil Litigation Being Quietly 'Harmonized'", *Wall St. J. China Real Time Report* (May 31, 2011), http：//blogs. wsj. com/chinarealtime/2011/05/31/civil – litigation – being – quietly – harmonized/ （探讨 Carl Minzner 的观点）。

③ Id.

④ But see Randall Peerenboom ed. , *Judicial Independence in China：Lesson for Global Rule of Law Promotion* (2010) （提供了一系列微妙的视角，聚焦于探讨司法独立是否是中国法律体系有意义的组成部分）。

⑤ See Liu, "The Obstacles of Outsourcing Imported Food Safety to China", p. 294.

新的中国《侵权法》能否推动法治，尤其是能否实现法治所要求的待遇平等，① 不仅取决于新法律的实体性条文是否优越，也取决于是否存在有效的职业伦理与司法行为准则——指导与约束法官对法律的适用②以及律师对顾客的代理行为③。

中国缺乏司法独立所带来的问题，有时亦会受到官方（处理群体性事件的方式）的影响。例如，当数千名儿童因食用被三聚氰胺污染的奶粉而中毒时，一个曾敦促受害人父母提起诉讼的前记者被定罪判刑，理由是他扰乱了社会和谐。④ 并且，当高铁在温州附近碰撞坠毁时，（为了维持社会稳定的大局）政府从一开始就劝告律师不要代理因该事故所引发的诉讼（而由政府通过行政的方式来处理后续赔偿问题）。⑤

4. 缺乏透明性

在美国，法律体系能够起到预期的作用，法治获得普遍的接受。在很大程度上，这是因为公众对法院有信心。这点没错，因为在裁判信息能够自由流动（公开）的前提下，公众能够对司法过程进行督查。

美国法律体系的透明性，在很大程度上归功于美国宪法第

---

① 参见本文第二节第（三）部分（探讨作为法治的一方面的待遇平等）。

② See *America's Preoccupation*, pp. 725 – 728（探讨管控美国法官行为的规则，这些规则"旨在限制'关系'的影响"）; see also *Ethical Foundations*, pp. 1014 – 1020, 1024 – 1026（探讨对不适当的单方沟通、送礼、"某些令人怀疑的关系"的禁止，以及它们为促进在法院面前人人待遇平等所作的必要贡献）。

③ See *America's Preoccupation*, pp. 728 – 729（探讨管控美国律师行为的规则）。

④ See Andrew Jacobs, "China Sentences Activist in Milk Scandal to Prison", *N. Y. Times*（Nov. 10, 2010）, http://www.nytimes.com/2010/11/11/world/asia/11beijing.html.

⑤ See Vincent R. Johnson, "Train Wreck Serves as a Test for Chinese Law", *Hous. Chron.*（Aug. 7, 2011）, http://www.chron.com/opinion/outlook/article/Trainwreck – serves – as – a – test – for – Chinese – law – 2081496. php［探讨大规模侵权诉讼（mass tort litigation）在中国的现实情况］。

一条修正案（First Amendment）对言论自由与出版自由的保障。媒体会对诉讼过程的每一个阶段如起诉（filings）、证供（testimony）、判决（judgments）及上诉（appeals）进行报告，更不用说推翻司法裁判或者修正法律旨在调整将来案件的立法努力（legislative efforts）了。作出糟糕裁判的法官，将会时不时受到学者以及其他评论家的指责。批评法院的人也不会轻易受到法律的追究。只有在明知地或者轻率地作出虚假陈述时，才会受到民事或刑事的制裁。

中国新闻媒体时常报道因有毒食品或者劣等建筑物而引发的法律争议。但是，法律体系是如何运作的却并不那么透明。如上所述，许多纠纷最终会走向调解。法院很少公布解释案件是如何裁判的判决理由。纠纷的最终解决结果也时常并不清晰。例如，与美国 911 事件赔偿基金（9 - 11 compensation fund）在管理方面的透明性相比，中国毒奶赔偿基金（tainted milk scandal fund）"运作的管理模式"以及支出额"已经成为一个谜"。[1]

四、结论

"Each step leads to the next"（每天一小步，都有新高度）。该英文谚语并非出自中国，但它可以在中国得到应验，也可以适用于任何对中国《侵权法》所处地位的公正评析。

中国颁行新的《侵权法》，对于建设一个现代的、有效的法律体系而言，是一项重大进步。这部新法提供了一套涵盖广泛的法律框架，为法治的进步搭建了一个重要平台。然而，为

---

① Emma Chen, "Melamine Compensation Fund Criticized for Lack of Transparency", *Want China Times* (June 9, 2011), http: //www. wantchinatiems. com/news - subclass - cnt. aspx? cid = 1104&MainCatID = 11&id = 20110609000058（探讨了在管理一个受害人赔偿基金方面缺乏透明性，该基金旨在为 300, 000 名为毒牛奶配方所伤害的婴幼儿提供赔偿）。

了促进法治在中国（尤其在预防事故发生与赔偿人身损害方面的）的发展，仍有大量必不可少的工作需要完成。

新《侵权法》的适用范围与内容，在许多方面都体现出了对于人类尊严的敬重。例如，至少在文本上，《侵权法》创设了一个公平合理的分配事故成本的体制。但是，正如本文先前部分所提醒的，法治不仅仅只关注实体性的法律条文。

中国必须发展出制度化的实践，使新《侵权法》所作的承诺得以一一兑现。一方面，这需要构建适当的法官遴选、留任与保护机制。另一方面，要给予人民通过律师代理或者自我辩护的方式来诉诸司法体系的机会。

中国追求建立于法治之上的法律体系的下一步，便是对新《侵权法》所认可的权利进行公正的实施。裁判案件的方式，必须要获得中国公民的认可，在某种程度上，也要赢得其他国家的尊重。为了获得这种承认，中国的法律体系必须以透明的、一贯的方式运作。该体系必须能够保障法庭面前的当事人待遇平等，必须提供能够彰显对人类尊严敬重的救济措施，并且必须能够让加害人对其行为负法律责任。

新《侵权法》是一部连贯的、经过深思熟虑的法律文件。然而，该法的实施方式，将会决定在人身损害与财产损失场合，中国是否达到了法治的要求。

实施中的侵权法：
合理注意的预期[*]

埃伦·布勃利克[**]　文

王竹　赵尧[***]　译

简目

一、中美侵权法原理比较

二、实施中的侵权法与以合理注意他人人身安全为中心

三、指导方针——减少诉讼成本

四、结论

《中华人民共和国侵权责任法》已经于 2010 年 7 月 1 日正式生效。当我尝试去预测这部新法的实施效果时，不禁想起了自己小时候听到的一个故事。版本之一是与一个叫做"Lako-ta"的美国土著部落相关，其大意如下：部落中的不少年轻人

＊ Ellen M. Bublick, China's New Tort Law: The Promise of Reasonable Care, Asian – Pacific Law & Policy Journal, Vol. 13 (2011), pp. 36 – 53. 译文首次发表：[美] 埃伦·布勃利克：《实施中的侵权法：合理注意的预期》，王竹、赵尧译，《私法研究》2011 年第 1 期。本文的翻译与出版已获得中文译者授权。本文脚注部分的说明性文字由余小伟、葛江虬翻译。

＊＊ 埃伦·布勃利克，美国亚利桑那大学法学院丹·道布斯（Dan B. Dobbs）讲席教授。

＊＊＊ 王竹，中国人民大学法学博士，四川大学法学院教授、博士生导师；赵尧，西南财经大学法学博士，西南政法大学经济法学院讲师。

质疑长老的智慧，于是决定让其中一人手里握着一只小鸟来测试他。"祖父"，年轻人问道："在我手里有一只小鸟，既然您很有智慧，那么这只鸟现在是活的还是死的呢？"① 如果这位长者的回答是"活的"，该青年则将小鸟捏死在手掌中，然后摊开手掌，说它是死的。如果他说这只小鸟是死的，则该青年将摊开手掌，将其放飞。这些年轻人照计划执行，并问了这个问题，而且周围还聚集了不少人。"祖父，在我手里现在有一只小鸟……，既然您很有智慧，那么它是活的还是死的呢？"② 片刻沉静之后，长老回答道："孩子……，答案就在你的手里。"

所以在此重要时刻，中国新侵权责任法的成长与发展也同样掌握在我们法官、学者、政府和民众的手里。一些美国学者质疑中国是否存在内涵丰富的民事法律，以及中国的司法体系是否能独立于政治体系。③ 但另外一些学者则认为，中国早期法律改革所形成的经验已经预示了希望。④ 此外，为了制定这部新的侵权责任法，中国如此众多的杰出学者进行了

---

① Joseph M. Marshall III, *The Lakota Way：Stories and Lessons for Living*, *Native American Ethics on Wisdom and Character* 197（2002）. 这只是该故事的一个版本。这个故事来源不一，并且有多种不同的讲法。

② Id.

③ Stanley Lubman, *Bird in a Cage：Legal Reform in China after Mao* 2（1999）（认为党的政策高于法律及法院）；Ben Liebman, "A Return to Populist Legality？Historical Legacies and Legal Reform", in *Mao's Invisible Hand*（2011）（学界认为法律的发展受到"中国的权威体制的限制"，也认识到与此同时自下而上的创新同时限制了国家的行为）；Edward C. Y. Lau, "Litigating Products Cases from China", 2 Ann. 2008 AAJ‑CLE 1793（2008）（建议美国的律师寻求执行下述判决，而这种判决是针对中国缺陷产品作出的："中国法院不具有独立性，非常容易受到政府影响。如果一家军工企业为退伍军人养老金团体（retired military pension groups）所有，则这些团体可能在政府的支持下向司法机关施压——如果军工企业的生存受到该判决的威胁的话"）。

④ Benjamin L. Liebman, "Innovation Through Intimidation：An Empirical Account of Defamation Litigation in China", 47 *Harv. Int'L L. J.* 33（2006）（注意到中国法官在一些名誉权案件中作出不利于实权单位判决的倾向）。

持续而忘我的工作，这也让我们更有理由对该法的实施效果持乐观态度。①

本文旨在展开有关中美侵权法之间的对话。首先，阐释中国《侵权责任法》的条款与美国侵权法之间的异同。其次，评述已经成为美国侵权法核心的一项原则，即构建侵权法体系的实践功能在于，鼓励人们对他人的人身安全给与合理注意。最后，论文建议通过借鉴中国《侵权责任法》来改善美国侵权法，即通过对某些并不要求个别化的情形采用统一规则，以此减少诉讼成本并提高其可靠性。

一、中美侵权法原理比较

仅仅将中国《侵权责任法》中的简明文本同美国侵权法进行比较，是一件困难的事情。其原因就在于，一些基本的中文法律术语，并不经常用于美国的法律当中，比如"承担侵权责任"。而且，即使两国相似的法律术语，比如"过错"，其内涵界定也并不完全明确，② 并承载着不同的法律和文化上的理解。③ 另外，只有数量有限的背景性法律材料被翻译成英文并能够公开的取得。因此，笔者之误解，在所难免。

纵使承认了这些困难，但对于一个美国人来说，中国《侵权责任法》的许多内容还是熟悉的。虽然中国侵权法的结构看上去更像一部欧洲法典，而非如评论意见所认为的那

---

① George Conk, "A New Tort Code Emerges in China", 30 *Fordham Int'L L. J.* 935 (2007)（探讨了在中国《侵权责任法》出台之前类似于美国法重述那般冗长的制定过程）。

② Ken Oliphant, "The European Canvas of the Tort Liability Law of P. R. China" (2010).

③ Cf. Boris Kozolchyck（注意到"尽管披上了一层西方分析术语的外衣"，一些涉及商业第三人的中国法律解释"背后的法律推理对西方而言却是陌生的"）。

样——中国《侵权责任法》产生于美国侵权普通法。① 但是，中国侵权法的开放性似乎为中国法院引进更多普通法上的发展提供了便利。② 另外，中国《侵权责任法》上许多重要条款包含了在美国法上能够找到的相似原则。美国的法律人士对于如下观点是赞成的：侵权法的目标是多元的；③ 过错产生潜在的责任；④ 在一些情况下即使行为人未被证明有过错，他也须承担侵权责任。⑤ 另外，他们还将承认如下制度的重要意义：铸成过错与比较过错⑥、分摊⑦以及可以获得的损害赔偿金类型。⑧ 不少中国侵权法涉及的领域与美国侵权法类似，包括不法致人死亡、产品责任、医疗损害责任以及第三方责任等。⑨ 此外，其中的某些程序性内容也与美国侵权法类似，比如由受害人启动法律程序，⑩ 以及允许双方当事人庭外和解等。⑪

当然，这并不是说，即使从表面观察，中美侵权法之间就不存在明显差别了。美国侵权法更多地是关注人身损害责任，而中国《侵权责任法》则更广泛的还对财产性、精神性以及

---

① George Conk, "A New Tort Code Emerges in China", 30 *Fordham Int'L L. J.* 935（2007）（认为"中华人民共和国属于大陆法系国家"）。

② See Ken Oliphant, "The European Canvas of the Tort Liability Law of P. R. China".

③ Compare Tort Liability Law of P. R. China, translated by Zhu Wang, Art. 1; with Dan B. Dobbs, *The Law of Torts* §8－13（2000）（探讨了一些仍未解决的争议，例如，注意义务的标准是客观的还是主观的）。

④ Compare Art. 6, with Dan B. Dobbs, *The Law of Torts* §112－114（2000）.

⑤ Compare Art. 7 and Chapter IX（高度危险责任）; with Dan B. Dobbs, *The Law of Torts* §342－348（2000）。

⑥ Compare Art. 26, 27; with Dan B. Dobbs, *The Law of Torts* §199－201（2000）.

⑦ Compare Art. 14; with Dan B. Dobbs, *The Law of Torts* §386（2000）.

⑧ Compare Art. 16; with Dan B. Dobbs, *The Law of Torts* §377（2000）.

⑨ Compare Art. 37; with Dan B. Dobbs, *The Law of Torts* §323－324（2000）.

⑩ Compare Art. 3; with Dan B. Dobbs, *The Law of Torts* §17（2000）.

⑪ Compare Art. 25; with Dan B. Dobbs, *The Law of Torts* §388（2000）.

纯粹经济损失提供保护。① 中国《侵权责任法》当中提到的部分法律权益，在美国侵权法上却较少受到保护。比如在美国，对姓名、名誉和荣誉利益的法律保护就非常受限制。② 类似的，中国《侵权责任法》上网络服务提供商的潜在责任较为宽泛，而在美国侵权法上同类责任就相对较为狭隘。③ 在其他一些领域，虽然中国《侵权责任法》所保护的权益在美国受到同样保护，但是这种保护却来自于侵权法之外。比如，美国法在关于知识产权的不同法律规则中，规定版权和专利权。

两国侵权法规范间的另外一点重要区别在于，在美国绝大多数侵权案件中，只能由实际受害的人启动诉讼程序。所以，美国侵权诉讼的原告在实际损害发生前获得消除危险救济的希望十分渺茫，正如救济通常被限定在责任规则之内一样。④ 而对于可能导致损害的行为，美国法上适用"潜在前损害限制"（potential pre – injury restrictions）规则。比如，可能导致损害的药品会被清除出市场。⑤ 但是在美国，危险行为在它导致实际侵害前被禁止的情形，通常直接由行政法规来处理，而不是交由侵权法来规定。中国《侵权责任法》似乎不仅包括了危险导致实际损害后的赔偿责任，而且还包括对可能导致未来损

---

① Compare Art. 2, 36; with Dan B. Dobbs, *The Law of Torts* § 1 – 7 (2000).

② 在美国，名誉利益主要通过破坏名誉侵权（defamation tort）来保护。美国法上的破坏名誉侵权的保护范围要比英国法狭窄，并且受到诸多宪法上的限制。See Doug Rendleman, "Collecting a Libel Tourist's Defamation Judgment", 67 *Wash & Lee L. Rev.* 467 (2010).

③ Compare Id. at Art. 36, with 47 U. S. C. § 230.

④ Id. at Art. 15, 45; Guido Calabresi & A. Douglas Melamed, "Property Rules, Liability Rules and Inalienability: One View of the Cathedral", 85 *Harv. L. Rev.* 1089 (1972).

⑤ 联邦食品和药物管理局可以对经其许可的药物展开上市后的监督，并在发现它们不安全时，有权令其下市。See Neil F. Hazaray, "Do the Benefits Outweigh the Risks? The Legal, Business and Ethical Ramifications of Pulling a Blockbuster Drug Off the Market", 4 *Ind. Health L. Rev.* 115 (2007).

害的危险行为的预防。①

即使对于损害赔偿案件，中国法上的法律救济相对于美国法而言，可能更容易得以实现，尤其是在那些被告过错并未被确定的案件中。比如在中国，如果原被告双方均不存在过错时，他们有时候可能需要根据情况来共同分担该部分损失。② 但是，根据中国《侵权责任法》自身的立法语言，其规制范围却不甚明确。而在美国，原告能够从没有过错的被告方获得赔偿的情形极其罕见。③ 中美两国侵权法在无过错责任问题上最显著的区别在于，中国侵权法规定让建筑物使用人集体对从建筑物上坠落物件而具体侵权人不明的情况负责。④ 而根据美国法的过错原则，建筑物使用人不会为坠落物承担侵权责任，除非原告能够直接证明⑤或间接推断⑥该事故与使用人自身的过错存在因果关系。

但是，在美国侵权法适用的过程中，可能还存在着更多的差异。一些损害赔偿的类型，尤其是痛苦和惩罚性赔偿，在美国案件中可能有更为广泛的适用。例如，在中国侵权法上，惩罚性赔偿的适用仅限于一些产品责任案件，⑦ 而在美国，只要被告存在故意或恶意行为，就可能被处以惩罚性赔偿金，而不

---

① Art. 45.

② Id. at Art 24; Art. 32（当被监护人给他人造成损害时，如果监护人尽到了监护职责，则可减轻其侵权责任）。

③ *Restatement of Torts*（*Third*）: *Liability for Physical and Emotional Harms* 20 – 23（对异常危险活动、动物以及牲畜非法侵入的严格责任）。雇主替代责任（Respondeat superior）是过失责任与严格责任之混合。

④ Id. at Art. 87.

⑤ See *Restatement of Torts*（*Third*）: *Liability for Physical and Emotional Harms* 49（d）（建筑物之承租人对"其所占据之建筑物的部分"负有注意义务）。

⑥ See *Restatement of Torts*（*Third*）: *Liability for Physical and Emotional Harms* 17 cmt f.［简介了事情本身说明规则（doctrine of *res ipsa loquitur*），并表示如果损害是由一群潜在行为人中某一人的过失所致，则这群人将不承担责任，除非有足够信息表明最有可能是哪个人有过失］。

⑦ Id. at Art. 47. 似乎中国允许在一小部分产品责任案件中施加惩罚性损害赔偿。

考虑该案的诉讼标的类型。①

在两国侵权法的实质性法律规范间还存在着许多细小的差别。虽然连带责任②和其他一些更新的责任分担方式③仍然被美国绝大多数学者所推崇，但是中国制定法当中的连带责任规则，却已经被美国多数州的立法者或法院所修正。在中美侵权法都适用的雇主责任中，同样也呈现出细微的差异。在美国，雇主只需要对雇佣关系范围内发生的雇员过错负责。④ 但在中国《侵权责任法》上，至少从文本来看，似乎只要雇员导致了损害，雇主就要承担责任，即使雇员没有过错也是一样。⑤这些只不过是一系列细微差别的开始而已。

二、实施中的侵权法与以合理注意他人人身安全为中心

其实，中美两国侵权法在表面上所呈现出的异同远不及随着中国《侵权责任法》全面实施所呈现的差异重要。但冰冻三尺非一日之寒，一部侵权法规范并不足以理解侵权法的全部内容，还需要通过中国未来所解决的成千上万的纠纷来展示。⑥

---

① *Restatement of Torts* (*Second*) 908（只有对"恶劣的"行为才施加惩罚性损害赔偿）。

② Compare Art. 8；with *The Restatement of Torts* (*Third*)：*Apportionment of Liability* 17，pp. 151 – 159；see e. g.，Lewis Kornhauser and Richard L. Revesz，"Sharing Damages Among Multiple Tortfeasors"，98 *Yale L. J.* 831 (1989)．

③ 美国统一州法委员会支持一种新的进路——对无法收回的损失分担额适用连带责任进行再分摊。See *Unif. Apportionment of Tort Responsibility Act* (2002)．这一进路也被推荐给中国做参考。See Zhu Wang，*Research on Apportionment of Tort Liability – A General Theory of Apportionment of Tort Liability among Multiple Parties* (2010)．

④ Dan B. Dobbs，*The Law of Torts* § 333 – 335 (2000)．

⑤ Art. 34.

⑥ See Benjamin J. Liebman，"China's Courts：Restricted Reform"，21 *Colum. J. of Asian L.* 1，4 (2007)（报道称中国法院在 2006 年受理了 810 万起案件）。

中国侵权法是否发展了《侵权责任法》条文所规定的广泛保护范围，这在很大程度上是取决于司法机构和程序的执行情况。而在美国，侵权法的发展则取决于代表当事人利益并由当事人支付报酬的律师个体的市场准入情况。另外，在美国，只有能够公开地获取有关导致特别损害的判决和实务的公共和私人咨询，有关造成损害的过错的诉讼才成为可能。从一个美国人的角度出发，增加个人法律代理人的可获取性，以及提供给诉讼当事人充分获取必要信息的机会，以便决定像过错这样的法律问题，都是让侵权责任体系发挥作用的核心所在。所以，确保侵权受害人拥有合适的诉讼代理人以及获取证据的机会至关重要。① 另外一个重要的程序性问题便是，在每个案件中，由谁来决定像"过错"这种核心问题。美国侵权法与许多国家的侵权法存在的一个最大区别就是美国的陪审团体系。在美国，许多重要的侵权责任问题——包括所有跟过错、因果关系和损害相关的事实问题——都交由当地人所组成的陪审团去解决。另外，如果理性人对行为是否缺少合理注意而持有不同意见，过错本身的标准问题也交由陪审团来决定。② 在中国侵权法上，由谁决定这些法律问题将影响到法律的发展。③

即使对侵权法在实体与程序方面的实施方式存在充分的理解，实务中的侵权法仍然可能超出设想去发展。这在经历了数

---

① 例如，为了提起医疗过失诉讼，患者必须提供能够证明医患关系存在的证据，或者如果医疗机构具有关键信息时，由该医疗机构承担证明责任。See Lixin Yang, "Successes and Shortages in Reform of Liability Caused by Medical Treatment in Tort Liability Law of China". 关于获取证据的问题，see Benjamin J. Liebman, "Legal and Public Interest Law in China", 34 *Tex. Int'L L. J.* 211 (1999)。

② *Restatement of Torts（Third）: Liability for Physical and Emotional Harms* 8.

③ See Jianfu Chen, *Chinese Law: Context and Transformation* 156 (2008)（提到最近有关人民陪审员体制的改革）。

百年发展，① 并在最近 150 多年中成为独立法律部门②的美国侵权法上得到了印证。最明显的例子便是，理论上认为过失责任相对于严格责任而言，将更不容易导致责任全面化。不过，美国最近数十年间，侵权责任的巨大扩张恰恰产生于过失责任领域，而非严格责任领域。③ 回望过去，有许多理论可以用来解释这些发展，尤其是责任保险的普遍适用。④ 实际上，大量的经济、政治和文化因素影响了法律的发展。正如霍姆斯（Holmes）法官所言，"法律的生命从来不是逻辑，而在于经验"。⑤ 所以，只有经过全中国的诉讼当事人、律师和法官将《侵权责任法》付诸实践，并且通过这些大量的案件将平铺直叙的"书本上的法律"转变为中国侵权法的鲜活结构之后，更多关于中美两国侵权法的比较研究才可能更有意义。⑥

最后，中国侵权法成功的标志不在于它与美国法或者任何其他国家的法律有多么地相似，而在于它如何充分地实现了其多样化的立法目的。中国《侵权责任法》明确了如下这些目的："为保护民事主体的合法权益，明确侵权责任，预防并制裁侵权行为，促进社会和谐稳定。"通过采用规制侵权行为和促进公共利益的方式，对个人民事权益提供明确而可靠的保

---

① William M. Landes & Richard A. Posner, *The Economic Structure of Tort Law* 2 (1987).

② See G. Edward White, *Tort Law In America：An Intellectual History* 3 (1980).

③ See Gary Schwartz, "The Beginning and the Possible End of the Rise of Modern American Tort Law", 26 *Georgia L. Rev.* 601 (1992).

④ See Kenneth S. Abraham, *The Liability Century* (2008).

⑤ Oliver Wendell Holmes, Jr., *The Common Law* 1 (1881)。该段接着写道："对时代需要的感知，流行的道德和政治理论，对公共政策的直觉，不管你承认与否，甚至法官和他的同胞所共有的偏见对人们决定是否遵守规则所起的作用都远远大于三段论。法律包含了一个民族许多世纪的发展历史。它不能被当作由公理和推论组成的数学书。"

⑥ Roscoe Pound, "Law in Books and Law in Action", 44 *Am. L. Rev.* 12, 15 (1910).

护，对美国来说同样重要。但即使存在这些外观上的相似之处，对于两国侵权法的目的是否相同的问题，现在还难以评估。就不法侵权行为进行防范和制裁的理念而言，在美国是一个特别重要的观点。站在一个美国人的角度来说，侵权法的核心预期在于它能够培育一种合理注意他人人身安全的文化，而这种文化反过来又内化了那些损害的成本，并协助阻吓其发生。

这种为防止损害发生而培育对他人合理注意的美国式论点，很难确定就是中国侵权法的核心目的。中国《侵权责任法》在第一条的用语中明确了预防侵权行为的目的。但是，在本次专题研讨会上，大量的讨论却集中在和谐、稳定以及损害赔偿上。就一个局外人来看，合理注意他人安全的美国式观点似乎与中文的"和谐"概念相合。尤其是如果法律对合理注意他人安全的关注被认为是创造了一种标准，那么这个标准凭借自身的公正便呈现出道德和文化的力量，而不仅仅是违反法定义务之后的制裁。[①] 对陌生人——而不仅仅是家人和朋友——给与广泛注意的规范，与中国传统道德的要求——"己所不欲，勿施于人"——也极为相合。[②] 但是，这一规范可能在某种程度上要求对传统实践作一个转变，即中国历史上对他人的注意是指对家庭成员的注意，而非陌生人的。[③] 随着社会和经济交往在不同城市、地区和国家间地不断延伸，对更宽泛的他人的合理注意标准可以成为特别重要的文化财富。

当然，合理注意他人安全的文化于一个国家而言还具有工具性价值，比如能够提高该国的国际声誉，并扩大其对外贸易的规模。举例来说，在某种程度上，产品责任法让生产者对

---

① Daniel L. Bell, *China's New Confucianism* 26 – 27, 52 (2008) .

② See Boris Kozolchyck, *The Law of Commercial Contracts in a Comparative and Economic Development Perspective*, Chapter XVII.

③ Id.

导致损害的缺陷产品负责，不仅是在极端案件中给以严厉处罚，并且还作为经济上可责难性的常态而存在，于是产品消费者便能够在很大程度上对那些商品的安全性产生更多的信心。① 以一个印第安部落法庭（Tribal Court）的法官为例，当他主审涉及该部落群体不法行为的争议时，他将这类合理注意看作追究责任的一条重要理由。如果他不运用其司法职能制裁该部落自身的不法行为，其他主体可能将来就不再与这个部落发生有利的商业关系。事实上，当美国汽车制造商在极力逃避由其产品所导致的侵害责任，并且成功地通过院外游说反对在美国承担更多严格的侵权责任的时候，日本汽车制造商同样成功地通过自愿遵守更为严苛的安全性要求，最终占领了美国汽车制造商大部分的国内市场份额。② 只是到最近，当美国汽车制造商意识到要在更严格的法律规则下生产更安全汽车的时候，才开始收回市场份额。③

事实上，可以这样说：侵权法不仅帮助消费者保证了产品的安全性，而且还帮助最为诚信且谨慎的商家，保证了它能够参与开放型市场的竞争。比如，某厂商通过在其产品中使用不

① Guido Calabresi, *The Cost of Accidents: A Legal and Economic Analysis* (1970); William M. Landes & Richard A. Posner, *The Economic Structure of Tort Law* (1987)（主张最好将侵权法理解为鼓励采取成本节约型措施的工具）。

② See Mark Ramseyer, "Products Liability Through Private Ordering: Notes on a Japanese Experiment", 144 *Penn. L. Rev.* 1823 (1996)（"有趣的问题也许不是日本的制造商为何提供 SG 系统，也不是为何美国的制造商不提供这一系统"）; Andreas W. Falkberg, "Modeling Market Share: A Study of the Japanese and U. S. Performance in the U. S. Auto Market", 12 *J. Of The Academy of Marketing Science* 145 (1984)（结论是获得提升的产品质量是日本汽车市场份额增长的关键因素）; Eric Noe, "Toyota, Honda Gaining on US Automakers", http://abcnews.go.com/Business/Autos/story?id = 1334996, Nov. 22, 2005（"日本产汽车在 2005 年 10 月的市场占有率达到空前的 36%，美国汽车的市场占有率下降到 52.3%，也是有史以来最低的"）。

③ See A. Mitchell Polinsky & Steven Shavell, "The Uneasy Market for Products Liability", 123 *Harv. L. Rev.* 1437 (2010)（认为市场力量与日益广泛的规制降低了对产品责任法的需求，而在生产像汽车这样广泛销售的商品时，产品责任法在过去被认为是鼓励采取更多的措施来保障安全的）。

合格的危险原件，可能相较于其他商家而获得竞争优势。于是，其他商家可能就会感觉到经济压力，为了竞争而跟风。相反地，如果法院强制第一个商家全额赔偿因其侵权行为所致的损害，那么该商家就会失去其不正当获得的相对于其对手的优势。而且，其他商家就能够在不降低其自身标准的前提下同台竞争。综上所述，侵权法律规范不仅能够培育消费者信心，而且还能通过让违法商家承担责任，以此促进谨慎的商家参与竞争。

但是，除了对声誉和销售的潜在影响之外，设计促进合理注意的侵权责任机制，最重要的理由可能就在于促进个人福利。① 人身损害是跨越民族、超越时空的一个普遍性问题。我们只需要审视下眼前所发生的惨剧：就在本次研讨会召开的地区，在地震当中发生了大量学校建筑物垮塌事件。即使当时尚无足够的法律救济，受害人仍然疾呼对不法导致孩子们死亡的行为追究责任。要求建立一个使人承担责任的机制，不仅具有为悲惨的损害提供金钱赔偿的意义，更是因为我们严重地关切着宝贵又无可替代的礼物——生命与健康，尤其是我们孩子的生命与健康。我们希望这个机制能够帮助守护他们的生命。我们希望对安全的合理注意能够帮助减少这类惨剧的发生，并且希望它能够让防止损害发生的合理预防措施变得愈发可靠。② 实际上，当中国取得卓越的经济增长和创造越来越多财富的时候，③ 不

---

① Gary Schwartz, "Reality in the Economic Analysis of Tort Law: Does the Tort Law Really Deter", 42 *UCLA L. Rev.* 377 (1994)（探讨了有关侵权法在不同语境下对减少伤害的影响的实证证据）。

② 以四川大地震为例，如果学校的建筑物本应当依照基本的足以防止轻易倒塌的建筑标准来建设，那么施工人应当为低质量的建筑施工承担损害赔偿责任，并让其他施工人认识到偷工减料在未来也不是有利的建筑策略。See "Why Did So Many Sichaun Schools Collapse", *Caijing Magazine*, June 17, 2008。

③ Eric A. Posner and John Yoo, "International Law and the Rise of China", 7 *Chi. J. Int'L. L.* 1, 4 (2006)。（介绍了中国在上世纪最后 25 年显著的经济增长。"自 1978 年始，中国的国内生产总值的年均增长率为 9.4%；在一个好年景，美国的增长率仅为 4%。"）

仅对工资水平有更高的追求,[1] 还有对人身安全逐渐增加关注, 这些都是理所当然的。

如果美国侵权法存在一处显著不同特征的话, 那就在于它不仅把侵权法看作是损害救济的工具, 而且还将其视为内化损害成本和最终威吓的工具。[2] 所以, 在理想状态下, 美国侵权法不仅救济损害, 而且至少在部分功能上还预防损害。《欧洲侵权法原则》同样承认预防损害的重要性, 而非仅仅强调对受害人的赔偿, 尽管在这一点上欧洲法的态度可能不如美国侵权法那样强硬。[3] 当思考侵权法是作为一个责任追究和责任预防的体系, 还是作为一个纯粹赔偿体系时, 中美侵权法之间的潜在分歧就变得清晰起来。中国新的侵权法体系是被设计成从拥有财富的被告那里获得一般性的损害赔偿呢, 还是试图通过制裁不法侵害来倡导注意他人安全而不是其他呢?

建筑物坠落物致害责任的案件突出了这两种模式之间的潜在区别。如果中国法院简单地追究所有建筑物使用人的责任, 以赔偿无辜受害当事人, 而不是根据那些建筑物使用人可能采取的不同行为方式来承担责任, 那么该种责任或许也可以由该城市、地区或者国家的纳税人来承担责任, 或者由个人保险来承担责任。在这个例子当中, 侵权责任就成为了社会保险的一种可能形式, 而并不是被设计去救济或制裁不法引起的损害。

---

① David Barboza, "As China's Wages Rise, Export Prices Could Follow", *N. Y. Times*, June 8, 2010, at B1.

② P. S. Atiyah, "American Tort Law in Crisis", 7 *Oxford J. of L. Stud.* 279 (1987) ["法律的威慑, 旨在预防个人从事侵权行为; 成本内部化, 目的在于通过市场机制, 使侵权人支付其课加在他人身上的成本。这两者并非同一事物——例如, 后者的目标会要求成本由那些参与许多没人会认为应当禁止的活动 (如使用一辆更危险的车) 的个人来承担, 反之, 成本内部化也可能实际允许能够承担得起成本的被告去从事威慑政策下将会被明令禁止的活动。成本内部化的论点有时也被称作一般 (或者市场) 威慑, 但它与威慑有所区别"]。

③ European Group on Tort Law, *Principles of European Tort Law* 10: 101 (2005).

事实上在美国，如果受害人因侵权而完全丧失行为能力，并不能工作时，将由纳税人提供资金的社会赔偿体系，即所谓的社会安全残疾保险，每月向这样的受害人提供救济金。[1] 如果中国《侵权责任法》不仅在这种特殊的、有限的、历史性界定的案件类型中采用这样的方式，而且将其扩展为中国侵权法理论中更具普遍性的一个部分——由拥有财产的被告承担赔偿的方式，而非同时是制裁并防止不法行为致害的方式——它将同美国侵权法产生巨大差异。

相反，如果中国侵权法体系是在于追究被告不法致害责任的话，那么该体系将与美国侵权法更为相似。举例而言，如果中国法院针对建筑物坠落物致害的情形，仅仅由于将所有建筑物使用人的行为看作具有社会性缺陷，并认为他们如果有更为谨慎的行为将可以避免物体坠落以及随后的损害，从而追究所有建筑物使用人的责任。那么，此类案件中的责任便主要关注被告自身的过错，而且这样的责任承担方式将更加类似于美国法上的第三方责任理论，即关注被告自身更为谨慎的注意可以避免损害发生。[2]

当然，一种行为被认为是不法，并被赋予了可以依法提起侵权诉讼是文化的偶然，并处于不断的变化当中。以美国为例，在最近十年中，商人及土地所有人采取合理的预防措施来防止犯罪发生的义务程度有所提高，随之也对美国犯罪率产生了潜在的有利影响。[3] 与此类似，虽然 20 年前在美国绝大多数州不系安全带并不被认为是过失，但是现在美国有超过 85% 的人

---

① 42 U. S. C. 423.

② See Reiner H. Kraakman, "Gatekeepers: The Anatomy of a Third – Party Enforcement Strategy", 2 *J. L. Econ & Org.* 53 (1986).

③ See Robert L. Rabin, "Enabling Torts", 49 *Depaul L. Rev.* 435 (1999); Philip J. Cook, "Crime Control in the City: A Research – Based Briefing on Public and Private Measures", 11.1 *Cityscape: A Journal of Policy Development and Research* 53 – 80 (2009).

遵守着系安全带的规则，并且不系安全带被认为是不合理的①
——这一变化导致在车祸中丧生的人数大幅度的下降。② 在美
国的侵权责任当中，行为是否产生损害危险是一个与法规同等
重要的问题。③

在侵权责任的许多内容当中，造成损害的危险是容易判定
的，并且该行为容易被认定为标准意义上的不法，比如用拳头
击打鼻子。但是在其他一些诸如第三方责任的领域，我们的道
德直觉就具有较强的不确定性，于是将责任扩展到这些领域就
变得更具有争议性。在美国，其中一个明显的例子就是酒后驾
驶案件。机动车事故是美国导致 1 岁以上儿童以及 50 岁以下
成年人意外死亡的首要原因。④ 而大约 1/3 的交通死亡事故是
由酒后驾驶所引发的。酒后驾驶被认为是不合理危险，并且与
中国一样,⑤ 如果一名酒后驾驶者导致了损害，该驾驶员可能
面临刑事责任或者民事侵权责任。⑥ 但是，就醉驾情形中承担
侵权责任的不法行为认定而言，绝大多数的美国法域已经进行
了扩展。绝大多数的美国法域通过他们的立法机构或者法院已
经采纳了一种被称为"酒吧责任"（dram shop liability）的第
三方责任。⑦ 根据酒吧责任，如果一家商业性酒品销售商，向

---

① 有些州立法并不认可原告不系安全带的行为可以构成抗辩。*LaHue v. GM Corp.* , 716 F. Supp. 407（W. D. Mo. 1989）.

② See "Highway Deaths Drop to Lowest Levels Since 1950s", *Arizona Daily Star*, Sept 10, 2010, at A14.

③ *Restatement of Torts*（*Third*）: *Liability for Physical and Emotional Harms* 7（a）（2010）.

④ "Injury, A Risk at Any Stage of Life", http: //www. cdc. gov/Injury/publications/FactBook/Injury – A_ Risk_ at_ Any_ Stage_ of_ Life2006 – a. pdf.

⑤ Nat'L Ctr. for Statistics and Analysis, NHTSA, *DOT HS* 810 801, Traffic Safety Facts 2006 Data: Alcohol Impaired Driving 1（2008）.

⑥ Art. 33; *Restatement of Torts*（*Third*）: *Liability for Physical and Emotional Harms* 2（2010）（recklessness）.

⑦ Dan B. Dobbs, *The Law of Torts*（2000）.

看上去已经喝醉的顾客继续提供饮酒，那么不仅是这名喝醉的驾驶员，而且还有这家酒品销售商，将为该顾客醉酒而导致的他人损害承担责任（典型的情况是该顾客醉酒驾驶导致交通事故）。由于酒吧责任的存在，酒吧所有者不再有兴趣尽可能多地去推销其酒类了。因为酒类销售者认识到，即如果他们卖给顾客大量的酒，然后损害接踵而至的话，他们则可能要承担责任。于是卖家针对他们的顾客和那些可能受这些顾客侵害的人，提供了更多的预防措施。① 需要特别指出的是，酒吧责任减少了诸如同时提供多杯酒品，以致产生醉酒和醉酒驾驶的行为。② 最终，酒吧责任减少了机动车死亡事故。③ 所以，从这个层面上说，为他人安全合理注意的侵权法规范，促进了对生命的挽救。

法律对人类福利产生重要影响的事实意义重大。④ 行为准则随时间而变，侵权法能够影响其朝着增加安全激励的方向去改变。"为阻吓而课加某些行为的'成本'，如果一个社会赋予其民众获得救济的权利，这样的救济势必将影响他们去思考其权利的内容。并且反过来又必然将影响社会对矫正正义的看法。"⑤ 侵权责任体系的预期就在于它将引导人们"更

---

① Frank Sloan et. al, "Liability, Risk Perceptions, and Precaution at Bars", 43 *J. L. Econ.* 473 (2000).

② Lan Liang et. al., "Precaution, Compensation and Threats of Sanction: The Case of Alcohol Servers", 24 *Int'L Rev. L & Econ.* 49 (2004).

③ Frank Sloan et. al., "Tort Liability Versus Other Approaches for Deterring Careless Driving", 14 *Int'l Rev. of L. & E.* 53 (1994); Chaloupka et. al., "Alcohol - Control Policies and Motor - Vehicle Fatalities", 22 *J. Leg. Stud.* 161 (1993).

④ William M. Landes & Richard A. Posner, *The Economic Structure of Tort Law* 14 (1987)（"依据亚里士多德的理论，侵权法旨在实现'矫正正义'，即恢复一个人到他受不法行为侵害前的状态，而非提高资源的分配效果。但有时仍有必要在哪种行为被视为不法的基础上去探寻规范的渊源。这一渊源也许就是经济上的考量"）。

⑤ Guido Calabresi, "Toward a Unified Theory of Torts", 3 *J. of Tort L.* 1, 7（注意到如果一些实践做法能够威慑伤害的发生，社会规范就能够调整自身以接纳这些实践做法）。

加谨慎地行为"，即使在"不能也不该由刑法去实现的情形下"。①

从一个美国人的角度来看，中国《侵权责任法》的希望之一便在于，借助过错原则的适用，发展出一个被广泛接受的合理注意他人安全的准则。通过该准则，《侵权责任法》可能不仅仅是以促进社会稳定的方式来赔偿那些遭受侵害的人，而且还将鼓励更加安全的产品和行为，并保护生命。

三、指导方针——减少诉讼成本

如果合理注意他人安全的准则强化了对更加安全的预期，那么该体系的潜在缺陷是诉讼费用。有关过错、损害和因果关系事实的个别化诉讼消耗了个人与公共资源。在美国，为侵权责任支付的每 1 美元当中，差不多有 40 美分是用在了诉讼成本上。② 所以，诉讼本身将可能花费差不多与责任相关的 1/3 的开支。假如存在一种更低成本的鼓励合理注意的方式，那么这种方式将是值得被认真考虑的。中国的侵权法规范就提供了这种可能。中国《侵权责任法》在不法致人死亡的案件中，不是计算每起案件中的个别化赔偿金，而是通常判给死者的近亲属当地平均收入的 20 倍。③ 这种推定的赔偿额在某些情况下（比如年老）可能减少，或者在其他一些情形下则又可能

① Guido Calabresi, "Toward a Unified Theory of Torts", 3 *J. of Tort L.* 1, 7.

② See A. Mitchell Polinsky & Steven Shavell, "The Uneasy Market for Products Liability", 123 *Harv. L. Rev.* 1437, 1469–70 (2010); Joni Hersch & W. Kip Viscusi, "Tort Liability Litigation Costs for Commercial Claims", 9 *Am. L. & Econ. Rev.* 330 (2007)［诉讼抗辩的成本为保险人总支出额的18%（costs of defending claims were 18% of insurers = total expenditures）］。

③ See "SPC Interpretation on Compensation for Personal Injury", cited in The China Law Center: Yale Law School, *Tort Law in China: Historical Development and Selected Issues* (2006); George Conk, "A New Tort Code Emerges in China", 30 *Fordham Int'l L. J.* 935, 946 n. 61 (2007).

提高。比如，当死者虽然是农村户口，却是生活在城市的时候。虽然一些评论者建议中国考虑美国的个别损害赔偿，① 但是中国的方式值得美国关注。

虽然中国的模式已经被批评为将导致不平等的赔偿，但是该模式事实上却可能使美国的赔偿平等化。在美国，由于个别损害赔偿主要是基于收入损失，所以一个在事业巅峰期被害的成功中年人的家庭，可能获得相当数量的赔偿；但相对地，一个逝去的小孩、青少年、家庭主妇或者退休人员的家庭，则可能获得非常低的赔偿。② 在美国，不法致死的赔偿金额在一些案件中能够达到几百万美元，而在另一些案件中却可能几乎没什么钱。③ 在美国侵权法的体系中，与死者平均收入高度相关的肤色和性别也可能导致不平等的判决，④ 尤其是在那些对非财产损害赔偿实行限额的法域中更是如此。⑤ 这些明显不公平的赔偿有悖一切生命均有价值的观点。另外，针对像孩子这样的一些群体，美国法院所作出的较低赔偿判决可能起不到预防危险的作用。⑥ 损害赔偿的基本标准可以缓和致人死亡赔偿的不理想状态，并降低死亡赔偿金计算对收入的依赖程度。

另外，中国的方法能够使提起诉讼的费用最小化。虽然为

---

① Donald Clarke, "Tort Damages for Wrongful Death in China", Feb. 18, 2008 (from the Conglomerate blog).

② See Andrew J. McClung, "Dead Sorrow: A Story About Loss and a New Tort Theory of Wrongful Death Damages", 85 *B. U. L. Rev.* 20 – 22 (2005) (探讨在不法致死案件中，法院有可能判给零赔偿或极低的损害赔偿额。例如，倘若某人的未婚妻被害致死，并且她死亡时未婚且无子嗣)。

③ See Eric A. Posner and Cass R. Sunstein, "Dollars and Death", 72 *U. Chi. L. Rev.* 537 (2005).

④ Martha Chamallas and Jennifer B. Wriggins, *The Measure of Injury: Race, Gender and Tort Law* 155 (2010).

⑤ Lucinda M. Finley, "The Hidden Victims of Tort Reform: Women, Children and the Elderly", 53 *Emory L. J.* 1263 (2004).

⑥ Eric A. Posner and Cass R. Sunstein, "Dollars and Death", 72 *U. Chi. L. Rev.* 537 (2005).

了认定责任，每一方当事人仍然可能不得不证明过错，但是能够避免为明确个别损害赔偿计算而进行耗时的问询。① 比如，采用中国模式，法官或者陪审团就没有必要听取有关死者（假设他还活着）是否从事着最低工资的工作或者是是否作为一名技术能手的证人证言。② 同样地，法院不需要明确该工人未来工资的现实价值，因为这不仅是花费时间的任务，而且还具有主观臆断性。

中国的这种方法，一方面缓和了美国侵权法体系中极端损害赔偿判决的差异，另一方面也为形成判决提供了一条更简便、更省时的途径。事实上，当美国政府为赔偿9·11爆炸案中受害者家属而建立起一个基金的时候，该9·11基金的特别负责人就为不法致死赔偿而制定了统一的指导方针。尽管损害赔偿建模于侵权法体系，但是该指导方针限制了高收入人群基于工资损失的请求数额，提高了低收入者的请求数额。③ 同样地，该9·11基金通过允许对痛苦的一次性赔偿，实际上起到了拉平不同受害人赔偿金额的作用。一些美国学者已经建议，针对不法致死提起其他一些相关方面的赔偿，比如失去的生活乐趣。④

统一的赔偿模式，对一些保护措施提出了相应的要求。如果一个穷人的家属能够因为他的死亡而获赔超过他一生可能赚取的财富时，法院应当注意到道德风险并采取保护措施，以此

---

① Cf. Eric Posner and Luigi Zingales, "A Loan Modification Approach to the Housing Crisis", 11 *Amer. L & Econ. Rev.* 575 (2009)（认为房屋的价值不应由个案进行评价，而是应当通过考察所属同一邮政编码区域内房屋的平均价格而决定）。

② See e. g., *Martin v. U. S.*, 471 *F. Supp.* 6 (D. Ariz. 1979).

③ 即使如此，因9·11而产生的不法致死赔偿费用也由25万美元至700万美元不等。Dept. of Justice, Final Report of the Special Master of the September 11th Victim Compensation Fund of 2001.

④ Eric A. Posner and Cass R. Sunstein, "Dollars and Death", 72 *U. Chi. L. Rev.* 537 (2005).

确保由死者或者其利益相关者故意造成的死亡不获赔偿。尽管可能存在富人获得太少赔偿的疑虑，但该问题可以通过购买其他超过推定赔偿金额的个人保险来解决。这种关注所产生的威吓作用可能在某种程度上显得微不足道，因此对高收入人群产生的不成比例影响的风险阻吓机制应该成为责任规则的附加部分。即使存在一种更为统一的方法去处理不法致死的赔偿问题，对赔偿金标准的修正还是需要进行的。举例来说，除了估算的工资损失外，9·11基金还考虑到每位死者的被扶养人人数。另外，如医疗费之类的死亡前实际开支，作为额外要素计入赔偿范围。另一种选择就是采用统计学意义上的生命平均价值，并结合特定地区的生活成本来进行调整，而不是用每个地方的平均收入来作为赔偿判决的基线。

损害赔偿金的统一指导原则不仅使赔偿判决更加可靠和容易管理，并且可能帮助应对特定当事人或者受害者群体的特别要求。在这里，不法致死案件提供了一个较好的机会去管窥侵权法面临的要求强势利益集团赔偿损失的压力。在美国，这些压力主要来自于组织有序的个人利益集团，他们将案件提交到州立法机构。面对这些压力，美国许多法域在不法致死赔偿金的问题上已经对其设置了种种限额，比如医疗损害案件。即使面对的是有权有势的行为人和处于争论中的案件，法律体系也能够让各方当事人为损害承担责任，这在中美两国都很重要。公平赔偿数额的普遍规则有助于实现该目标。考虑到个别案件中的损害赔偿判决，这些规则可能提高法官公平和可预见的裁判案件的重要能力，并不受个别当事人的权势或者外部利益的影响。①

---

① See The China Law Center, Yale Law School, *Tort Law and China: Historical Development and Selected Issues* (2006).

四、结论

没人能够预见未来，但我们却能共同创造未来。所有国家都面临着如何预防损害和公平应对的挑战，我很高兴能够参与有关中国《侵权责任法》的对话。在我办公室门外张贴着艺术家米开朗基罗的一句名言："我始终在学习。"在我看来，没有任何地方比大家超越国界的思想交流更能够明显地被视为学习机会了。虽然每个国家的侵权法阐释的是各自国家的独特历史和规范性承诺，但考察不同国家处理和理解同样问题时的不同方法则可以丰富我们自己的理解。[①] 虽然我们美国人希望自己能够提供有价值的内容去传授，但是我们也还有许多的内容需要学习。[②] 伴随着新《侵权责任法》的通过和实施，我很高兴能够成为中国侵权法的学习者。我期待我们共同的对话能够在不久的将来得以实现。

[①] Eric A. Posner and Cass R. Sunstein, "Response – On Learning from Others", 59 *Stan. L. Rev.* 1309 (2007)（讨论了法院应当参考其他法域法官的做法和其他国家的法律，从而限制司法政策的恣意性，并减少法院出现错误的可能性）。

[②] Ben Liebman, "A Return to Populist Legality? Historical Legacies and Legal Reform", in *Mao's Invisible Hand* 43 (2011)（提及了中国对外国法律系统的广泛学习）。

译后记

我们能够从事本书的翻译工作，首先得益于陈夏红师兄的照顾和提携。2013 年初，夏红师兄将编译"远观"译丛的想法告诉了马斯特里赫特大学的诸位博士同仁，大家都认为这个项目非常有意义——不仅对于读者来说，可以了解晚近欧美学者对我国法律近 20 年突飞猛进之发展的看法和评论，并从中汲取营养和借鉴；对于我们自身而言也是一次学习与提高的机会。由于我们的博士论文普遍与合同法、侵权法相关，我们三人便承接了翻译"中国民法"的任务。考虑到未来可能的后续出版计划，我们并未将"中国民法"的题目限制在合同与侵权两大块。虽然这一本书的十篇文章全部汇聚于这两个主题，而不包括物权、不当得利、亲属与继承等其他民法部门，我们仍然期待着，日后能有机会，将更多质感温润、纹理诱人的"他山之石"介绍给我们中国的读者。

在翻译过程中，我们也遇到了不少问题，其中有些与我们尚且有限的才学相关——比如我们三人均只掌握英语，这让我们的文章搜索范围大大受限。另外就是自身知识储备的不足，让我们常常面临困境。例如，文森特·约翰逊教授的《法治与中国侵权法的实施》一文尤为独特，该文将法治与中国侵权法的实施结合起来分析，并用很大的篇幅介绍了美国联邦最高法院判例对法治的理解。这种进路突破了传统法教义学对文本规范分析之偏好，而更多地关注法律在实践中的实施效果。然而，由于没有系统地接受过美国法训练，在翻译美国联邦大法官的判词时，译者遇到了很大的知识性障碍。有时甚至译者需要搜索判例全文进行阅读，才能较为准确地理解并翻译一小段判词。在此过程中，大法官华丽的辞藻和风格各异的判词也给我们留下了深刻的印象。除此之外，本书前两篇文章都包括了大量中国古代哲学思想的相关内容，其中有相当一部分也是译者费尽九牛二虎之功方才寻至原文。看来，我们不仅对不熟悉的法域知识缺少了解，有时恐怕连对泱泱中华的文化瑰宝都有些生疏了呢。

当然，即使如此，我们仍然尽了最大的努力来将作者的原意尽可能准确地呈现给读者。

除此之外，也有一些问题让我们觉得颇为有趣。比如，有的作者并不懂得中文，对于条文的理解往往来源于二手译稿，因此难免有时产生误读——正如我们在进行比较法研究若不懂得对象语言时所面临的困境。例如，作者认为某一个概念在法律中使用得不够统一，但事实上这是译本所使用词汇不同而引起的误解；再比如，作者通过使用汉语拼音以符合学术期刊"引证罗马化"的要求，但同样因为中文的博大精深而出现错误，此时期刊编辑也因为不懂汉语拼音而无法核实，所以即便是非常优秀的期刊与作者也难免出现不少错误。在没有汉字对照的情况下，这会给我们的翻译带来不小的麻烦。

就这些问题而言，首先，我们认为总体上说瑕不掩瑜。文章的主体在于观点、方法及其背后的思想，如何将作者的意思与想法准确地传达给读者是我们首要考虑的问题。其次，我们也针对这样的困境作出了一些调整：虽然整本书的翻译策略是以忠实原文为基准，但是一些细小的错误，比如拼音拼错、法条引用错误等，我们都直接进行了修正，而对于一些不确定的内容，我们也通过"译者注"的方式进行了说明。我们在文章的标题处都附上了原文的引证出处，若读者想进一步了解原文的内容，都可以自行检索阅读。

　　借此后记，我们想再次感谢丛书主编陈夏红师兄给我们这次机会，让我们参与丛书的翻译工作。之前各自的工作往往都是关于由中国视角出发的比较研究，这次得以近距离观察由外国视角对中国进行的比较考察，有趣也有收获。同时我们也要感谢原作者们的辛勤劳动，正是他们的努力让世界更了解中国，也正是他们以及原作出版机构的慷慨授权，本书方得以面世。此外，我们还要感谢中国大百科全书出版社郭银星女士对我们的帮助与支持。

　　　　　　　葛江虬、余小伟、廖文卿